欧盟平台立法

EU PLATFORM LEGISLATION

周辉 / 主　编
朱悦　龙龙 / 副主编

中国社会科学出版社

图书在版编目（CIP）数据

欧盟平台立法 / 周辉主编. —北京：中国社会科学出版社，2023.10
ISBN 978 - 7 - 5227 - 2420 - 1

Ⅰ.①欧… Ⅱ.①周… Ⅲ.①欧洲联盟—数据管理—立法—研究
Ⅳ.①D950.217

中国国家版本馆 CIP 数据核字（2023）第 165188 号

出 版 人	赵剑英
责任编辑	许　琳
责任校对	李　硕
责任印制	郝美娜

出　　版	中国社会科学出版社
社　　址	北京鼓楼西大街甲 158 号
邮　　编	100720
网　　址	http://www.csspw.cn
发 行 部	010 - 84083685
门 市 部	010 - 84029450
经　　销	新华书店及其他书店

印刷装订	北京市十月印刷有限公司
版　　次	2023 年 10 月第 1 版
印　　次	2023 年 10 月第 1 次印刷

开　　本	710×1000　1/16
印　　张	19
插　　页	2
字　　数	277 千字
定　　价	98.00 元

编 委 会

序

平台经济是数字经济发展的高级阶段，在发展全局中的地位和作用日益突显。作为新型社会主体和法律主体，平台企业在引领发展和技术创新、落实网络空间综合治理、扩大需求和就业、参与国际产业和制度竞争等方面的作用也日益凸显。与此同时，平台私权力的崛起，也带来了市场竞争、内容秩序乃至国家安全的新变量。平台治理已经成为世界范围内广受关注、经济法律政治等多学科共同研究的热点问题。①

欧盟作为平台经济发达地区，在平台治理立法方面持续进行前瞻探索布局。早在 2015 年的《欧洲数字单一市场战略》中，欧盟就启动了对平台作用的研究评估。当年 9 月，欧盟委员会正式启动了相关公众咨询。② 2018 年专门成立专家组跟踪监测、分析平台经济态势，以为欧盟决策提供智力支撑。③ 2019 年出台专门规制平台与平台内经营者商户间法律关系的《促进网络中介服务公平和透明条例》。④

---

① 参见周辉《网络平台治理的理想类型与善治——以政府与平台企业间关系为视角》，《法学杂志》2020 年第 9 期。

② Public consultation on the regulatory environment for platforms, online intermediaries, data and cloud computing and the collaborative economy, 2015 – 09, https：//digital-strategy. ec. europa. eu/en/consultations/public-consultation-regulatory-environment-platforms-online-intermediaries-data-and-cloud-computing, 2023 – 09 – 01.

③ Commission Decision on setting up the Group of experts for the Observatory on the Online Platform Economy, 2018 – 04, https：//digital-strategy. ec. europa. eu/en/library/commission-decision-group-experts-observatory-online-platform-economy, 2023 – 09 – 02; EU Observatory on the Online Platform Economy, https：//digital-strategy. ec. europa. eu/en/policies/eu-observatory-online-platform-economy, 2023 – 09 – 01.

④ REGULATION (EU) 2019/1150 on promoting fairness and transparency for business users of online intermediation services, 2019 – 07, https：//eur-lex. europa. eu/legal-content/EN/TXT/? uri = CELEX：32019R1150, 2023 – 09 – 01.

2022 年出台的《数字服务法》和《数字市场法》是欧盟在平台经济治理领域的最新立法实践，针对平台内容治理和公平竞争分别提出了系统的监管方案，受到学术界和产业界的广泛关注。两部立法既服务于欧盟进一步保障用户权益、加强平台监管、推动其平台经济规范发展的治理目标，同时也蕴藏着其进一步扩展"布鲁塞尔效应"①，增强其领域内全球规则制定权、话语权的战略企图。以这两部立法为切入点加强欧盟的平台立法研究，有助于我国平台企业积极应对欧盟长臂管辖的新态势，对我国更好开展平台治理也有重要参考价值。

我国平台经济经历了快速发展，国家也高度重视平台治理。《电子商务法》、《个人信息保护法》从法律层面构建了平台治理的特殊规则：《电子商务法》专门将电子商务平台经营者作为一类独立主体予以规范，《个人信息保护法》则是专条规定了超大型互联网平台的特殊个人信息保护义务。2021 年 12 月，根据党中央、国务院关于平台经济的战略部署，国家发展改革委等九部门联合印发了《关于推动平台经济规范健康持续发展的若干意见》。2023 年 4 月 28 日，中共中央政治局会议明确提出，"要推动平台企业规范健康发展，鼓励头部平台企业探索创新。"2023 年 7 月 12 日李强总理在平台企业座谈会上强调，"要健全透明、可预期的常态化监管制度，要建立健全与平台企业的常态化沟通交流机制，完善相关政策和措施，推动平台经济规范健康持续发展。"

新时代新征程，平台经济将继续发挥重要的作用，平台治理需要围绕服务平台经济更好更快地健康发展不断完善，学者也应肩负起这方面的研究使命。早在 2021 年 3 月，欧盟启动《数字服务法》和《数字市场法》立法工作之初，我们就第一时间组建了专业的研究团队，持续跟踪、分析立法的关键进展和版本更迭。两部法律最终通过发布后，在以国际化的视野剖析立法文本的基础上，经反复推敲条文脉络和内涵，我们第一时间更新了全文译文。此外，针对"守门人"、"互联互通"等广受关注的代表性制度设计，本书还特别以专题形式进行分析，深入介绍了立法过程中代表性平台企业对立法草案的反馈意见。我们希望，本书既能帮助立法者和研究者更好理解两部法律及其背后的欧盟平台治

---

① See Bradford, Anu. The Brussels Effect：How the European Union Rules the World. Oxford University Press, 2020.

理逻辑，也能为我国企业走出去提供有益的合规指引。

　　本书是我们团队推出的"网络与信息法治三部曲：平台法治、数据法治、智能法治"系列丛书的最新进展。此前，我们已经出版了《人工智能治理：场景、原则与规则》《互联网平台治理研究》《数据要素市场的法治化：原理与实践》《平台经济发展与个人信息保护：实践反思与制度前瞻》，近期也发布了全球范围内首部《人工智能示范法》①。未来，我们也将继续关注欧盟平台立法实施成效和平台治理进展，适时推出迭代的新成果。

周　辉

2023 年 9 月 19 日

于美国纽黑文

---

　　① 最新发布的版本可见中国法学网，链接：http：//iolaw. cssn. cn/zxzp/202309/t2023 0907_ 5683898. shtml，2023 年 9 月 7 日。

目　　录

第一编　绪论

第二编 数字服务法

第三编　数字市场法

第一编
绪　论

第一章　欧盟平台立法概述

在互联网发展初期，欧洲还有诺基亚作为大型平台企业的代表，但当进入平台经济阶段后，大型平台企业已经没有欧洲企业。[①] 应对其他国家平台企业的竞争，保护本区域的消费经营者利益是欧盟平台立法的重要出发点之一，但这并非其推动立法的全部理由。

欧盟法律秩序是较早意识到平台权力的问题，并作出制度设计的。一方面，欧盟 2000 年出台的《电子商务指令》，在借鉴美国 DMCA 第二部分的《网络版权侵权责任限制法》（the Online Copyright Infringement Liability Limitation Act），限定平台提供纯粹管道、系统缓存、存储服务行为[②]的连带责任的同时，也意识到平台针对其用户所采取的移除或断开链接的管理措施，可能构成对用户言论自由的限制。一旦这一认定成立，平台的相关管理措施就受到法律的限制。因此，该指令在序言和正文中均强调，就平台企业采取的管理措施，欧盟成员国可以作出进一步具体限制。[③] 相对于美国，欧盟虽然同样是平台经济发达经济体，但是进入移动互联网时代后，并未发展出类似 GAFA 的大型平台企业，反而是依赖于美国的这些大型平台。尽管在许多方面，美国仍然是欧盟国家最亲密的盟友，但是他们对于根据自己的价值观和理念，在区域和全球范围内塑造法律秩序和国际秩序，却有着比较独立的思路。[④]

---

① See Martens, B. (2016), "An economic policy perspective on online platforms", JRC/IPTS Digital Economy Working Paper 2016 – 05, p. 3, available at https://ec. europa. eu/jrc/sites/default/files/JRC101501. pdf.

② See Directive 2000/31/EC, Article 12 – 15.

③ See Directive 2000/31/EC, (46), Article 12. 3, Article 13. 2, Article 14. 3.

④ See Pohle, J., & Voelsen, D. (2022), "Centrality and power. The struggle over the techno-political configuration of the Internet and the global digital order", *Policy & Internet*, 14, 13 – 27. https://doi. org/10. 1002/poi3. 296.

《电子商务指令》以及其他欧盟法律主要有三方面特点。一是成员国自主。这是由指令的法律性质所决定的。指令只有经过各国进一步立法转化才能生效，各国在转化过程中存在一定的自主空间。二是通过避风港原则，一定程度上豁免了缓存等特定类型的平台的内容义务。三是出于保护基本权利的考量，禁止各国对平台施加普遍性的监测义务。随着二十年来的发展，这些特点也引起了一些有待解决的问题，主要包括成员国层面的法律碎片化、违法有害内容的泛滥和对普遍性监测义务的认识争论不休。

2012 年，作为欧盟官方智库的联合研究中心（以下简称"JRC"）发布的研究报告，在指出信息通信生态系统的力量已经转移到平台的同时，也强调了欧盟在大型平台企业方面已经相对落后于美国和中国。①

在 2015 年发布的数字单一市场通讯中，欧盟委员会首次提出要对平台的角色进行评估，并于 2015 年 9 月 24 日至 2016 年 1 月 6 日正式就平台规制相关问题开放听取公众意见。②

欧盟 2018 年 4 月决定成立"平台经济监测专家组"（Expert Group for the EU Observatory on the Online Platform Economy，以下简称"专家组"）。专家组的工作报告明确提出平台权力既包括经济权力，也包括政治权力。相应地，报告认为需要同时应对基础设施的平台化（platformization of infrastructure）与平台的基础设施化（infrastructuralization of platforms）两方面的挑战。③

为了解决《电子商务指令》对平台规制的不足，欧盟利用两年时间起草、通过了《数字服务法》。由于这些问题的重要性，立法进度相

---

① See Reinhilde Veugelers, Bruno van Pottelsberghe, and Nicolas Véron, J., "Lessons for ICT Innovative Industries: Three Experts' Positions on Financing, IPR and Industrial Ecosystems", JRC Technical Reports, 2012, pp. 45 – 56, 18, https://publications. jrc. ec. europa. eu/repository/bitstream/JRC76458/final% 20lessons% 20from% 20ict% 20innovative% 20industries% 20with% 20cover2. pdf.

② See "Public consultation on the regulatory environment for platforms, online intermediaries, data and cloud computing and the collaborative economy", https://digital-strategy. ec. europa. eu/en/consultations/ public-consultation-regulatory-environment-platforms-online-intermediaries-data-and-cloud-computing.

③ See Expert Group for the EU Observatory on the Online Platform Economy, "Work stream 2: Infrastructural Power of Platforms", https://platformobservatory. eu/app/uploads/2022/02/Work_ stream_ 2_ Infrastructural_ Power_ of_ Platforms_ concept-note. pdf, p. 1.

比既往的欧盟立法可以说是相当迅速。根据欧盟的普通立法程序，2020年12月时，首先由欧盟委员会提案。2021年11月和2022年1月，欧盟理事会和欧洲议会各自完成一读。随后只用了大约三个月的时间，欧盟委员会、理事会和议会就达成了一致。2022年11月，《数字服务法》已生效。2023年间，监管角度的执法工作和平台角度的合规工作都在热烈展开。通过立法过程和定稿文本可以看到，三个问题都得到了比较完整、明确的回答。通过条例形式的立法最大限度地解决了法律碎片化的问题。对内容治理和避风港原则有体系性的升级，也继续明确了保障基本权利、限制普遍监测的立场。

《数字市场法》更多是对平台治理中出现的新问题，特别是竞争法问题的应对。欧盟自身的平台产业始终没有发展到形成优势的地步。中国和美国的平台在其市场上占据了主要的份额。从20世纪第一个十年起，欧盟委员会和各成员国的竞争法机关就不断地对谷歌、苹果、亚马逊等平台企业发起调查和诉讼。这些案件关注平台的三项特性。第一项是平台的网络效应，及其对用户造成的"锁定"效应。第二类是平台的居间角色，在其他企业与用户之间成为占据支配地位的居间人。第三类是海量数据的处理，既包括个人数据的处理，也包括非个人数据的处理。这些案件许多都是旷日持久、成本高昂。如果通过系统的立法予以回应，欧盟和各国的监管机关都能够更加趁手地应对平台的这些新特性。

为了系统地加以应对，欧盟同样仅仅利用两年时间就起草、通过了《数字市场法》。依然是根据普通立法程序，2020年12月时，首先由欧盟委员会提案。2021年11月和2022年12月，欧盟理事会和欧洲议会各自完成一读。随后大致用了三个月的时间，欧盟委员会、理事会和议会很快达成了一致。2023年2月，《数字市场法》已生效。之后，执法和合规都在热烈展开。通过立法过程和定稿文本可以看到，《数字市场法》在规则设定上充分考虑了平台的这些特性。"守门人"概念的提出和义务设置都充分考虑了网络效应、居间角色和数据处理。

《数字服务法》和《数字市场法》只是欧盟越发庞大的数字立法体系中的一部分。在平台、数据、人工智能和网络安全等相关的领域，欧盟还有约二十部法律已经通过或者正在推进。平台领域还有正在推进的

《平台劳工指令》。数据领域,既有对于平台治理同样非常重要、聚焦个人数据保护的《通用数据保护条例》,也有关注数据要素治理和利用,同时与内容治理和公平竞争形成衔接的《数据治理法》和《数据法》。人工智能领域,《人工智能法》《人工智能责任指令》《产品责任指令》的"三驾马车"正在推进。其中也有与内容治理和公平竞争相互衔接的内容。网络安全领域,既有已经通过的《网络和信息安全指令》《网络安全法》《数字运营韧性法》,也有接近通过的《网络韧性法》。此外还有其他一些法律。综之,平台立法只是一个更大的、雄心勃勃的数字立法体系的组成部分。

欧盟的平台立法和更大的数字立法是所谓"布鲁塞尔效应"[1] 的鲜明体现。或者说,是欧盟正在向世界的数字体系投射反映其立场和利益的规则,获取与其经济占比不成比例的影响力。这样的投射主要通过三种渠道实现。一是平台立法和其他数据立法常常包括"长臂"的管辖,从而直接将世界范围内的大小平台纳入其适用范围。二是由于率先开展立法,在世界范围内较早提供了立法继受的完整蓝图。随着其他国家和地区开始意识到平台治理的必要性,移植可谓井然有序的欧盟立法,就成为非常有诱惑力的选项。三则相对隐秘。无论是《数字市场法》还是《数字服务法》,最重点的适用对象就是谷歌、苹果等少数守门人。这些守门人在世界范围的数字经济中拥有可观的"私权力"[2]。从底层的硬件设备,到相对上层的程序应用,甚至到标准制定,这些守门人都有很强的控制力。通过加强对这些守门人的监管,确保其始终合乎符合欧盟立场和利益的数字立法体系,这些守门人也就一定程度上转化为了欧盟投射"布鲁塞尔效应"的抓手和跳板。

---

① See Bradford, Anu. The Brussels Effect: How the European Union Rules the World. Oxford University Press, 2020.

② 参见周辉《技术、平台与信息:网络空间中私权力的崛起》,《网络信息法学研究》2017 年第 2 期。

第二章　守门人

　　欧盟委员会发布的数据显示，目前有超过 10000 个高增长的中小企业在线平台在欧盟运营，但只有少数大型在线平台拥有最大的市场份额。这些得益于平台经济领域强大的规模效应、网络效应而兴起的大型在线平台，代表了当今数字经济的关键结构要素，成为连接企业用户和终端用户的重要门户。其所属企业围绕其核心平台服务创建企业集团生态系统，从而获取稳固和持久的市场地位，加强了现有的进入壁垒，控制了整个平台生态系统。① 如果这些大型平台企业利用其优势地位实施不公平行为，将严重削弱数字市场的可竞争性，影响内部市场的正常运行，并损害消费者的利益。因此，制定相应规则来约束大型平台企业的行为对确保数字市场的有效竞争至关重要。基于此，欧盟《数字市场法》引入了"守门人"（gatekeeper）这一概念，将少数能提供核心平台服务且具备强大经济实力的大型企业认定为守门人。

一　《数字市场法》中的守门人认定方案

　　《数字市场法》第二章专章规定了守门人认定的指标以及程序。《数字市场法》中认定守门人的程序包括以明确界定和适当的量化指标来确定的快速认定程序，以及基于通过市场调查程序的逐案定性评估来确定，市场调查程序还适用于指定预期获得稳固运营地位的潜在守门人。《数字

---

　　① European commission, Proposal for a REGULATION OF THE EUROPEAN PARLIAMENT AND OF THE COUNCIL on contestable and fair markets in the digital sector (Digital Markets Act), 2020 – 12, https：//eur-lex. europa. eu/legal-content/en/TXT/? uri = COM% 3A2020% 3A842% 3AFIN, 2023 – 09 – 01.

市场法》对守门人的认定标准，采用定量和定性相结合的方式。第 3 条第 1 款是抽象概括的原则性要求，第 2 款将第 1 款的要求分别量化为具体的门槛值作为推定标准，第 8 款则是对第 1 款要求的细化和补充。

（一）以量化指标快速认定

根据《数字市场法》第 3 条第 1 款，企业被认定为守门人应当同时满足以下三个条件，即对内部市场有重大影响、提供作为企业用户与终端用户之间重要网关的核心平台服务，以及在运营中享有或预期享有稳固而持久的地位。[①] 第 3 条第 2 款在前款基础上，针对上述三个条件分别设定了具体量化的门槛值，即"在过去三个财政年度内实现的欧盟内年营业额等于或超过 75 亿欧元，或者其平均市值或等价公平市场价值在上一个财政年度至少达到 750 亿欧元，并在至少三个成员国中提供相同的核心平台服务；根据附件中的方法或指标认定和计算，其提供的核心平台服务在上一财政年有着超过 4500 万的、建立在欧盟或位于欧盟的每月活跃终端用户，并且其有着至少 10000 个建立在欧盟的年度活跃企业用户，并且在过去三个财政年度中，每一年都达到了该门槛值。"如果企业满足第 2 款所设门槛值，则推定其满足第 1 款所述的实质要求。

对于相关指标的选择理由，委员会在序言中解释到，一家企业在欧盟内享有巨大营业额和至少在三个成员国提供核心平台服务，或者在至少三个成员国具有巨大市值或具有相等的公平市场价值的事实，能够表明该企业在内部市场上有重大影响。同时，企业在欧盟的高营业额或高额市值与其相应的在欧盟的核心平台服务用户数量，能够反映出核心平台服务企业具有相对强大的用户货币化的能力或潜力，进而能够基本反映相关企业的网关地位。这两项指标还能反映出核心平台服务企业可能会对市场创新产生潜在负面影响的金融能力。因此，当提供核心平台服务的企业在至少三个成员国提供其服务，且具有高营业额或高额市值，并拥有大量用户时，该企业应被假定为具有网关地位并对内部市场有重

---

① Digital Markets Act, 2022 - 10, https：//eur-lex. europa. eu/legal-content/EN/TXT/HT-ML/? uri = CELEX：32022R1925&from = EN#d1e40 - 1 - 12023 - 09 - 01；《欧盟数字市场法》，龙龙译，2022 年 11 月，https：//mp. weixin. qq. com/s/egyS8sJx0Efvs0c9 _ GWiJw，2023 年 9 月 1 日。

大影响。

而对于具体门槛值的划定，委员会并没有给出合理的理由，这也导致立法过程中门槛值被多次修改。有观点认为，欧盟委员会发布的《数字市场法案影响评估支持研究》附件中对苹果、谷歌、脸书等多家互联网企业的各种量化指标分析表明，欧盟委员会所确定的具体门槛数值可能是基于主观的反向归纳，即先确定《数字市场法》所欲捕获的公司，而后制定相应门槛，而非基于客观的经济学分析确定使《数字市场法》施加的义务的效力最大化的最佳门槛值。① 亚马逊也曾在一份声明中表达出对数字市场法案不公平地针对亚马逊和其他几家美国公司的担忧。②

目前欧盟委员会已发布首批守门人名单，包括 Alphabet、亚马逊、苹果、字节跳动、Meta、微软，并指定了 22 个由这些守门人提供的核心平台服务。委员会此前收到的符合门槛值的潜在守门人企业的通知还包括三星，但在委员会进一步评估审查后认为，尽管三星互联网浏览器符合门槛值，但三星提供了足够合理的论据，表明三星互联网浏览器不符合核心平台服务的网关资格，因此，三星未被指定为任何核心平台服务的守门人。③

（二）通过市场调查个案分析

第 3 条第 2 款所确定的门槛值只是认定守门人的形式标准，企业可以提出论据充分的观点来反对该推定，并由委员会通过市场调查程序作出最终认定。同时，根据第 3 条第 8 款，一个不满足第 2 款门槛值的企业，仍有可能被欧盟委员会通过市场调查程序认定为守门人，这意味着，满足定性条件的中小微企业，也可能被认定为守门人。进行市场调查时应当考虑的因素包括："（a）该企业的规模，包括营业额和市值，

---

① Which platforms will be caught by the Digital Markets Act? The "gatekeeper" dilemma，2021 – 12，https：//www. bruegel. org/blog-post/which-platforms-will-be-caught-digital-markets-act-gatekeeper-dilemma#，2023 – 09 – 01.

② Amazon reportedly reaches deal with EU regulators over anti-competitive practices，2022 – 12，https：//www. cnbc. com/2022/12/06/amazon-reportedly-reaches-deal-with-eu-regulators-over-anti-competitive-practices. html#，2023 – 09 – 01.

③ Digital Markets Act：Commission designates six gatekeepers，2023 – 09，https：//ec. europa. eu/commission/presscorner/detail/en/ip_ 23_ 4328，2023 – 09 – 01.

运营和地位；（b）使用核心平台服务连接终端用户的企业用户数和终端用户数；（c）网络效应和数据驱动优势，特别是在企业访问和收集个人和非个人数据或分析功能方面；（d）企业从中受益的规模和范围影响，包括数据方面的影响，以及其在欧盟外的活动的相关影响；（e）企业用户或终端用户锁定，包括切换成本和降低了企业用户和终端用户切换或多栖能力的行为偏好；（f）该企业的集团公司结构或垂直整合，例如，使该企业能够交叉补贴、合并来自不同来源的数据或利用其地位；或（g）其他结构性业务或服务特征。"此外，进行评估时不仅要考虑企业当下的情况，还应当结合企业的可预见的发展情况，包括涉及到提供数字服务和能实现数据收集的其他企业的任何计划集中。委员会在序言中解释到，相关评估指标的选择标准为"保持和促进创新水平、数字产品和服务的质量、价格公平和具有竞争力的程度、提供给企业或终端用户的产品或服务的质量或其自由选择的程度是否或依旧处于高水准。"目前欧盟委员会已经启动了五项市场调查，其中四项是针对微软和苹果旗下达到了门槛值但网关资格存在争议的核心平台服务，包括微软的 Bing、Edge、Microsoft Advertising 和苹果的 iMessage，另一项则是进一步评估苹果的 iPadOS 是否应被指定为守门人，尽管其没有达到门槛值。①

　　此外，根据第6款和第7款，为应对数字行业的快速发展变化，委员会有权采取授权立法，以确定定量门槛的方法来补充条例，并可通过更新附件中规定的方法和指标清单来修订条例。

二　利益相关方的评价

（一）评估指标待完善

　　1. 脸书在对初始影响评估的反馈中提到②，欧盟委员会提出的某些假设存在问题，例如，认为大型在线平台具有稳固的运营地位并会阻碍

---

①　Digital Markets Act：Commission designates six gatekeepers，2023 – 09，https：//ec. europa. eu/commission/presscorner/detail/en/ip_ 23_ 4328，2023 – 09 – 01.

②　Facebook observations to the Inception Impact Assessment on the DSA Ex-Ante Instrument of very large Online Platforms acting as Gatekeepers，2020 – 06，https：//res. cloudinary. com/gcr-usa/image/upload/v1594220436/090166e5d0fa9cf0_ 2_ fj9ekh. pdf，2023 – 09 – 01.

创新。但事实并非如此，大型在线平台的地位并不稳固，因为数字空间的进入壁垒很低，提供吸引用户的产品和服务的能力是竞争的关键驱动力，而此类创新想法的出现并没有障碍。TikTok 和 Zoom 的成功都能够说明，小型平台企业只要能开发有吸引力的产品来满足用户需求，就能以极快的速度扩张。

此外，脸书提出，评估市场力量的考虑因素应基于更全面的经济证据和研究。例如，积累大量数据的能力不能作为评估市场力量的因素。〔但《数字市场法》最终文本中 8（c）仍然提到访问和收集数据能力〕一方面，新的竞争者可以通过多种方式获取数据，并且这种收集没有结构或技术障碍。另一方面，持有数据并不是成功的必要条件，也不能使公司免受竞争。因为许多数字平台只需提供更好、更具创新性的用户体验，而无须访问大量数据即可发展。同时，由于收益递减，拥有比新进入者"更多"数据量的市场参与者不一定具有与他们拥有的数据成比例的竞争优势。因此，评估时应当关注将数据转化为具有经济价值的信息的过程，而不是纯粹的数据量。脸书还提出了评估时可以考虑的其他因素，如消费者在在线服务中的多归属程度、公司在不同在线服务层的定位和活动、技术进步能力、网络效应在范围内局部化的程度而非纯粹的用户数量。

2. 谷歌在对数字服务法案一揽子计划的公开咨询①中提出，将公司指定为"守门人"的过程应基于明确的定义并有证据支持，并且不应歧视特定的商业模式或技术。它将需要确保事前监管仅适用于拥有必要程度市场力量的大型在线平台。数字平台通常使用不同的业务和货币化策略，跨越多个市场、地区和行业，每个市场、地区和行业具有不同程度的竞争优势。监管机构不应从一开始就偏袒或歧视任何业务、商业模式或技术。在某些领域，平台可能拥有市场力量；在其他情况下，它可能是新进入者或边缘参与者。数字生态系统极为多样化且发展迅速，如果参照整个公司或企业集团的地位来评估认定守门人，将是一种误导。同时，过于简单的评估标准（例如，用户数量）

---

① See Digital Services Act Package：Open Public Consultation Google Submission，2020 - 09，https：//blog. google/documents/89/Googles_ submission_ on_ the_ Digital_ Services_ Act_ pack-age_ 1. pdf，2023 - 09 - 01.

不一定反映特定平台在特定时刻是否对消费者和其他公司具有影响力。

3. 定性标准和定量标准在适用时有先后次序，而非同时运用。因此，这两项标准没有被结合起来，可能导致守门人认定宽泛和认定程序冗余。其次，抽象的用户数量与重要网关地位和稳固持久的运营地位之间不具有强相关性，该推定方式存在疏漏。应当更关注用户对平台的依赖程度，以平台所处市场的情况，即通过特定渠道进行销售的百分比作为评估守门人地位的依据。最后，在通过市场调查程序认定守门人所要考虑的因素中，应当重视多归属的概念，以双边多归属为特征的平台不应当被认定为守门人。①

（二）守门人认定应与商业模式无关

有学者认为，作为认定守门人前置条件的核心平台服务列表，实际上隐含了商业模式与守门人认定之间的相关性。核心平台服务列表的划定不是基于所提供的经济商品，因此，该列表未能涵盖基于不同商业模式提供类似商品并相互竞争的服务。例如，该列表中包括将视频内容按需提供作为广告融资的视频共享平台服务，如 YouTube，而不包括基于订阅的零售模式的视频点播和流媒体服务，如 Netflix，这两类平台服务实际上存在竞争关系。由于提供核心平台服务是认定守门人的前提，故前者可能会被认定为守门人并承担更多的义务，后者则不会被认定为守门人。这意味着，商业模式成为了认定守门人的前置条件继而决定不同平台企业之间特殊义务的分配。然而，这种方式存在不合理，可能导致存在竞争关系的平台企业之间的市场地位和义务不相称。②

（三）认定潜在守门人不合理

根据《数字市场法》第 17 条第 4 款，欧盟委员会可以通过市场调

---

① See Damien Geradin, What Is a Digital Gatekeeper? Which Platforms Should Be Captured by the EC Proposal for a Digital Market Act?, 2021 - 02, Available at SSRN: https://ssrn.com/abstract = 3788152.

② See Oliver Budzinski, Juliane Mendelsohn, Regulating Big Tech: From Competition Policy to Sector Regulation? (Updated October 2022 with the Final DMA), Ilmenau Economics Discussion Papers, Vol. 27, No. 168, 2022.

查认定潜在的守门人，并对其指派旨在防止其获得稳固持久地位的义务，该条款隐含地将市场倾覆与市场失灵等同。但实际上，市场瞬息万变，无法确定一个平台是否以及何时可以获得稳固持久的地位。同时，该条款还可能导致目前不具有守门人地位的平台企业为了规避守门人义务而止步不前，冷却平台间的竞争，与 DMA 促进竞争的初衷相悖。[①]

三 "守门人" 概念的界限

《数字服务法》中并未出现"守门人"这一概念，但同样采用了差异化监管的思路，针对超大型在线平台和超大型在线搜索引擎提出了更为严格的合规义务要求。

根据《数字服务法》第 33 条第 1 款，超大型在线平台和超大型在线搜索引擎是指，"在欧盟内平均月活跃服务接收者的数量等于或高于 4500 万的在线平台和在线搜索引擎。"同时第 33 条第 2 款规定，当欧盟的人口数量增减达到 5% 时，欧盟委员会应通过授权法案，以调整第 1 款中提到的欧盟内平均月活跃服务接收者的数量，使其相当于通过授权法案当年的欧盟人口的 10%。委员会认为，一旦在线平台或在线搜索引擎的活跃接收者的数量达到欧盟人口的相当份额，在线平台或在线搜索引擎带来的系统性风险就可能在欧盟产生不成比例的影响，当该数量相当于欧盟人口的 10%，则应认为存在这种重大影响。

根据上述指标，欧盟委员会已指定了 17 个超大型在线平台（包括阿里巴巴速卖通、亚马逊商店、苹果应用商店、Booking.com、脸书、谷歌游戏、谷歌地图、谷歌购物、Instagram、领英、Pinterest、Snapchat、TikTok、Twitter、维基百科、YouTube、Zalando）和 2 个超大型在线搜索引擎（必应、谷歌搜索）。[②] 其中，亚马逊和 Zalando 已向欧盟法院提起诉讼，对其被指定为超大型在线平台提出异议。目前，《数字服务法》的监管规则已针对这些超大型在线平台和超大型在线搜索引擎

[①] See Nicolas Petit, The Proposed Digital Markets Act（DMA）: A Legal and Policy Review, Journal of European Competition Law & Practice, Vol. 12, Issue 7, 2021.

[②] Digital Services Act: Commission designates first set of Very Large Online Platforms and Search Engines, 2023 - 04, https: //ec. europa. eu/commission/presscorner/detail/en/IP_23_2413, 2023 -09 -01.

预先适用，各平台也纷纷发表声明强调其为遵守规定而采取的措施。但该法的实际执行仍然面临许多争议，有业界人士对委员会建立的透明度数据库的合法性提出质疑，认为该数据库"要求提供者填写许多其他个人数据字段，与《数字服务法》下的相应法律要求不兼容"，并且"以不成比例的方式干涉其组织成员的基本自由"。委员会应"重新考虑其方法"，改进其数据库。[①]

相较于《数字市场法》，《数字服务法》对平台的评估指标较为单一，因为其立法目标着重于维护数字空间的安全性，关注的是具体平台服务的影响力。而《数字市场法》的立法目标在于为企业建立公平的市场竞争环境，因此，其在认定守门人时关注的是守门人企业整体的市场地位，核心平台服务的超大用户规模只是守门人企业市场地位的佐证之一，不能仅以用户规模这一单一指标作为认定守门人的标准。

综合而言，守门人在欧盟当前的数字立法中是独属于市场竞争语境下的概念，应当与大型网络平台、超大型在线平台、超大型在线搜索引擎等概念相区分。守门人制度实际上是针对守门人设定更为严格的竞争合规义务，是竞争法的延伸。因此，守门人的认定应当以平台企业的市场地位评估为前提，不能仅以用户规模认定，还需要重点关注平台所在的市场竞争环境，如果市场竞争激烈，即使用户规模大的平台也不应被认定为守门人而承担过重的竞争合规义务，只需承担类似《数字服务法》项下的内容管控义务即可。

四　守门人认定建议

（一）我国相关立法现状

目前我国立法中并未明确守门人的定义和界定标准，但对不同平台的区分规则则散见于多项法律法规。

《个人信息保护法》第58条规定了"守门人"的个人信息保护特

---

① Challenges emerge as EU Commission forms team to implement DSA, 2023 – 08, https://www.euractiv.com/section/law-enforcement/news/challenges-emerge-as-eu-commission-forms-team-to-implement-dsa/? utm_ source = EURACTIV&utm_ campaign = e953883b30-EMAIL_ CAMPAIGN_ 2023_ 06_ 23_ 10_ 17_ COPY_ 01&utm_ medium = email&utm_ term = 0_ – 97cba127e5 – %5BLIST_ EMAIL_ ID%5D, 2023 – 09 – 01.

别义务，该条中"守门人"包括三个要件，即提供重要互联网平台服务、用户数量巨大、业务类型复杂。《网络数据安全管理条例（征求意见稿）》中定义"大型互联网平台"为用户超过五千万、处理大量个人信息和重要数据、具有强大社会动员能力和市场支配地位的互联网平台。

上述相关规定主要通过用户规模、业务类型、市场地位等因素区分不同平台，但并没有明确相关的量化标准，因此有必要进一步细化平台分类分级的相关规定。

（二）国内立法建议

1. 建立平台分类分级管理制度。守门人的认定应当以平台分类分级管理制度为基础，首先对互联网平台服务进行分类，识别出核心平台服务，其次按照多项指标对提供核心平台服务的平台企业进行分级，满足特定标准的平台企业将被认定为守门人。其中，核心平台服务的界定标准应基于其服务功能的特点，而非针对特定的商业模式，其基本特点包括强网络效应、能够连接并锁定平台内商户与终端用户、能使企业具备提供跨领域服务的竞争优势等。

2. 综合选取评估指标并量化标准。在平台分类分级制度的基础上，应当避免评估指标单一化，综合选择多项指标并量化为门槛值以认定守门人。在具体评估指标的选择方面，基于大型平台企业跨领域服务的特点及其可能在不同服务领域的影响力差异，选择具体评估指标时应关注与特定核心平台服务有关的各项指标，例如活跃用户数量、用户对平台的依赖程度等，而不宜采用企业整体的营业额或市值等指标。对于指标门槛值的设定，为避免标准僵化和针对性立法之嫌，建议采用确定数字区间或根据市场状况动态调整数值的方式。

3. 动态调整守门人认定指标及程序。技术和商业模式的快速更新迭代，导致互联网行业竞争异常激烈，小型公司不断涌现，大型平台企业的地位并非安如磐石。因此，为弥补立法的滞后性，顺应市场变化，应当使动态调整守门人的认定指标具有可行性，例如指定有关部门负责守门人认定工作，出台认定细则，定期更新指标清单和门槛值，并定期进行守门人的评估认定，更新守门人名单。

第三章　互联互通

　　广义上，互联互通指不同互联网产品或服务之间的互操作性。互操作机制基本依赖于应用程序编程接口（API）的开放，即经授权后，其他移动或网络应用程序的开发人员能够通过特定API访问当前系统或平台的信息与数据。平台的互联互通在技术上主要体现为平台经营者开放API，让他人的应用程序能够接入自己的网站和访问数据。[①] 目前一些平台为了实现自身利益最大化，获取竞争优势，做出了屏蔽、不兼容等行为，阻碍了互联互通的实现，影响了互联网产业创新，也增加了用户的时间成本，降低了用户的体验感。我国要求平台互联互通，一是促进经济发展和创新。通过平台之间的互联互通，不同领域的企业和机构可以更加便捷地进行合作和交流，促进资源的高效利用，推动产业链上下游的协同发展，从而推动整体经济的增长。二是实现数据的共享和流动。数据是当今数字经济的核心资源，不同平台之间的互联互通可以促进数据的流通和融合，实现数据增值，为创新和发展提供更加丰富的数据基础。同时，要求互联互通也存在一定的风险。一是数据泄露和滥用。当不同平台之间共享数据时，存在数据被未经授权的访问或滥用的风险。如果数据的安全性和隐私保护措施不够完善，个人信息和敏感数据可能会受到威胁。二是安全漏洞扩散。平台互联互通可能导致安全漏洞在不同平台之间扩散。如果一个平台存在安全漏洞，通过与其他平台的互联互通，该漏洞可能会传播到其他平台上，从而影响更多的用户和系统。三是规范和监管挑战。平台互联互通对于规范和监管提出了挑战。平台之间的互联互通涉及到各种合作和数据交换的规则和标准，需

---

　　① 焦海涛：《平台互联互通义务及其实现》，《探索与争鸣》2022 年第 389 卷第 3 期。

要明确和规范相关的法律法规和政策。

因此，为提高数据流通效率和价值，营造开放共享、公平竞争的生态环境，分析借鉴欧盟立法，结合国内立法现状，提出推动互联网平台间互联互通的建议。

一　欧盟立法

各大平台长期以来都在构建自己的生态系统，存在互相屏蔽、不互联互通的问题。为了平台经济持续健康发展，欧盟出台的《数字市场法》和《数字服务法》中都有对平台互联互通作出规定。

（一）《数字市场法》

序言第 64 条"互操作性的缺乏使得提供不以号码为基础的人际通信服务的守门人能够受益于强大的网络效应，这将削弱有效竞争。此外，无论终端用户是否'多栖'，守门人通常会不以号码为基础的人际通信服务，作为其平台生态系统的一部分，这进一步提高了此类服务替代提供商的准入门槛，并增加了终端用户切换的成本。因此，在不影响欧洲议会和理事会第 2018/1972 号指令［欧洲议会和理事会 2018 年 12 月 11 日关于制定《欧洲电子通信法案》的（EU）2018/1972 号指令（OJL 321，2018 年 12 月 17 日，第 36 页）。］的情况下，特别是在不影响其第 61 条规定的条件和程序的情况下，守门人应免费并根据要求，确保其向自己的终端用户和此类服务的第三方提供商提供的与不以号码为基础的人际通信服务的某些基本功能的互操作性"。

"守门人应确保与不以号码为基础的人际通信服务的第三方提供商的互操作性，后者向欧盟中的终端用户和企业用户提供或打算提供该项服务。为了促进这种互操作性的实际实施，相关的守门人应发布参考报价，列出其与不以号码为基础的人际通信服务交互的技术细节和一般条款和条件。如果适用，欧盟委员会应可以咨询欧洲电子通信监管机构，以确定守门人打算实施或已经实施的参考报价中公布的技术细节和一般条款和条件是否确保遵守该义务"。

"在所有情况下，守门人和请求提供商都应确保互操作性不会破坏符合本条例和适用的欧盟法律中规定的高水准的安全和数据保护义务，特别是（EU）第2016/679号条例和第2002/58/EC号指令。根据本条例和其他欧盟法律，特别是（EU）第2016/679号条例之规定，与互操作性相关的义务应不影响向不以号码为基础的人际通信服务的守门人和请求提供商的终端用户提供的信息和选择"。

正文第6条第3款"允许安装和有效使用第三方应用软件或应用软件商店，能够使用守门人的操作系统与之进行交互性操作，且允许该等应用软件或应用软件商店可以守门人核心平台服务以外的方式被访问。不应阻止守门人采取适当措施来确保第三方软件应用或者软件应用商店不会危害守门人的硬件或系统操作。"第6款"不得在技术上限制终端用户利用守门人操作系统在不同的软件应用和服务之间切换和订阅的能力，包括终端用户对互联网接入商的选择。"第7款"允许商业用户和辅助服务提供者能够与守门人辅助服务所接入、使用的操作系统、硬件或软件实现链接和互动操作。"

正文第7条规定了守门人在不以号码为基础的人际通信服务中互操作性的义务。

（二）《数字服务法》

序言第4条"为了维护和改善内部市场的功能，应在欧盟层面建立一套有针对性的、统一的、有效的且成比例的强制性规则。相应条例为创新的数字服务在内部市场上涌现并扩大规模提供了条件。为了避免并结束内部市场的碎片化，并确保法律的确定性，有必要在欧盟层面采取与中介服务提供者的需求相关的、与各国监管相近的措施，从而减少提供者面临的不确定性，并促进互操作性。通过采取技术中立的要求，创新不会被阻碍，而会受到鼓励。"

序言第151条"为了确保本条例实施条件的统一，应赋予欧盟委员会实施的权力，以规定有关内容审核报告的形式、内容和其他细节的模板，确定向超大型在线平台或超大型在线搜索引擎的提供者收取的监管年费金额，规定执法程序的实际安排。在对超大型在线平台或超大型在线搜索引擎提供者进行监管、调查、执法和监测的过程中，规定听证和协商披露信息的实际安排，以及规定信息共享系统的运作，及其与其他相关系统的互操作性的实际操作安排。这些权力应根据欧盟议会和理事会的 182/2011 号条例［欧盟议会和理事会 2011 年 2 月 16 日规定关于成员国对委员会行使执行权力的控制机制的规则和一般原则的 182/2011 号条例，（OJ L 55，2011 年 2 月 28 日，第 13 页）。］行使。"

正文第 85 条第 3 款"欧盟委员会应通过实施细则，为信息共享系统的运行及其与其他相关系统的互操作性规定实际的和业务的安排。相应实施细则应按照第 88 条所述的咨询程序通过。"

二　平台意见

一些非常大的在线平台在欧盟的数字经济中占有很大的份额，拥有经济实力和对整个平台生态系统的控制力，欧盟收集了一些在线平台对于《数字市场法》和《数字服务法》的反馈。

谷歌公司认为数字平台之间的竞争通过让用户不失去对其数据的访问得到加强。用户应该能够在平台之间移动，而不把他们的数据锁定在一个特定的生态系统中。但如果粗暴地实施互操作性会给创新带来风险，将阻止产品创新和选择，而这种创新和选择来自有多个供应商提供的差异化服务或功能，应当关注如何在不牺牲产品质量的情况下实现互操作性的好处。谷歌认为互操作性重要的是要确保标准以质量为基础，使用户从更高质量的服务中收益。数字服务通常不是商品化和同质化的，而是功能、工具和界面的多样性。行业和监管机构可以利用数据传输项目建立的框架，合作建立一个类似的系统性数据流动制度，将有利于消费者、企业和经济发展。[①]

Deliveroo 公司认为欧盟委员会关于事前实施数字服务法的提议不适合在线餐厅食品配送行业，并将减少竞争。拟议的法规正确地关注防止非常大的在线平台成为整个平台生态系统的"守门人"，避免对新进入者和竞争对手在该领域的竞争能力产生负面影响。但此问题在在线餐厅行业中不存在，因为行业竞争激烈，并且该领域的平台利用网络效应将

---

① Feedback from Google，2020 – 06，https：//ec. europa. eu/info/law/better-regulation/have-your-say/initiatives/12418-Digital-Services-Act-package-ex-ante-regulatory-instrument-of-very-large-on-line-platforms-acting-as-gatekeepers/F535552_ en，2023 – 09 – 01.

竞争对手和新进入者拒之门外的能力非常有限。超级竞争的一个关键原因是多宿主：一是顾客使用多个应用程序，通常由哪个应用程序具有顾客最喜欢的餐厅来驱动。二是餐厅经常与多个在线餐厅送餐公司合作，这种趋势在疫情期间有所增加，许多餐厅拒绝只在一个平台上列出。三是顾客可以同时登录多个平台。①

　　Open-Xchange 公司认为互操作性应被视为一项普遍有用的原则，并在市场需要竞争时予以强制要求，例如在即时通信、社交媒体、视频会议以及在线身份和登录方面，应要求这些市场中占主导地位的平台支持技术标准，允许任意数量的竞争服务提供商存在，方法是让其用户与其他平台的用户进行交互。在某些情况下，互操作性可以通过开放的技术接口来实现，而在其他情况下，它需要强制使用开放协议或支持开放和联合框架，防止平台利用其市场力量将自己强加为唯一的提供者。②

　　由于各平台对互联互通秉持着不同的意见，在实践中也有不同的表现。苹果公司设置用户只能从 App Store 下载和安装应用程序。苹果认为开放侧面加载会让别有用心之人把带有恶意的程序透过苹果 App Store 散布出去。一项研究发现，运行在安卓系统上的设备的恶意软件的感染率比苹果高，一个关键原因是，安卓系统的应用程序可以从任何地方被下载，而日常的苹果用户只能从 App Store 下载。在 App Store 上，应用程序来自已知的开发商他们同意遵守苹果准则，并安全地分发给用户不受第三方的干扰。苹果会审查每一个应用程序和每一个应用程序更新，以评估它们是否符合高标准。2020 年，脸书受苹果公司要求的影响，提交给苹果应用审查的几个应用程序被拒绝，推迟推出了 iOS 版本的 Facebook Gaming。③ 谷歌、微软、苹果、推特和其他各种数字服务提供商一起加入了数据传输项目（DTP）。该项目于 2018 年启动，其

---

① Feedback from Deliveroo, 2020 – 06, https：//ec. europa. eu/info/law/better-regulation/have-your-say/initiatives/12418-Digital-Services-Act-package-ex-ante-regulatory-instrument-of-very-large-online-platforms-acting-as-gatekeepers/F535687_ en, 2023 – 09 – 01.

② Feedback from Open – xchange, 2020 – 06, https：//ec. europa. eu/info/law/better-regu-lation/have-your-say/initiatives/12418-Digital-Services-Act-package-ex-ante-regulatory-instrument-of-very-large-online-platforms-acting-as-gatekeepers/F535267_ en, 2023 – 09 – 01.

③ Building a Trusted Ecosystem for Millions of Apps, 2021 – 06, https：//www. apple. com/privacy/docs/Building_ a_ Trusted_ Ecosystem_ for_ Millions_ of_ Apps. pdf, 2023 – 09 – 01.

旨在创建一个开源的服务到服务数据可移植性平台，以便网络上的所有个人都可以随时轻松地在在线服务提供商之间移动数据，并致力于使用开源代码构建通用框架的组织协作，该框架可以连接任何两个在线服务提供商，从而在两个平台之间实现无缝、直接、用户发起的数据可移植性。可移植性和互操作性是项目系统的核心，使个人能够尝试新服务，并使他们能够选择最适合其需求的产品。①

三 国内现状

国内通过法律手段、政府干预以及市场调节来打破平台闭环运行。

（一）法律法规

国内针对平台互联互通问题，国务院办公厅颁布的《促进平台经济规范健康发展的指导意见》中提出"尊重消费者选择权，确保跨平台互联互通和互操作。"国家市场监管总局发布的《互联网平台落实主体责任指南（征求意见稿）》中第3条规定"【开放生态】超大型平台经营者应当在符合安全以及相关主体权益保障的前提下，推动其提供的服务与其他平台经营者提供的服务具有互操作性。超大型平台经营者没有正当合理的理由，应当为符合条件的其他经营者和用户获取其提供的服务提供便利。"

（二）实践

国家市场监管总局对阿里巴巴集团控股有限公司发出的《行政指导书》中第14条要求"依法加大平台内数据和支付、应用等资源端口开放力度，充分尊重用户选择权，不得没有正当理由拒绝交易，促进跨平台互联互通和互操作。"② 2021年9月9日，工信部召开"屏蔽网址链接问题行政指导会"，会议提出有关互联网平台的合规标准，要求各

---

① The Data Transfer Project，https：//datatransferproject. dev/，2023 – 09 – 01.

② 《国家市场监督管理总局行政指导书》（国市监行指反垄〔2021〕1号），2021年4月，https：//view. officeapps. live. com/op/view. aspx？ src = https% 3A% 2F% 2Fwww. samr. gov. cn% 2Fcms_ files% 2Ffilemanager% 2Fsamr% 2Fwww% 2Fsamrnew% 2Ffldj% 2Ftzgg% 2Fxzcf% 2F202104% 2FP020210410314261976551. doc&wdOrigin = BROWSELINK，2023年9月1日。

平台在限期内必须按标准解除屏蔽，否则将依法采取处置措施。[①] 2021
年9月17日，腾讯发布《微信外部链接内容管理规范》调整的声明，
提出了四点开放外链原则，规范过度获取用户隐私、危害网络信息安全
与数据安全、过度营销、诱导分享等有损用户利益的行为。[②]

四　互联互通规制建议

（一）保障数据安全

如今的互联网，陷入了由各个平台所构建的茧房之中，信息难以
在不同平台间有效地传达、交流和发展，对"互联互通"规则的倡
导，就是要消除这一现象，给予终端用户选择权，让平台企业发展和
规范并重，以促进平台经济健康持续发展。欧盟《数字市场法》和
《数字服务法》中对平台互联互通的规定利用了守门人制度，推动平
台互联互通并赋予欧盟委员会监管权力，还规定在所有情况下守门人
和请求提供商都应确保互操作性不会违反本条例和相关欧盟法律中规
定的高水准的安全和数据保护义务，保障数据安全。国内有关平台互
联互通的法律法规立足于产业法层面对平台企业的行为进行监管，落
实平台主体责任。与欧盟法律相比，国内相关法律对数据安全的保护
较弱。因此，国内立法方面在促进互联互通的同时应注重保护数据
安全。

一是规定数据互联互通的合意要求。互联网企业之间的数据互联互
通，原则上应该建立在双方的合意基础之上，并需要获得其他利益相关
方（如个人用户、平台内经营者等）的合法授权。在合意前可以如
《数字市场法》序言第64条的规定，要求相关方列出交互的技术细节，
明确互联互通的条件，否则不仅会给企业带来不可预测的商业风险，也
会在数据安全方面引发诸多法律风险。

二是明确数据互联互通的范围。根据《个人信息保护法》第23条

---

① 《工信部深入推进互联互通　分享链接或将告别复制乱码》，2021年9月，人民网，
http：//finance. people. com. cn/n1/2021/0914/c1004 - 32227032. html，2023年9月1日。

② 腾讯公司微信团队《微信外部链接内容管理规范》，2021年9月，https：//weix-
in. qq. com/cgi-bin/readtemplate？t = weixin_ external_ links_ content_ management_ specification，
2023年9月1日。

规定，个人信息处理者向其他个人信息处理者提供其处理的个人信息的，应当取得个人的单独同意，并非平台之间可以直接决定。除非是以数据交易为业，否则不同网络服务提供者之间，不会也没有必要单独对数据进行互联互通。

三是规定公共服务平台间数据的互联互通。出于维护社会公共利益，为了便利民众使用各类公共服务，可推动在包含相关公共服务的平台之间，对用户使用公共服务相关的数据进行打通，从而降低用户切换平台使用的成本。

（二）规定跨平台监管制度

欧盟通过守门人和欧盟委员会来进行平台互联互通的监管，但国内对平台互联互通的监管主体和范围不明确。为了加强在全网范围内对网络违法行为和黑灰产的打击力度，为了更加有力地强化这方面的监管，可以考虑以下措施。

首先，可以由相关主管部门发挥牵头作用，确立对平台互联互通的监管体系。我国可以设立专门的监管机构，负责协调、指导和监督平台间的互联互通。这样的机构应该具备跨部门、跨平台的特点，以确保监管的综合性和协同性。

其次，建议在主要平台之间建立联防联控机制。这种机制将不同平台汇集起来，形成一个合作网络，以联合应对违法行为和黑灰产业。通过信息共享和资源协同，各平台能够更迅速、更准确地发现和制止违法行为，从而减少其蔓延，防止其危害整个网络环境。

在建立联防联控机制时，关键在于实现违法信息和违法主体黑名单的互联互通。这可以通过建立统一的数据交换平台，使各平台能够实时分享违法信息、更新黑名单，从而实现对违法行为的快速反应。同时，可以利用数据分析和挖掘能力，能够更好地预测和识别潜在的违法趋势，进一步提升监管效果。

通过跨平台监管，可以实现更广泛、更深入的监测，使违法行为无处遁形。这将有助于净化网络环境，提升用户体验，同时也为合法经营的平台提供更加公平的竞争环境，维护清朗的网络秩序和健康的网络发展。

（三）平衡互联互通与交易自由、防止搭便车、鼓励创新的关系

强制性互联互通可能导致某些竞争者跳过初级市场的竞争直接通过"搭便车"进入下游市场。"搭便车"可能损害消费者利益、企业创新力和市场经济体制，[①] 在要求平台互联互通的同时，有必要考虑到平衡互联互通与交易自由、防止搭便车、鼓励创新之间的关系。

一是提高市场透明度，建立公平贸易规则。确保市场的透明度，防止不正当行为和不公平竞争，维护公平的交易环境，并保护消费者和市场参与者的利益。建立和遵守公平的贸易规则，以确保交易是基于相互尊重和平等的原则，促进更自由的贸易。

二是建立互惠关系，加强合作。通过协商达成互利共赢的安排，各平台方应该努力寻求共同利益，而不是一方对另一方的资源和市场进行不公平的利用。促进平台间的合作和对话，寻求共同利益，解决分歧，以实现互联互通和交易自由的平衡。

三是制定准则，建立监测机制。互联互通的参与者需要遵守一定的条件和准则，履行一定的责任和义务，以确保互联互通的可持续性和公正性。建立有效的监测机制，发现不公平的行为和搭便车行为，并采取相应的措施。

四是制定开放的标准和技术规范，保护知识产权。降低技术壁垒，促进不同系统和产品之间的互联互通，从而刺激更多的创新和竞争。同时确保知识产权的有效保护，给创新者足够的激励，以进一步推动技术和商业的发展。

（四）区分不同类型和规模的平台所承担的互联互通义务

从反垄断法视角看，互联互通的主要目的是削弱大型互联网平台所具有的网络效应，降低市场进入壁垒，进而鼓励更多的小企业进入平台经济领域，参与市场竞争。[②] 平台的类型和规模各有不同，存在不同的需求和责任，因此不同类型和不同规模的平台所承担的互联互通义务应

---

① 王晓晔：《中国数字经济领域反垄断监管的理论与实践》，《中国社会科学院大学学报》2022 年第 2 期。

② 焦海涛：《平台互联互通义务及其实现》，《探索与争鸣》2022 年第 389 卷第 3 期。

有所区分。

欧盟的《数字市场法》和《数字服务法》在平台治理方面呈现不同的逻辑。前者着眼于市场竞争的影响，旨在规范网络平台的恶性竞争行为。对于被认定为市场"守门人"的平台，该法案规定了更多的义务，包括第6条第3款、第6款和第7款等内容。而后者则聚焦于在线网络环境和内容管理，力图构建安全可信的网络空间。针对超大型在线平台或搜索引擎，法案规定了更多的互联互通义务，如序言第6条和第151条。然而，我国目前尚未针对不同类型平台设立差异化的互联互通义务。为此，建议根据平台类型和规模制定不同的规定，以促进网络平台的健康发展。首先，某些类型的平台出于广泛的互联互通和公共利益考虑，应承担更多责任，从而具备更高的互联互通义务。然而，其他类型的平台因其不同的功能和目标，不应受到同等的互联互通要求。其次，大规模平台拥有更多资源和技术能力，可更好地实现互联互通，其行为也对生态系统的互联互通产生更大影响。因此，大规模平台可能需承担更多的互联互通义务。相反，小规模平台由于受限于资源和技术能力，可能无法与大平台相媲美。鉴于其规模和能力的限制，小规模平台可能无需受到同等严格的互联互通义务约束。

第四章　自我优待

　　自我优待是一个相对宽泛的概念，哪些类型的行为恰好构成自我优待仍然是一个争论不休的话题。通常而言，自我优待是指平台在与使用该平台服务的其他商业主体提供的产品和服务竞争时，对平台自己的产品或服务给予优惠待遇。

　　就经济学角度而言，自我优待行为是平台企业基于"成本－效益分析"的一种竞争策略，其往往是出于对经济效益的追求，具有商业合理性。平台通过技术创新或资源投入在市场中获得竞争优势，再利用此种优势为自身获取合理利益无可厚非，但若是平台滥用此种优势打压竞争对手，则有损公平的竞争环境。目前有关自我优待的执法实践主要还是基于传统竞争法思路下将其认定为滥用市场支配地位行为。欧盟出台的《数字市场法》则试图跳出传统竞争法框架，以禁止性义务清单的方式事前规制守门人平台企业的自我优待行为。

一　《数字市场法》相关条文分析

　　就《数字市场法》中条款而言，其主要包括竞争主管机构在过去几年中调查的几种自我优待行为，包括排名方面的自我优待和数据方面的自我优待。包括第6条第5款，"在排名和相关索引和爬取方面，守门人不得对自己的服务和产品提供比第三方的类似服务或产品更优惠的待遇。守门人应对此类排名适用透明、公平和非歧视性条件。"第6条第2款，"守门人不得与企业用户竞争使用这些企业用户在使用相关核心平台服务、或与相关核心平台一起提供或支持相关核心平台的服务时生成或提供的任何非公开数据，包括由这些企业用户的客户生成或提供的数据。"

第 6 条第 5 款属于狭义的自我优待行为，仅限于在排名等方面的自我优待，该条文从消极禁止和积极义务两方面做出规定。对于该条款的解释，委员会在序言中提到，由于守门人通常是垂直整合的，其往往具有作为第三方企业的中间人和作为直接提供产品或服务的企业的双重角色，致使其可以在排名、相关索引和爬取方面为自己的产品保留比在其核心平台服务中运行的第三方的产品或服务更好的位置，此种行为直接破坏核心平台服务上产品或服务的有效竞争，从而损害不受守门人控制的企业用户的利益。因此，守门人在核心平台服务的排名以及相关索引和爬取中不应实施任何行为以获得区别对待或优惠待遇。为了确保这项义务的有效性，守门人还应确保适用于这种排名的条件通常也是公平和透明的。在这种情况下，排名应作广义理解，并应当根据 2019 年《平台对企业用户条例》第 5 条通过的指南来落实该项义务。

第 6 条第 2 款属于守门人在数据使用方面的自我优待。在《数字市场法》序言中，委员会阐述了立法理由，"守门人作为提供核心平台服务的企业担任着双重角色：一方面，向其企业用户提供核心平台服务以及可能的、与核心平台服务一并提供或为其提供支持的其他服务；另一方面，还要与面向相同的终端用户提供相同或类似的服务或产品方面的企业用户竞争或试图竞争。在这种情况下，守门人可以利用其双重角色将企业用户在使用核心平台服务及其与该服务一并提供或为该服务支持的服务时所生成或提供的数据，用于其自身服务或产品。为防止守门人从其双重角色中获得不公平的利益，应确保它们不使用聚合或非聚合数据，这些数据可能包括不能公开给提供类似服务的企业用户的匿名数据和个人数据。此义务应整体上适用于守门人，包括但不限于其与核心平台服务企业用户竞争的业务部门。"

《数字市场法》的相关条款试图跳出现有竞争法框架，略过相关市场界定、市场支配地位认定、行为排除、限制竞争效果分析和合理性论证等过程，直接禁止守门人平台的自我优待行为。此举能够在一定程度上克服现行竞争法的滞后性与低效性，提高执法效率以应对平台企业的快速发展，但为追求效率而舍弃基于合理性论证的个案分析是否适宜则值得商榷。

二　利益相关方的评价

　　脸书、苹果和微软对初始影响评估的反馈中都提到，针对守门人的事前监管应当考虑不同在线平台的商业模式差异。因为平台商业模式的多样性意味着其活跃于根本不同的市场，并以非常不同的方式将其服务货币化。这些差异导致诸如网络效应的规模、消费者多归属程度或"生态系统驱动"的利益等特征在不同平台上具有显著差异。[①] 对于以活力和多样性为特征的行业，以放之四海而皆准的方式制定的严格禁令可能不是最佳解决方案，因为平台本质上是进化的，技术通常是动态的，消费者的使用也会发生变化。编纂商业惯例或产品定义将损害受影响企业的创新和技术发展。[②]

　　谷歌和微软对初始影响评估的反馈中都对广泛的禁令提出质疑，认为对自我优待的监管应当基于个案分析。自我优待可能有利于或有害于竞争。自我优待的风险在于，自我优待会以牺牲竞争对手为代价，不公平地让公司自己的服务受益。但某些被认为是自我优待的做法则有利于产品改进。例如，谷歌在搜索结果页面顶部显示谷歌地图缩略图的做法被英格兰及威尔士高等法院认定为是"无可争议的"产品改进。这种类型的产品集成创造了更丰富的搜索体验并提供了更多相关信息，从而节省了人们的时间、降低了搜索成本。因此，自我优待行为应当具体分析以确保竞争和消费者不会受到伤害，同时也不会剥夺用户创新和产品改进带来的利益。相关评估可以考虑的因素包括：是否导致平台获取不应有的优势、是否使第三方受益、是否提高了质量并使消费者受益等。[③]

---

　　①　Feedback from Apple, 2020 - 06, https：//ec. europa. eu/info/law/better-regulation/have-your-say/initiatives/12418-Digital-Services-Act-package-ex-ante-regulatory-instrument-of-very-large-on-line-platforms-acting-as-gatekeepers/F535696_ en, 2023 - 09 - 01.

　　②　Facebook observations to the Inception Impact Assessment on the DSA Ex-Ante Instrument of very large Online Platforms acting as Gatekeepers, 2020 - 06, https：//res. cloudinary. com/gcr-usa/image/upload/v1594220436/090166e5d0fa9cf0_ 2_ fj9ekh. pdf, 2023 - 09 - 01.

　　③　Feedback from Google, 2020 - 06, https：//ec. europa. eu/info/law/better-regulation/have-your-say/initiatives/12416-Single-Market-new-complementary-tool-to-strengthen-competition-enforcem ent/F535558_ en, 2023 - 09 - 01.

三　自我优待的合理性

经济专家小组在对《数字市场法》草案的报告中认为，自我优待具有天然的歧视性，而对第三方的任何形式的歧视都应被视为非法的，因此，应将自我优待行为列入本身违法的"黑名单"中，严格加以禁止，不能对其提出效率抗辩。① 而相反的观点则认为，企业只有在其提供的产品或服务或系统是"必要设施"的情况下有义务向下游或相关市场上的竞争者提供该产品、服务或系统。因此，如果具有支配地位的企业在其没有义务却仍提供这种准入的情况下，其对自己业务的任何"优待"和对竞争对手的差别待遇都不能被视为滥用。② 欧盟2019年发布的《数字时代竞争政策报告》③ 也指出，自我优待并非本身违法，而应该进行合理性分析。平台给予其产品或服务优惠待遇是对平台管理的适当奖励，只有在存在高进入壁垒且平台作为特别相关的中介性基础设施的市场中，在平台扮演管理者角色的范围内，其应当承担证明自我优待不会对产品市场产生长期排他效应的责任。事实上，竞争法的目的是促进竞争，其应当允许企业利用其竞争优势，而不是以"公平竞争环境"的名义抵消竞争优势。④ 因此，企业没有补贴竞争对手使其与自身具有同等竞争力的一般义务。同时，自我优待与产品和服务整合密不可分，而整合可以创造效率，因为价值链某一阶段的生产者往往有最大的动力和最大的技术能力来降低价格或改进相邻阶段的产品。⑤

总之，自我优待作为一种普遍的商业行为，应当在考虑整体经济背

---

① See European Commission, Joint Research Centre, Cabral, L., Haucap, J., Parker, G. et al., The EU digital markets act-A report from a panel of economic experts, Publications Office, 2021, https://data. europa. eu/doi/10. 2760/139337.

② See Bo Vesterdorf, Theories of self-preferencing and duty to deal-two sides of the same coin?, Competition Law & Policy Debate, Vol. 1, Issue 1, 2015.

③ See European Commission, Directorate-General for Competition, Montjoye, Y., Schweitzer, H., Crémer, J., Competition policy for the digital era, Publications Office, 2019, https://data. europa. eu/doi/10. 2763/407537.

④ See Pablo Ibáñez Colomo, Self-Preferencing: Yet Another Epithet in Need of Limiting Principles, World Competition, Vol. 43, Issue 4, 2020.

⑤ Michael A. Salinger, Self – Preferencing – The Global Antitrust Institute Report on the Digital Economy, 2020 – 11, Available at SSRN: https://ssrn. com/abstract = 3733688.

景后评估其是否具有反竞争性，事前的禁令清单可能会误伤有利于竞争的行为。因此，个案处理或针对自我优待的具体表现制定针对性规则是更明智的选择。

四　自我优待规制建议

市场监管总局 2021 年 10 月发布的《互联网平台落实主体责任指南（征求意见稿）》第二条规定"超大型平台经营者应当遵守公平和非歧视原则。提供相关产品或服务时，平等对待平台自身（或关联企业）和平台内经营者，不实施自我优待。"该条款是对平台平等治理的要求，但其只是引入了自我优待这一概念，并且一定程度上将自我优待等同于违反平等原则的差别对待，何种行为属于此条款下的自我优待还需进一步解释。

市场监管总局 2022 年 6 月发布的《禁止滥用市场支配地位行为规定（征求意见稿）》中曾试图借鉴域外执法实践，增加具有市场支配地位的平台经营者实施"自我优待"的行为表现形式，其第 20 条规定"禁止具有市场支配地位的平台经营者利用数据和算法、技术以及平台规则等，没有正当理由，在与该平台内经营者竞争时，对自身给予下列优惠待遇：（一）对自身商品给予优先展示或者排序；（二）利用平台内经营者的非公开数据，开发自身商品或者辅助自身决策。"该条款同时允许平台经营者基于正当理由的抗辩，正当理由包括："（一）基于公平、合理、无歧视的平台规则实施的展示或者排序；（二）符合正当的行业惯例和交易习惯；（三）能够证明行为具有正当性的其他理由。"但在最终正式出台的《禁止滥用市场支配地位行为规定》中，该条款被删除，究其原因，主要在于自我优待定义及其违法性还存在争议。

因此，直接借鉴《数字市场法》以事前禁令规制自我优待并不可取，建议在现有竞争法框架下细化自我优待的有关规定。（一）明确自我优待的法律定性。自我优待只是多种可能损害竞争的行为的概括性总称，需要限缩自我优待的词义范围，从立法层面明确自我优待的法律内涵，而非仅以"禁止自我优待"概之。（二）对自我优待坚持个案分析原则。平台的自我优待不具有本身违法性，其对于经济效率的提高不容忽视，因此对自我优待应当坚持个案分析原则，评估其对市场竞争或消费者利益产生的实际损害。（三）给予平台基于合理性的抗辩空间，仅规制明显具有不合理排除、限制竞争效果的自我优待行为。例如，在同等市场条件下，严格禁止利用算法刻意调整排序规则，使其自营商品始终位于前列的行为。

第二编
数字服务法

第一章　导读

2022 年 10 月，欧盟议会和欧盟理事会正式颁布了《数字服务法》，在超大型互联网平台（国内常常称为"守门人"）规制领域率先提出了系统的方案。这一法律不仅对于平台治理的学理研究颇为重要，在合规实务方面也会适用于全球范围、特别是中美两国最主要的超大型平台。因此有必要及时译介、导读。以下分三部分展开。第一部分简述译介的四方面意义。第二部分按顺序简介《数字服务法》的重点条款。第三部分以脸书、谷歌等超大型互联网平台对《数字服务法》的反馈为核心，简析《数字服务法》中部分有借鉴意义的重点、前沿问题。

一　译介《数字服务法》的意义

译介《数字服务法》有四方面的主要意义。首先，平台治理是当下的国际性难题。其次，《数字服务法》是继《通用数据保护条例》（GDPR）之后，所谓"布鲁塞尔效应"的进一步体现。然后是其中的部分制度对我国有一定借鉴意义。最后，我国平台企业"走出去"过程中的合规工作需要密切关注《数字服务法》。

首先，作为平台治理的出发点，在《平台如何塑造我们的生活和商业?》报告中，欧盟梳理了平台，尤其是超大型平台所造成的多种治理难题，主要包括恐怖主义等违法信息的扩散；个人数据权利等基本权利保护不足；平台系统受操纵导致假新闻等有害信息扩散，进而造成社会危害；平台滥用市场支配地位、损害竞争；用户与平台间议价能力不对等；平台内经营者逃税，等等。① 无论是违法有害信息的扩散，还是权利保护、平台反垄断和权力失衡等问题，既是在线空间内"命运与共"的治理议题，也是《数字服务法》立法的直接动因。或者按照欧盟的表达，《数字服务法》意在创造一个"更加安全且更加开放的数字空间"②。

其次，《数字服务法》，是所谓"布鲁塞尔效应"的典例。按概念提出者阿努·布拉德福的定义：布鲁塞尔效应是指"欧盟单边地规制全球市场的权力"③。欧盟为全球个人信息保护设定标准的 GDPR 即是典例。自从 GDPR 颁行以来，全球已经有近百个国家或地区颁行或预期颁行个人信息保护法律，提出的相应法律和草案也多和 GDPR 实质性相似。④ 欧盟并不讳言期待单边规制全球数字市场的愿景。例如欧盟委员会主席乌苏拉·冯·德·莱恩（Ursula von der Leyen）在演讲中提道："我相信 21 世纪 20 年代可以成为欧洲的数字十年，[可以成为] 欧盟担当数字世界的全球领导者的十年。"⑤ 冯·德·莱恩进一步勾勒了欧盟的立法蓝图：既有《数字服务法》，也有《数字市场法》，也有即将到来的，针对数据治理、人工智能治理、数字劳动和数字公平的一系列立法⑥。

---

① See European commission "How do online platforms shape our lives and businesses?", 2019 - 09, https：//ec. europa. eu/digital-single-market/en/news/how-do-online-platforms-shape-our-lives-and-businesses-brochure, 2023 - 09 - 01.

② See European commission "How do online platforms shape our lives and businesses?", 2019 - 09, https：//ec. europa. eu/digital-single-market/en/news/how-do-online-platforms-shape-our-lives-and-businesses-brochure, 2023 - 09 - 01.

③ See Bradford, Anu. The Brussels Effect：How the European Union Rules the World. Oxford University Press, 2020.

④ See DLA Piper "Compare data protection laws around the world", https：//www. dlapiper-dataprotection. com/index. html? t = world-map&c = AO, 2023 - 09 - 01.

⑤ See European commission "President von der Leyen at the 'Masters of Digital 2021' event：'The 2020s can be Europe's Digital Decade'", 2021 - 02, https：//ec. europa. eu/digital-single-market/en/news/president-von-der-leyen-masters-digital-2021-event-2020s-can-be-europes-digital-decade, 2023 - 09 - 01.

⑥ See European commission "President von der Leyen at the 'Masters of Digital 2021' event：'The 2020s can be Europe's Digital Decade'", 2021 - 02, https：//ec. europa. eu/digital-single-market/en/news/president-von-der-leyen-masters-digital-2021-event-2020s-can-be-europes-digital-decade, 2023 - 09 - 01.

再次，《数字服务法》中的部分具体的制度对我国有一定的借鉴意义。这一借鉴意义可以从两个角度理解：一方面，对于一些不同国家和地区共同面对的问题，既然有欧盟"摸石头"在前，不妨取其精华。《个人信息保护法》对于 GDPR 的借鉴就是一个相对成功的借鉴的例子。另一方面，也正如冯·德·莱恩直言不讳，"多年来，相较域外竞争者而言，我们［欧盟］的数字企业面临着多得多的壁垒"，《数字服务法》，因而成为欧盟用以"平衡"数字贸易格局、托辞以新设贸易壁垒的趁手工具，就此，其他国家和地区也需要对等的磋商与制度应对。

最后，我国超大型平台互联网平台企业在国际竞争中"大显身手"的过程，不可避免地要和《数字服务法》打交道。之前西班牙数据当局已经援引 GDPR 处罚涉及我国的"第一案"：因其成员在微信群内发布具有可识别性的儿童照片信息，一家文化协会遭处罚 3000 欧元①。《数字服务法》的域外适用条件和 GDPR 相似，同样包含大约十个错综复杂的考量因素。② 鉴于欧盟数字立法在全球范围内的广泛影响，在国家制度层面磋商、对等甚至"阻断"的同时，平台企业同样需要未雨绸缪，在合规上早做准备。

二　《数字服务法》分节简介

《数字服务法》正文可分为"解释性备忘录"、"序言"和由五章构成的主体部分。在此之外，有关文件还包括附表的"立法和财务陈述"和官方网页上的"《数字服务法》文件包"内的其他文件。③ 中译只包括正文的全文。这一节首先从重点内容与条款出发，按逐节顺序简介正文，再简要介绍附表与其他文件。

---

① See Agencia Espa？ola de Protección de Datos，Procedimiento N？：PS/00405/2020，https：//www. aepd. es/es/documento/ps-00405 - 2020. pdf，2023 - 09 - 01.

② See Kuner，Christopher，Lee Bygrave，and Christopher Docksey. The EU General Data Protection Regulation：A Commentary. Oxford University Press，2019.

③ See European commission " The Digital Services Act package "，https：//digital-strategy. ec. europa. eu/en/policies/digital-services-act-package，2023 - 09 - 01.

（一）解释性备忘录

正文之前是"解释性备忘录"。一定意义上，这一节可以视为由欧盟所提供的官方"导读"：其间简介了《数字服务法》相关的法律工具选择、公共咨询及专业评估、监管损益分析与预算评估、对欧盟公民基本权利的保障和正文各节所包括的条款，等等。① 对读者而言，可谓是相当权威、简洁的解释。此处导读，通过对具体条款和重难点问题的进一步介绍，构成了对备忘录的补充。

（二）"鉴于"条款

正文第一部分是"序言"，又可以细分为"基于"和"鉴于"两个部分。② "基于"部分包括《数字服务法》的法源、立法应当征询的相关方意见和相应的立法程序，篇幅较短。"鉴于"部分陈述了立法的具体理由，篇幅几乎占据了正文的一半③。在欧盟法下，序言对于解释正文部分是非常有力的参照。④《数字服务法》的"鉴于"部分详细展开了备忘录中的所有侧面，并且对于法案主体部分的许多条款有所细化。此外有一点值得注意：如果合规人面临《数字服务法》与欧盟其他数字立法文件的冲突，从"鉴于"处出发常常可以找到化解冲突的答案。

（三）第一章 总则

其次是第一章第1—3条"总则"，包含对理解法案主体至关重要的法案主体、适用范围与关键定义。在主体与范围方面，第2条第1款明确：法案的适用范围仅取决于服务接受者的所在地或居住地，而与服务提供者的场所所在地无关。定义方面，至少有两类值得特别注意：其

---

① 以下凡引用《数字服务法》正文内容，均不再赘注。

② See European commission "2.2. Preamble（citations and recitals）", https：//publications. europa. eu/code/en/en-120200. htm, 2023 – 09 – 01.

③ See European commission "2.2. Preamble（citations and recitals）", https：//publications. europa. eu/code/en/en-120200. htm, 2023 – 09 – 01.

④ See Klimas, Tadas, and Jurate Vaiciukaite. "The law of recitals in European Community legislation. " ILSA J. Int'l & Comp. L. 15（2008）：61.

一，是"在欧盟提供服务"（因而很可能适用《数字服务法》）、"在线平台"、"超大型平台"等直接关系到适用范围的关键概念，例如，对"在欧盟提供服务"，按第3条第（e）点，应当根据是否存在"实质性联系"来判断；其二，第3条还包含"推荐系统""内容审查"等在之前的欧盟立法中比较少见，长期没有得到清晰界定的概念。

（四）第二章 中介服务提供者的责任

第二章"中介服务提供者的责任"，即第4—10条，在很大程度上明确了平台何时可以豁免承担相应责任义务。首先，按第4—6条，如果中介服务提供者属于"纯粹渠道""缓存"或者"托管"等三类中介服务提供者之一，则其无须对所传输、缓存或存储的信息负责。因此，《数字服务法》大体上豁免了这三类平台。第6条则进一步明确："自愿的主动调查和法律合规工作"不会影响第3—5条所及的豁免。其次，第8条专门规定："不应使中介服务提供者承担监测中介服务提供者传输或存储的信息的一般性义务，也不应使中介服务者承担积极地寻求表明非法活动的事实或情况的义务。"最后，第9—10条明确规定了中介服务提供者应如何遵从欧盟成员国发出的、打击非法内容或要求提供信息的命令。

（五）第三章 为了透明和安全的在线环境的勤勉义务

第三章"为了透明和安全的在线环境的勤勉义务"，即第11—48条，可谓法案主体最为精华的部分，且尤其具有突破性和体系性。本章体现了鲜明的"分级治理"思路：其中，第一节是针对所有中间服务提供者所施加的义务，第二节是在第一节的基础上，托管服务提供者需要额外承担的义务。第三节则在第二节基础上，向托管服务提供者中的"在线平台"施加了其他额外义务。最后，第四节又对超大型平台施加了更多义务。就此，对特定合规者而言，明确自身分到哪个级别是合规实践的起点。此外，第五节提出了平台自治理与合作治理的三种形式：行为守则、在线广告行为准则和欧盟委员会主导、平台参与的危机协议。

四节义务，由简入繁，层层递进。第一节，即法案第11—15条规定：所及中间服务提供商需在欧盟境内设立联络点、委任法定代表、提供包含特定内容项目的服务条款，并且每年公布包含成员国命令、违反内容与内容审查等各项相关信息的透明度报告。第二节，即第16—18条，详述了适用的托管服务提供者应如何履行针对非法信息的"通知—作为"义务，明确了相应通知的形式和内容，并明确了在屏蔽或者删除非法信息时应当向相关服务提供者提供的说明的形式和内容。第三节，即第19—32条，又可进一步细分为三部分：第一部分对"在线平台"遵从"通知—作为"义务提出了更多要求，需建立内部投诉机制，在内部投诉机制无法解决围绕移除的内容争议时、"受庭外争议解决机制的约束"，优先处理"受信举报人"的举报，并及时通报涉刑事犯罪内容，等等。第二部分针对"允许消费者与交易者签订远距离合同"的在线平台，要求其确保平台内交易者的可追溯性。第三部分要求在线平台提供包含更多项目的透明度报告，并且要求实现"在线广告的透明度"。在线平台应当以"清晰明确的方式实时展示"三种信息：首先，相应的信息是广告；其次，显示广告的自然人或法人是谁；最后，用于计算广告的、与个体参数有关的有意义信息。此外还有未成年人保护的规定。

第四节"用于管理系统性风险的、超大型平台的附加义务"对应于第33—48条。这里是《数字服务法》最大的突破。此处"超大型"的阈值是平均月活跃用户达到4500万，或者达到欧盟人口的一定比例。一方面，提交透明度报告和实现在线广告透明度的义务又有加强；另一方面，附加的义务还包括年度风险评估、对应评估的风险纾解、年度的自费独立审计、实现推荐系统透明度、开放平台数据供评估审计、任命专门的合规职员，等等。其中，风险评估、平台审计和平台数据开放的制度化，都是在"硬法"层面比较新颖的义务。这些义务具体将如何落实，很可能是《数字服务法》实践的"要害"所在。

（六）最终章 实施、合作、处罚和执行以及其余规定

之后是第四章"实施、合作、处罚和执行"和第五章"其余规定"，对应第49—93条。两章内容相对而言比较琐碎，所以只提示部分对合规而言可能存在额外意义的重点。首先，这部分包括欧盟层面和各成员国层面相关机构的各自权限与职能；其次，对于"超大型在线平台"还包括额外的执法规定，例如，欧盟委员会可能直接调查涉嫌违反法案的超大型在线平台；再次，负责调查的有关部门根据相应条款具备十分广泛的权力，包括获取信息的权力。最后，和 GDPR 等欧盟法律保持一致，也包含上限可达中介服务提供者全球年营业额 6% 的罚款。

最后，《数字服务法》还包括附表和"文件包"内的其他文件。[①]前者反映了立法相关的财政预算信息，后者包括解释性备忘录和"鉴于"部分的详细依据。

三 若干重点和前沿问题

这一节的核心，是脸书、谷歌等很可能需要适用前述法律的超大型平台对《数字服务法》反馈的问题。问题是否"重点"，主要看平台反馈的详尽与强烈程度。问题是否"前沿"，主要看是否仍然缺乏研究的共识与成熟的实践。

（一）平台分级治理

其一，立法直指平台的分级治理。来自部分平台企业的反馈就其专门针对超大型在线平台的立法思路提出了直率、尖锐的批评。以谷歌反馈为例，其间直接言明针对超大型平台的监管措施大多缺乏实证研究证据的支持；这些监管措施在可能歧视特定商业模式的同时，没有考虑到以行业为颗粒度的、规则适宜具有的灵活性；缺乏对监管措施的动态评估与更新，可能损及创新与投资，等等。[②]这些论题都值得持续关注。这些超大型平台之后还可能向法院挑战立法。

---

① See European commission "The Digital Services Act package", https://digital-strategy. ec. europa. eu/en/policies/digital-services-act-package, 2023 - 09 - 01.

② See feedback from Google "Digital Services Act Package: Open Public Consultation Google Submission", https://blog. google/documents/89/Googles_ submission_ on_ the_ Digital_ Services_ Act_ package_ 1. pdf, 2023 - 09 - 01.

(二) 平台治理与算法治理

其二,针对在线广告和推荐系统的算法治理。脸书反馈中的相应担忧颇为典型:"脸书对［主管当局、研究者和公益组织］获取［自动化工具相关信息］存有一系列疑虑",之后,脸书列举了七种疑虑,包括监管目标的界定、获取权限的范围、用户隐私、信息共享的法律冲突、信息共享的合比例性、技术上或不可行、获取导致安全隐患,等等,并提出"信息获取没有'一刀切'的方案"[①]。由此,欧盟继续推进、落实算法治理的雄心,一方面是面临相当的阻力,另一方面在执法中也还需要做许多细化的、落地的工作。

(三) 平台的多元争议解决

其三,对平台争议多元解决方案的进一步探索。立法为平台用户提供了包括平台内部投诉、庭外争议解决和司法救济在内的多种争议解决方案。这一多元方案如何与平台自身的治理机制相协调是非常现实的问题。例如,脸书在反馈中两次介绍了"脸书监督委员会"这一内容治理机制,认为其监督委员会可以实现内容治理与用户基本权益间的妥善平衡——一方面,《数字服务法》赋予了欧盟认证庭外争议解决机构的权力,另一方面,脸书已就监督委员会投入了相当的人力、物力,监督委员会也已经开始裁定部分相当复杂的案件。监督委员会是否将获得认证,委员会与其他认证机构发生冲突时如何化解,等等,对欧盟和超大型平台双方来说,这些都是不能忽视的考验,也是平台治理主导权之争的缩影。

(四) 平台审计与数据开放

其四,平台审计与数据开放。法案的另一突破之处,是对平台的多种评估、审计要求。以谷歌反馈为例,针对审计发出了非常多的疑问:

---

① See feedback from Facebook "Digital Services Act Package: Open Public Consultation Facebook Submission", https: //about. fb. com/de/wp-content/uploads/sites/10/2020/09/FINAL-FB-Response-to-DSA-Consultations. pdf, 2023 - 09 - 01. 有趣的是,尽管此处咨询的设问包含"用户是否应得知自动化工具的相关信息",脸书反馈,似乎完全没有提及这一点。

对于欺诈或作弊风险的担忧、对商业伙伴或生态内其他实体的保密信息或有的侵害、用户隐私与数据保护、对财产性权益或充分竞争概有的侵害，等等。谷歌因而认为：对于如何达到合适的披露与审计水平，还需要更加充分的平衡。欧盟此处施加的义务清晰且全面，布鲁金斯学会的研究报告也认同"数据开放是法案关键"①。不过，从谷歌的态度来看，落实远非水到渠成。

平台的质疑与批评远远不止于此。尽管如此，面对相关反馈中的2863份意见，欧盟相当肯定地总结道："［多数反馈者认同］平台与用户间的议价能力不平衡……且存在现有监管无法有效应对的、结构性的平台治理议题。"②又如前述冯·德·莱恩演讲所及：《数字服务法》以及既有或其他欧盟数字立法，不仅仅是为了解决特定的治理议题，还有相当清晰的、令"欧盟担当数字世界的全球领导者"的意图。于是，各方都为持续的磨合或拉锯做好了准备。

四 结语

以上，作为雄心勃勃、且不失体系性的平台治理方案之一，无论是对于我国监管者，还是对于合规者和研究者，《数字服务法》及其后续实践都有相当宝贵的"他山之石"意义。

---

① See Alex Engler, Platform data access is a lynchpin of the EU's Digital Services Act, 2021 – 01, https：//www. brookings. edu/blog/techtank/2021/01/15/platform-data-access-is-a-lynchpin-of-the-eus-digital-services-act/, 2023 – 09 – 01.

② See European commission "Summary Report on the open public consultation on the Digital Services Act Package", 2020 – 12, https：//digital-strategy. ec. europa. eu/en/library/summary-report-open-public-consultation-digital-services-act-package, 2023 – 09 – 01.

第二章　译文和解读

2022 年 10 月 19 日欧盟议会和理事会有关单一的
数字服务市场以及修正 2000/31/EC 号指令
（《数字服务法》）的监管条例[*]

与欧洲经济区有关的文本

欧盟议会和理事会，

鉴于《欧盟运作条约》，特别是其中的第 114 条，

鉴于欧盟委员会的提案，

在将立法草案转交各国议会之后，

鉴于欧洲经济和社会委员会的意见[1]，

鉴于区域委员会的意见[2]，

按照普通立法程序行事[3]，

鉴于：

（1）信息社会服务，尤其是中介服务，已成为欧盟经济和欧盟公民

---

 * 法律原文链接：https：//eur-lex. europa. eu/legal-content/EN/TXT/？ uri = CELEX% 3A32
022R2065&qid = 1697526366554.

 ① OJ C 286，16. 7. 2021，第 70 页。

 ② OJ C 440，29. 10. 2021，第 67 页。

 ③ 欧盟议会 2022 年 7 月 5 日的立场（尚未发布于公报）以及理事会 2022 年 10 月 4 日的立场。

日常生活的重要组成部分。在欧盟议会和理事会 2000/31/EC 号指令①中规定的、适用于此类服务的现有法律框架通过 20 年之后，新型的和创新的业务模型和服务，例如允许消费者和交易商缔结远程合同的在线社交网络和市场，允许企业用户和消费者以新颖的方式通信和访问信息以及进行交易。现在，大多数欧盟公民每天都在使用这些服务。但是，这些服务的数字化转型和更频繁的使用也给个人用户和整个社会带来了新的风险和挑战。

（2）成员国越来越多地引入或正在考虑引入有关本条例所涉事项的各国法律，尤其是通过对中介服务提供者施加关于应对不法内容、在线虚假信息和其他社会风险的方式引入尽职调查要求。不同的各国法律对内部市场产生了负面影响。根据《欧盟运作条约》第 26 条，相应的内部市场包括一个没有内部边界的区域，并且，鉴于通常用于提供相应服务的互联网的内在的跨境性质，在相应的区域内确保了商品和服务的自由流通和提供服务的自由。应当调和在内部市场上提供中介服务的条件，以便为企业提供进入新市场、并利用内部市场获益的机会，同时允许消费者和服务的其他接收者拥有更多选择。

（3）对于安全、可预测和可信赖的在线环境而言，以及对于允许欧盟公民和其他人行使《欧盟基本权利宪章》（以下简称《宪章》）所保障的基本权利而言，特别是对于言论和信息自由、开展业务的自由，以及不受歧视的权利而言，中介服务提供者的负责任的、尽职的行为至关重要。

（4）因此，为了维护和改善内部市场的功能，应在欧盟层面建立一套有针对性的、统一的、有效的且成比例的强制性规则。相应条例为创新的数字服务在内部市场上涌现并扩大规模提供了条件。为了避免并结束内部市场的碎片化，并确保法律的确定性，有必要在欧盟层面采取与中介服务提供者的需求相关的、与各国监管相近的措施，从而减少提供者面临的不确定性，并促进互操作性。通过采取技术中立的要求，创新不会被阻碍，而会受到鼓励。

（5）本条例应适用于欧盟议会和理事会（EU）2015/1535 号指令②

① 欧盟议会和理事会 2000 年 6 月 8 日关于内部市场中信息社会服务（尤其是电子商务）的特定法律问题的 2000/31/EC 号指令（《电子商务指令》）（OJ L 178，17.7.2000，第 1 页）。

② 欧盟议会和理事会于 2015 年 9 月 9 日规定技术条例和信息社会服务规则领域的信息提供程序的（EU）2015/1535 号指令（OJ L 241，17.9.2015，第 1 页）。

中定义的、特定的信息社会服务的提供者，即通常通过电子方式、应接收者的要求、在一定距离内提供酬劳的任何服务。具体来说，本条例应适用于中介服务，尤其是由称为"纯粹渠道""缓存"和"托管"的服务所组成的中介服务的提供者，这是因为对这些服务的使用呈指数性的增长，相应的使用主要是针对各种合法和对社会有益的目的，同时也增加了这些服务在非法和其他有害信息和活动的中介和传播中的作用。

（6）在实践中，特定中介服务的提供者与可能通过抑或不通过电子手段提供的服务有关，例如远程信息技术服务，交通、住宿或分发服务。本条例应仅适用于中介服务，并且不妨碍欧盟或各国法律中有关通过中介服务和中介产品或服务的要求，包括中介服务构成另一项（本身不作为中介服务的）服务的组成部分的情况，这在欧盟法院的判例法中有明确规定。

（7）为了确保本条例所规定的规则和内部市场内的公平竞争环境的有效性，这些规则应适用于中介服务提供者，无论其设立场所或居住的地点如何，只要其与欧盟之间的紧密联系可以证明相应提供者在欧盟内提供服务。

（8）服务提供者在欧盟中设有营业场所时，可认为上述紧密联系存在。或者，在没有服务场所的情况下，基于其在一个或多个成员国——就其人口数量而言——存有显著数量的用户，或基于其展开定向至一个或多个成员国的活动，可以认为上述紧密联系存在。可以根据所有的相关情况，确定其是否展开定向至一个或多个成员国的活动，包括诸如使用相应成员国通常使用的语言或货币、订购产品或服务的可能性、或者使用各国的顶级域名。定向至特定成员国的活动也可以由下而推定：相关各国应用商店中应用的可用性、提供本地广告或相应成员国使用的语言的广告、或来自消费者关系的应对——例如，以相应成员国通常使用的语言提供消费者服务。如果服务提供者根据欧盟议会和理事会（EU）1215/2012 号条例第 17 条第 1 款（c）项的规定，将其活动定向至一个或多个成员国，则也应推定存在实质性联系①。另一方面，不能仅因在技术上从欧盟访问网站的可能性就认为其与欧盟建立了紧密

---

① 欧盟议会和理事会于 2012 年 12 月 12 日涉及民事和商业事务中的管辖权以及判决的承认和执行的 1215/2012 号条例（OJ L 351. 20. 12. 2012，第 1 页）。

联系。

（9）本条例充分调和了适用于内部市场中介服务的规则，目的是确保一个安全、可预测和可信赖的网络环境，解决在线非法内容的传播可能产生的社会风险以及虚假信息或其他内容的传播可能产生的社会风险，并在其中有效保护《宪章》规定的基本权利，以及促进创新。因此，除非本条例有明确规定，否则成员国不应通过或维持与本条例范围内的事项有关的、额外的国家层面的要求，因为这将妨碍根据本条例的目标直接并统一地适用于中介服务提供者的、完全调和的规则。这不应该排除按照欧盟法律，包括 2000/31/EC 号指令，特别是其第 3 条，适用至其他适用于中介服务提供者的成员国法律的可能性，如果成员国法律的规定追求其他合法的公共利益目标，而不是本条例所追求的目标。

（10）本条例不应妨碍其他一般性地规范信息社会服务的提供、规范内部市场中介服务提供的其他方面或者具体规定和补充本条例规定的统一规则的欧盟法律，例如欧盟议会和理事会 2010/13/EU 号指令①，包括其中有关视频共享平台的规定，欧盟议会和理事会（EU）2019/1148 号②、（EU）2019/1150 号③、（EU）2021/784 号④和（EU）2021/1232 号⑤条例，欧盟议会和理事会 2002/58/EC 号指令⑥，以及《关于欧盟刑事事务中的电子证据开示和留存令的条例》和《关于为在刑事诉讼中收集证据而任命法律代表的统一规则的指令》中所规定的欧盟

---

① 欧盟议会和理事会 2010 年 3 月 10 日关于协调成员国有关提供视听媒体服务的法律、法规或行政行为的特定规定的 2010/13/EU 号指令（《视听媒体服务指令》）（OJ L 95，15.4.2010，第 1 页）。

② 欧盟议会和理事会 2019 年 6 月 20 日关于爆炸物前体的销售和使用，修订（EC）1907/2006 号条例并废除（EU）98/2013 号条例的（EU）2019/1148 号（OJ L 186，11.7.2019，第 1 页）。

③ 欧盟议会和理事会 2019 年 6 月 20 日关于促进在线中介服务企业用户的公平性和透明度的 2019/1150 号条例（OJ L 186，11.7.2019，第 57 页）。

④ 欧盟议会和理事会 2021 年 4 月 29 日关于处理在线传播恐怖主义内容的（EU）2021/784 号条例（OJ L 172，17.5.2021，第 79 页）。

⑤ 欧盟议会和理事会 2021 年 7 月 14 日关于暂时克减第 2002/58/EC 号指令的特定规定，即独立于号码的人际通信服务提供者为打击网上儿童性虐待而使用技术处理个人和其他数据的（EU）2021/1232 号条例（OJ L 274，30.7.2021，第 41 页）。

⑥ 欧盟议会和理事会 2002 年 7 月 12 日关于在电子通信领域处理个人数据和保护隐私的 2002/58/EC 号指令（关于隐私和电子通信的指令）（OJ L 201，31.7.2002，第 37 页）。

法律条款。

同样，为了明确起见，本条例应不妨碍欧盟关于消费者保护的法律，特别是欧盟议会和理事会的（EU）2017/2394 号①和（EU）2019/1020 号②条例，欧盟议会和理事会的 2001/95/EC 号③、2005/29/EC 号④、2011/83/EU 号⑤和 2013/11/EU 号指令⑥，以及理事会 93/13/EEC 号指令⑦，以及关于个人数据保护的法律，特别是欧盟议会和理事会的（EU）2016/679 号条例⑧。

本条例也不应妨碍欧盟关于国际私法的规则，特别是关于民事和商业事务的管辖权和判决的承认和执行的规则，如（EU）1215/2012 条例，以及关于合同和非合同义务的适用法律的规则。在处理个人数据方面对个人的保护只受欧盟法律中有关相应问题的规则管辖，特别是（EU）2016/679 号条例和 2002/58/EC 号指令。本条例也应不妨碍欧盟关于工作条件的法律和关于欧盟民事和刑事事务司法合作领域的法律。然而，只要这些欧盟法律所追求的目标与本条例规定的目标相同，本条

---

① 欧盟议会和理事会 2017 年 12 月 12 日关于负责执行消费者保护法的成员国当局之间的合作、并废除（EC）2006/2004 号条例的（EU）2017/2394 号条例（OJ L 345, 27. 12. 2017，第 1 页）。

② 欧盟议会和理事会 2019 年 6 月 20 日关于市场监督和产品合规性，并修订 2004/42/EC 号指令和（EC）765/2008 号和（EU）305/2011 号条例的（EU）2019/1020 号条例（OJ L 169, 25. 6. 2019，第 1 页）。

③ 欧盟议会和理事会 2001 年 12 月 3 日关于一般产品安全的 2001/95/EC 号指令（OJ L 11, 15. 1. 2002，第 4 页）。

④ 欧盟议会和理事会 2005 年 5 月 11 日关于内部市场中企业对消费者的不公平商业行为，并修正理事会 84/450/EEC 号指令、欧盟议会和理事会 97/7/EC 号、98/27/EC 号和 2002/65/EC 号指令以及欧盟议会和理事会（EC）No 2006/2004 号条例的 2005/29/EC 号指令（《不公平商业行为指令》）（OJ L 149, 11. 6. 2005，第 22 页）。

⑤ 欧盟议会和理事会 2011 年 10 月 25 日关于消费者权利，修订欧盟议会和理事会的 93/13/EEC 号指令和 1999/44/EC 号指令，并废除欧盟议会和理事会的 85/577/EEC 号指令和 97/7/EC 号指令的 2011/83/EU 号指令（OJ L 304, 22. 11. 2011，第 64 页）。

⑥ 欧盟议会和理事会 2013 年 5 月 21 日关于消费者争议的替代性解决方法的指令，并修正（EC）No 2006/2004 号条例和 2009/22/EC 号指令（OJ L 165, 18. 6. 2013，第 63 页）。

⑦ 理事会 1993 年 4 月 5 日关于消费者合同中不公平条款的 93/13/EEC 号指令（OJ L 95, 21. 4. 1993，第 29 页）。

⑧ 欧盟议会和理事会 2016 年 4 月 27 日关于在处理个人数据方面保护自然人和相应的数据自由流动，并废除第 95/46/EC 号指令的（EU）2016/679 号条例（《一般数据保护条例》）（OJ L 119, 4. 5. 2016，第 1 页）。

例的规则应适用于这些法律没有解决或没有完全解决的问题，以及这些法律给予成员国在国家层面采取特定措施的可能性的问题。

（11）应该明确的是，本条例不妨碍关于版权和相关权利的欧盟法律，包括欧盟议会和理事会的 2001/29/EC 号指令①、2004/48/EC 号指令②和（EU）2019/790 号指令③，这些指令规定了应当不受妨碍的、具体的规则和程序。

（12）为了实现确保安全、可预测和可信赖的在线环境的目标，就本条例而言，"非法内容"的概念应作广义的定义，并涵盖与非法内容、产品、服务和活动有关的信息。特别地，相应概念应当理解为无论其形式如何，根据适用法律本身即为非法的信息，例如，非法的仇恨言论、恐怖主义内容或非法的歧视性内容；或与非法活动有关的信息，例如，分享描绘儿童性虐待的图像、非法且未经同意地共享私密图像、在线跟踪、销售不合格或假冒产品、销售或提供违反消费者保护法的产品或服务、未经授权使用受版权保护的材料、非法提供住宿服务或非法出售活体动物。相反，一个目击潜在的犯罪的视频不应仅仅因为其描述了一个非法行为而被视为构成非法内容，因为根据成员国法律或欧盟法律，录制或向公众传播这样的视频并不违法。在这方面，信息或活动的非法性是源于欧盟法律还是源于符合欧盟法律的成员国法律，以及有关法律的确切性质或主体是什么，都不重要。

（13）鉴于有关服务的特殊性以及使其提供者承担特定具体义务的相应需要，有必要在本条例所定义的托管服务提供者这一更广泛的类别中，区分出在线平台这一子类别。在线平台，例如社交网络或允许消费者与商家签订远程合同的在线平台，应被定义为托管服务的提供者，其不仅储存服务接收者应其要求提供的信息，而且还应服务接收者的要求向公众传播这些信息。然而，为了避免规定过于宽泛的义务，如果向公

---

① 欧盟议会和理事会 2001 年 5 月 22 日关于协调信息社会中版权和相关权利的特定方面的 2001/29/EC 号指令（OJ L 167，22.6.2001，第 10 页）。

② 欧盟议会和理事会 2004 年 4 月 29 日关于知识产权执行的 2004/48/EC 号指令（OJ L 157，30.4.2004，第 45 页）。

③ 欧盟议会和理事会 2019 年 4 月 17 日关于单一数字市场中的版权和相关权利以及修订第 96/9/EC 和 2001/29/EC 号指令的（EU）2019/790 号指令（OJ L 130，17.5.2019，第 92 页）。

众传播仅仅是与另一服务有内在联系的、次要且纯粹附随的功能，或者是主要服务的次要功能，并且相应功能或特性由于客观的和技术的原因，在没有相应的另一服务或主要服务的情况下无法使用，并且相应功能或特性的整合不是规避本条例适用于在线平台的规则的手段，则不应将托管服务提供者视为在线平台。例如，在线报纸的评论区很明显其是由出版商负责编辑的新闻出版所代表的主要服务的附属，而可以构成这样的功能。相比之下，社交网络中评论的存储，只要显然不是所提供服务的一个次要特性，即应被视为在线平台服务，即使其附随于发布服务接收者的帖子。就本条例而言，在其公众传播具体信息构成此类服务的一个次要且附随的特性或者构成其一个次要功能时，云计算或网络托管服务不应视为在线平台。

此外，云计算服务和网络托管服务在作为基础设施服务时，如基于互联网的应用程序、网站或在线平台的底层基础设施存储和计算服务时，其本身不应视为向公众传播应其托管的应用程序、网站或在线平台的接收者要求存储或处理的信息。

（14）本条例中使用的"向公众传播"的概念应包括向可能不受限的个体提供信息，这意味着使得一般的服务接收者容易获得信息，而不需要提供信息的服务的接收者采取进一步的行动，无论这些人是否实际访问了有关的信息。因此，如果获取信息需要注册，或者需要获接纳为服务的一组接收者，那么只有当寻求获取信息的服务接收者自动注册或获接纳，而不需要人为决定或选择允许谁获取时，相应信息才应被认为是向公众传播。欧盟议会和理事会第（EU）2018/1972 号指令①中定义的人际交流服务，如电子邮件或私人信息服务，不属于在线平台的定义范围，因为这些服务是用于由通信发送者确定的有限数量的人际交流。然而，本条例为在线平台提供者规定的义务可能适用于允许向潜在的、不受限数量的接收者提供信息，而不是由通信发送者决定的服务，例如通过公共团体或公开渠道提供信息。只有当信息的传播是应提供信息的服务的接收者的直接要求而发生的，才应被视为本条例意义上的向公众传播。

---

① 欧盟议会和理事会 2018 年 12 月 11 日关于建立欧盟电子通信法规的（EU）2018/1972 号指令（OJ L 321，17.12.2018，第 36 页）。

（15）如果提供者提供的特定服务适用本条例，而其他服务不适用，或者，提供者提供的服务适用于本条例的不同部分，则本条例的有关规定应仅适用于落入条例相应部分的适用范围内的服务。

（16）2000/31/EC 号指令中规定的有条件豁免中介服务提供者责任的横向框架所提供的法律确定性使得许多新服务在国内市场出现，并且扩大了规模。因此，应保留相应框架。但是，鉴于在各国层面上适用和应用相关规则时存在分歧，并且，出于清晰和连贯的考虑，相应框架应纳入本条例。鉴于欧盟法院的判例法，也有必要澄清相应框架的特定要件。

（17）第二章的有关规则，应仅在有关中介服务的提供者不能对服务接收者提供的非法内容承担责任时适用。不应将这些规则理解为提供者何时可以承担责任的积极性依据，这应该由欧盟或各国法律所适用的规则来确定。此外，本规章规定的责任免除，应适用于任何类型的非法内容相关的任何责任类型，无论相应法律的确切性质或主体如何。

（18）在中介服务的提供者不仅限于中立地提供服务的情况下，提供者仅通过技术和自动处理服务接收者提供的信息，而且，提供者扮演了这样一种活跃的角色，使得其知晓相应信息、或者得以控制相应信息，则本规章规定的免责条款不适用。因此，对于与不是由服务的接收者、而是由中介服务提供者本身所提供的信息有关的责任，包括信息是在相应提供者的编辑责任下所提供的，则豁免不应适用。

（19）鉴于"纯粹渠道""缓存"和"托管"活动的性质不同，以及相关服务提供者的地位和能力不同，因此，有必要区分适用于这些活动的规则，根据欧盟法院的解释，就本条例而言，其受制于不同的要求和条件，其范围也有所不同。

（20）故意与服务接收者合作、以从事非法活动的中介服务提供者未能中立地提供其服务，因此不应从本条例所规定的免责中受益。例如，如果提供者提供服务的主要目的是为非法活动提供便利，例如明确表示其目的是为非法活动提供便利或者其服务适合于相应的目的，就应当属于这种情况。一项服务提供加密传输或任何其他使得用户身份无法识别的系统，仅仅这一事实本身不应该使其构成便利非法活动。

（21）当提供者完全不牵涉其所传输的信息时，提供者应受益于对

"纯粹渠道"和"缓存"服务的责任豁免。相应要求包括提供者不修改其传输或提供访问的信息。但是，不应将此要求理解为涵盖在传输或访问过程中发生的技术性操作，因为此类操作不会改变所传输信息的完整性。

（22）为了受益于托管服务的免责条款，提供者在实际知晓或意识到非法活动或非法内容时，应迅速采取行动删除或禁止访问相应内容。删除或禁止访问应遵守服务接收者的基本权利，包括言论和信息自由的权利。提供者可以通过自行调查或个人或实体根据本条例提交的通知，获得对内容非法性的明确知情或了解，只要这些通知足够准确和有充分的根据，使得尽职的、经济理性的经营者能够合理地识别、评估并在适当的时候对涉嫌非法的内容采取行动。然而，不能仅仅基于相应提供者在一般意义上知道其服务也被用于存储非法内容的事实即认为其获得了这种明确的知情或了解。此外，提供者自动为上传到其服务的信息编制索引、具备搜索功能、或者根据服务接收者的画像或偏好推荐信息的事实，并不能成为认为相应提供者"明确地"了解在相应平台上进行的非法活动或存储的非法内容的充分理由。

（23）如果服务接收者是在托管服务提供者的授权或控制下行事，则不应适用责任豁免。例如，如果允许消费者与商家签订远程合同的在线平台的提供者决定了商家提供的货物或服务的价格，可以认为商家是在相应在线平台的授权或控制下行事。

（24）为了确保在线从事中介商业交易时有效保护消费者，特定的托管服务提供者，即允许消费者与贸易商签订远程合同的在线平台，不应享受本条例规定的对托管服务提供者的责任豁免。只要这些在线平台在介绍与其所涉交易有关的相关信息时，使消费者相信相应信息是由这些在线平台本身或在其授权或控制下行事的交易商提供的，而且相信这些在线平台因此知晓或控制相应信息，即使实际情况可能并非如此。这类行为的例子包括：在线平台未能按照本条例的要求明确显示商家的身份；在线平台在商家与消费者之间订立合同之前隐瞒商家的身份或联系方式；在线平台以自己的名义而不是以将提供相应产品或服务的商家的名义推销产品或服务。在这方面，应根据所有相关情况客观地确定相应介绍是否会使普通消费者相信有关信息是由在线平台本身或由在其授权或控制下行事的商家提供的。

（25）本条例规定的责任豁免不应妨碍对中介服务提供者采取不同类型的禁令的可能性，即使其符合作为这些豁免的一部分所规定的条件。特别是这种禁令可以包括法院或行政当局根据欧盟法律发布的命令要求终止或防止任何违反条例的行为，包括删除这些命令中指定的非法内容，或者禁止访问这些内容。

（26）为了创造法律上的确定性，并且不妨碍所有类别的中介服务提供者在自愿基础上开展的旨在检测、识别和打击非法内容的活动，应当明确只要这些活动是以善意的和尽职的方式开展，仅仅是提供者开展此类活动这一事实并不使得本条例规定的责任豁免失效。善意和尽职行事的条件应当包括以客观、非歧视和成比例的方式行事，适当地考虑到所有相关方的权利和合法利益，并且根据本条例的目标和要求提供必要的保障措施，防止无理地删除合法内容。为实现这一目标，有关提供者应采取合理措施，确保在使用自动工具进行此类活动时，相关技术足够可靠，以最大限度地限制错误率。此外，应该明确的是，仅仅是提供者善意地采取措施遵守欧盟法律的要求，包括本条例中规定的关于执行其用户协议的要求，不应导致本条例中规定的责任豁免不适用。因此，在确定提供者是否可以依靠免责条款时，特别是在提供者是否以中立方式提供服务、并因此属于相关条款的范围方面，不应考虑提供者可能采取的任何此类活动和措施，但本规则并不意味着提供者一定可以依靠这些条款。自愿行动不应该被用来规避本条例规定的中介服务提供者的义务。

（27）虽然本条例规定的关于中介服务提供者的责任的规则集中在对中介服务提供者的责任豁免上，但重要的是需要记住，尽管这些提供者普遍发挥着重要的作用，但处理在线非法内容和活动的问题不应仅仅关注其责任和义务。在可能的情况下，受网络上传输或储存的非法内容影响的第三方应尝试在不涉及有关中介服务提供者的情况下解决与这些内容有关的冲突。如果确定此类责任的欧盟和成员国法律的适用规则有此规定，则应要求服务接收者对其提供并可能通过中介服务向公众传播的非法内容承担责任。在适当情况下，其他行为人，如封闭式在线环境中的团体主持人，特别是大型团体的主持人，也应根据适用的法律协助避免非法内容的在线传播。此外，如果有必要让信息社会服务提供者，包括中介服务提供者参与进来，作为一般性的规则，任何关于这种参与的请求或命令都应针对有技术和操作能力的具体提供者，以便防止和尽量减少对不属于非法内容的信息的提供和获取的任何可能负面影响。

（28）自 2000 年以来，新技术的出现改善了在线数据传输、数据"可查找性"和存储系统的可用性、效率、速度、可靠性、容量和安全性，导致在线生态系统日益复杂。在这方面，应该重申的是建立和促进互联网的基本逻辑结构和正常运作的服务提供者，包括技术辅助功能的提供者，也可以从本条例规定的责任豁免中受益，只要其服务合乎"纯粹渠道""缓存"或"托管"服务。这类服务视情况而包括：无线局域网、域名系统（DNS）服务、顶级域名注册机构、注册商、颁发数字证书的证书颁发机构、虚拟专用网络、在线搜索引擎、云基础设施服务或内容分发网络，这些服务可以实现、定位或改善其他中介服务提供者的功能。同样地，用于通信目的的服务及其分发的技术手段也有了很大的发展、产生了相应的在线服务，如 IP 语音、消息服务和基于网络的电子邮件服务，其中通信是由互联网接入服务分发。这些服务也可以从责任豁免中受益，只要其符合"纯粹渠道""缓存"或"托管"服务的条件。

（29）中介服务涵盖了广泛的经济活动，这些活动发生于网络、并且不断发展，以提供迅速、安全和可靠的信息传输，并确保在线生态系统的所有参与者的便利。例如，"纯粹渠道"的中介服务包括一般类别的服务，如互联网交换点、无线接入点、虚拟私人网络、DNS 服务和解析器、顶级域名注册、注册商、颁发数字证书的证书机构、IP 语音和其他人际通信服务，而"缓存"中介服务的一般性的例子包括单独提供内容分发网络、反向代理或内容适应的代理。这类服务对于确保在互联在线传递的信息的顺利和有效传输至关重要。"托管服务"的例子包括各类服务，如云计算、虚拟主机、付费检索服务或能够在线分享信息和内容的服务，包括文件存储和分享。中介服务可以单独提供，也可以作为另一类中介服务的一部分，或者可以与其他中介服务同时提供。一项具体的服务是否构成"纯粹渠道""缓存"或"托管"服务完全取决于其技术功能，这些功能可能会随着时间的推移而变化，应逐一进行评估。

（30）中介服务的提供者在法律上和事实上都不应该受制于一般性且义务性的监测义务。这并不涉及具体案例中的监测义务，特别是不妨碍成员国当局根据其立法、遵照欧盟法院解释的欧盟法律、并按照本条例规定的条件发出的命令。本条例中的任何内容都不应被理解为规定了一般性的监测义务或一般性的积极的事实调查义务，也不应被理解为规定了提供者对非法内容采取积极措施的一般性义务。

（31）根据每个成员国的法律制度和有关的法律部分，成员国司法或行政当局，包括执法当局，可以命令中介服务提供者对一个或多个具体的非法内容采取行动，或提供特定的具体信息。发布此类命令所依据的成员国法律有很大差异，而且这些命令越来越多地涉及跨境的情形。为了确保这些命令能够以有效且高效的方式得到遵守，特别是在跨境的情况下得到遵守，以便有关公共当局能够执行其任务，并且提供者不会受到任何不成比例的负担，同时不会不适当地妨碍任何第三方的权利和合法利益，有必要规定这些命令应当满足的特定条件以及与这些命令的处理有关的特定补充要求。因此，本条例应当仅调和这些命令应当满足的、具体且特定的最低条件，以引起中介服务提供者将这些命令的执行情况通知有关当局的义务。故此，本条例并没有为发布此类命令提供法律依据，也没有对其地域范围或跨境执行进行规范。

（32）签发这些命令所依据的适用的欧盟或成员国法律可能要求附加的条件，并且相应的法律应当成为执行各自命令的基础。在不遵守这些命令的情况下，发布命令的成员国应当能够根据其法律执行这些命令。所适用的成员国法律应符合欧盟法律，包括《宪章》和《欧盟条约》中关于在欧盟内设立场所的自由和提供服务的自由的规定，特别是关于在线赌博和投注服务的规定。同样，适用这些成员国法律以执行各自的命令并不妨碍适用的欧盟法律或者欧盟或成员国缔结的关于这些命令的跨境承认、执行和实施的国际协议，特别是在民事和刑事事务方面的协议。另一方面，相对于命令本身的执行，向有关当局通知这些命令的执行情况的义务的执行，应当遵守本条例规定的规则。

（33）中介服务提供者应按照相关欧盟或成员国法律规定的时限，在没有不当延迟的情况下，将对此类命令采取的任何后续行动通知发令当局。

（34）有关成员国当局应当能够对被认为是非法的内容发出这种命令，或者能够根据欧盟法律或遵照欧盟法律，特别是《宪章》的成员国法律，发出提供信息的命令，并向中介服务提供者，包括在另一成员国设立场所的中介服务提供者发出命令。然而，本条例不应妨碍民事或刑事司法合作领域的欧盟法律，包括（EU）1215/2012 号条例和《关于欧盟刑事事务中的电子证据开示和留存令的条例》，以及成员国的刑事或民事诉讼法。因此，如果这些法律在刑事或民事诉讼中规定的条件是本条例中有关对非法内容采取行动或提供信息的命令的附加性条件或与之不相容的条件，本条例中规定的条件可能不适用，或可能被调整。特别是在刑事诉讼中，发布命令的成员国的数字服务协调员有义务向所有其他数字服务协调员传送命令的副本，在适用的成员国刑事诉讼法有规定的情况下，可能不适用或可能被调整。

此外，在必要时应根据适用的成员国刑事诉讼法，对命令中需要包含解释信息为非法内容的理由的义务进行调整，以求预防、调查、侦察和起诉刑事犯罪。最后，根据适用的欧盟或成员国法律，特别是在刑事、民事或行政诉讼中的法律，中介服务提供者通知接收者的义务可能会被推迟。此外，命令的发布应符合（EU）2016/679 号条例和相应条例中规定的、禁止监测信息或积极寻找表明非法活动的事实或情况的一般性义务。本条例规定的适用于针对非法内容采取行动的命令的条件和要求，不妨碍规定了针对特定类型非法内容采取行动的类似制度的其他欧盟法案，如（EU）2021/784 号条例、（EU）2019/1020 号条例，或赋予具体权力以命令向成员国消费者执法当局提供信息的（EU）2017/2394 号条例，并且适用于提供信息的命令的条件和要求不妨碍对特定部门规定了类似的相关规则的其他欧盟法案。这些条件和要求不应妨碍适用的成员国法律规定的保留和留存规则，以遵守欧盟法律和执法当局与不披露信息有关的保密要求。这些条件和要求不应妨碍成员国按照包括本条例在内的欧盟法律，特别是对一般性的监测义务的禁止，要求中介服务提供者防止违反条例的行为的可能性。

（35）本条例规定的条件和要求最迟应在向有关提供者传输命令时得到满足。因此，相应命令可以用有关成员国发令当局的官方语言之一来签发。然而，如果相应的语言与中介服务提供者所声明的语言不同，或与发令当局和中介服务提供者之间商定的另一种成员国官方语言不同，则传送的命令应至少附有本条例中规定的命令内容的翻译。如果中介服务提供者与特定成员国当局商定使用特定种类的语言，应鼓励其接受其他成员国当局发出的相同语言的命令。命令应包括使得收件人能够识别发令当局的要件，包括在适当情况下包括相应当局内设联络点的详细联系方式，并核实命令的真实性。

（36）对非法内容采取行动的这种命令的地域范围应根据允许发布命令的适用欧盟或成员国法律的明确规定，并且不应超过实现其目标所严格需要的范围。在这方面，发布命令的成员国司法或行政当局（可能是执法当局）应根据授权发布命令的法律依据，平衡命令所需要实现的目标与可能受命令影响的所有第三方的权利和合法利益，特别是其在宪章下的基本权利。特别是在跨境的情况下，命令的效力原则上应限于发布命令的成员国境内，除非内容的非法性直接来自欧盟法律，或者发令当局根据欧盟法律和国际法，同时考虑到国际礼让的利益，认为所涉及的权利需要更广泛的地域范围。

（37）本条例规定的提供信息的命令涉及提供有关中介服务的个人接收者的具体信息，这些接收者在这些命令中被识别出来，以确定服务接收者遵守了适用的欧盟或成员国规则。这种命令应当要求提供目的是为了能够识别有关服务的接收者的信息。因此，本条例关于提供信息的要求不包括有关提供未具体确定的服务接收者群体的信息的命令，包括为统计目的或循证决策提供所需的汇总信息的命令。

（38）对非法内容采取行动和提供信息的命令必须遵守保障服务提供者所在成员国的权限的规则，以及规定在特定情况下可能克减相应权限的规则，这些规则载于2000/31/EC号指令第3条，相应的条件必须满足。鉴于有关命令分别涉及非法内容和信息的具体项目，如果这些命令是针对在另一个成员国建立的中介服务提供者，其原则上并不限制这些提供者跨境提供服务的自由。因此，2000/31/EC号指令第3条规定的规则，包括关于需要证明基于特定理由而克减服务提供者所在成员国的权限的措施以及关于此类措施的通知的规则，不适用于这些命令。

（39）要求提供关于中介服务提供者和提供内容的服务接收者可用

的救济机制的信息，包括要求提供关于行政投诉处理机制和司法救济的信息，包括对司法当局发布的命令提出上诉。此外，数字服务协调员可以各自就适用于其地域的投诉和救济机制制定国家层面的工具和指南，以方便服务接收者使用这些机制。最后，在适用本条例时，会员国应尊重《宪章》第 47 条规定的获得有效司法救济和公平审判的基本权利。因此，本条例不应阻止相关成员国的司法或行政当局根据适用的欧盟或成员国法律，在内容符合中介服务提供者的用户协议、但被相应提供者错误地认为是非法并被删除的情况下，发布恢复内容的命令。

（40）为了实现本条例的目标，特别是改善内部市场的运作，确保安全和透明的在线环境，有必要为中介服务的提供者建立一套明确、有效、可预测和平衡的、统一的尽职调查义务。这些义务应特别旨在保证不同的公共政策目标，如服务接收者的安全和信任，包括消费者、未成年人和特别容易遭受仇恨言论、性骚扰或其他歧视行为的用户的安全和信任，保护《宪章》所规定的相关基本权利，对这些提供者进行有意义的问责，以及增强接收者和其他受影响各方的能力，同时促进主管当局必要的监管。

（41）在这方面，重要的是尽职调查的义务应与有关中介服务的类型、规模和性质相适应。因此，本条例规定了适用于所有中介服务提供者的基本义务，以及托管服务提供者的额外义务，更具体地说是在线平台或超大型在线平台以及超大型在线搜索引擎的提供者的额外义务。如果中介服务提供者因其服务的性质和规模而属于若干不同的类别，则其应遵守本条例中所有与这些服务有关的相应义务。这些统一的尽职调查义务应该是合理的和非专断的，需要解决已经确定的公共政策问题，如保障服务接收者的合法利益、解决非法行为和保护《宪章》所规定的基本权利。尽职调查的义务独立于中介服务提供者的责任问题，因此需要单独评估。

（42）为了促进与本条例所涉事项有关的、顺利的和高效的双向通信，包括在相关情况下确认收到此类通信，应当要求中介服务提供者指定单一的电子联络点，并公布和更新与相应联络点有关的信息，包括在此类通信中使用的语言。电子联络点也可由受信任的标识方和与中介服务提供者有特定关系的专业实体使用。与法定代表相比，电子联络点应服务于业务目的，不要求有物理上存在的地点。中介服务提供者可以为本条例的要求以及欧盟法律的其他法案的目的指定相同的单一联络点。在指定通信语言时，鼓励中介服务提供者确保所选语言本身不构成通信障碍。必要时，中介服务提供者和成员国当局应当能够就沟通语言达成单独协议，或寻求其他手段来克服语言障碍，包括使用所有可用的技术手段或内部和外部人力资源。

（43）还应要求中介服务提供者为服务接收者指定一个单一的联络点，特别是通过电话号码、电子邮件地址、电子联络表、聊天机器人或即时通信等容易获得的方式，实现快速、直接和有效的沟通。当服务接收者与聊天机器人进行沟通时，应明确指出这一点。中介服务提供者应允许服务接收者选择不完全依赖于自动工具的、直接且有效的沟通手段。中介服务提供者应做出一切合理努力保证分配足够的人力和财力资源，以确保及时和有效地进行这种沟通。

（44）在第三国设立场所并在欧盟提供服务的中介服务提供者应在欧盟指定一个有充分授权的法律代表，向有关当局提供与其法律代表有关的信息，并公开提供相应信息。为了遵守这一义务，这些中介服务提供者应确保指定的法律代表有必要的权力和资源与有关当局合作。例如，如果中介服务提供者任命与相应提供者同属一个集团的子公司，或任命其母公司，并且如果相应的子公司或母公司设立场所于欧盟境内，就可能属于这种情况。然而，也有可能不属于这种情况，例如当法律代表进入重整程序、破产或者个人或公司破产时。这一义务应允许对这些提供者进行有效的监管，并在必要时执行本条例。根据成员国法律，法律代表应当有可能被一个以上的中介服务提供者所委托。在遵守本条例相关要求的前提下，法律代表还应当能够发挥联络点的作用。

（45）虽然原则上应尊重中介服务提供者的合同自由，但为了透明、保护服务接收者和避免不公平的或专断的结果，对这些提供者的用户协议的内容、适用和执行制定特定的规则是适当的。中介服务的提供者应在其用户协议中明确指出并保持最新的信息，即其可以根据什么理由限制其服务的提供。特别是其应包括用于内容审核的任何政策、程序、措施和工具的信息，包括算法决策和人工审查，以及其内部投诉处理系统的程序规则。这些提供者还应该提供容易获得的关于终止使用服务的权利的信息。中介服务的提供者可以在其服务条款中使用图形元素，如图标或图像，以说明本条例中规定的信息要求的主要内容。提供者应通过适当的方式告知服务接收者对用户协议所做的重大改变，例如，当提供者修改关于其服务所允许的信息的规则时，或者是其他可能直接影响接收者利用服务的能力的此类改变。

（46）主要针对未成年人的中介服务的提供者，例如通过服务的设计或营销，或主要由未成年人使用的中介服务，应特别努力使其用户协议的解释对未成年人来说容易理解。

（47）在设计、应用和执行这些限制时，中介服务的提供者应以非专断和非歧视的方式行事，并考虑服务接收者的权利和合法利益，包括《宪章》中规定的基本权利。例如，超大型在线平台的提供者应特别地适当考虑言论和信息自由，包括媒体自由和多元化。所有中介服务的提供者也应适当考虑保护人权的相关国际标准，如《联合国商业和人权指导原则》。

（48）鉴于其特殊的作用和触达范围，对超大型在线平台或超大型在线搜索引擎提出有关其用户协议的信息和透明度的补充要求是合适的。因此，超大型在线平台或超大型在线搜索引擎的提供者应以其提供服务的所有成员国的官方语言提供其用户协议，还应向服务接收者提供用户协议的主要内容的简明易读的摘要。这种摘要应确定信息要求的主要内容，包括可以方便地选择退出可选条款。

（49）为确保适当的透明度和问责制，中介服务提供者应根据本条例所载的统一要求，以机器可读的格式公开提供年度报告，说明其从事的内容节制情况，包括因适用和执行其用户协议而采取的措施。然而，为了避免不相称的负担，这些透明度报告义务不应适用于欧盟委员会2003/361/EC 号建议①中定义的微型或小型企业，以及在本条例意义上不属于超大型在线平台的提供者。

（50）托管服务提供者在处理在线非法内容方面发挥着特别重要的作用，因为其储存了由服务接收者提供的和应其要求提供的信息，并且通常允许其他接收者访问这些信息，信息的规模有时很大。重要的是，

---

① 委员会 2003 年 5 月 6 日关于微型、小型和中型企业定义的 2003/361/EC 号建议（OJ L 124，20.5.2003，第 36 页）。

所有托管服务提供者，无论其规模大小，都应建立易于使用和方便用户的通知和行动机制，以便将通知方认为是非法内容的具体信息项目通知有关托管服务提供者（"通知"），根据相应通知，相应的提供者可以决定是否同意相应评估，并且希望删除或禁止访问相应的内容（"行动"）。这类机制应清晰可辨，位于有关信息附近，至少应与违反托管服务提供者用户协议的内容的通知机制一样容易找到和使用。在满足通知要求的前提下，个人或实体应该可以通过一个通知来通知多个涉嫌非法的内容的具体项目，以确保通知和行动机制的有效运行。通知机制应允许，但不要求识别出提交通知的个人或实体。对于特定类型的通知信息而言，提交通知的个人或实体的身份可能是必要的，以确定有关信息是否构成所称的非法内容。例如，建立通知和行动机制的义务应适用于文件存储和共享服务、网络托管服务、广告服务器和文本存储站，只要其符合本条例所涵盖的托管服务。

（51）鉴于需要适当考虑《宪章》所保障的所有相关方的基本权利，托管服务提供者在收到通知后采取的任何行动都应具有严格的针对性，也就是说，其应有助于删除或禁止访问被认为构成非法内容的具体信息项目，而不会不适当地妨碍服务接收者的表达和信息自由。因此，作为一般性的规则，通知应针对那些可以合理地预期其有技术和操作能力对这些具体项目采取行动的托管服务提供者。托管服务提供者如果收到通知，但由于技术或操作上的原因无法删除具体的信息项目，应通知提交通知的个人或实体。

（52）关于这种通知和行动机制的规则应在欧盟层面加以协调，以便在统一、透明和明确的规则基础上及时、尽职和非专断地处理通知，并提供强有力的保障措施，以保护所有受影响各方的权利和合法利益，特别是《宪章》所保障的基本权利，而不论这些当事方在哪个成员国成立或居住，也不论所涉的法律部门。这些基本权利包括但不限于：对服务接收者而言，表达和信息自由的权利、尊重私人和家庭生活的权利、保护个人数据的权利、不受歧视的权利和获得有效救济的权利；对服务提供者而言，开展业务的自由，包括合同自由；对受非法内容影响的各方而言，人类尊严的权利、儿童权利、保护财产包括知识产权的权利和不受歧视的权利。托管服务提供者应及时对通知采取行动，特别是要考虑被通知的非法内容的类型和采取行动的紧迫性。例如，当被通知的所谓非法内容涉及对人的生命或安全的威胁时，可以预期这些提供者会毫不拖延地采取行动。托管服务提供者在决定是否对通知采取行动后，应立即通知那些通知具体内容的个人或实体，不得无故拖延。

（53）通知和行动机制应允许提交足够准确和有充分根据的通知，使得有关托管服务提供者能够在符合言论和信息自由的情况下，就通知所涉内容做出知情和尽职的决定，特别是相应内容是否被视为非法内容并被删除或被禁止访问。这些机制应有助于提供通知，包括解释提交通知的个人或实体认为相应内容是非法内容的原因，并明确指出相应内容的位置。如果通知包含足够的信息，使得尽职的托管服务提供者能够在不进行详细的法律审查的情况下确定相应内容显然是非法的，则应当认为相应的通知引起了对非法性的明确知情或了解。除了提交与欧盟议会和理事会 2011/93/EU 号指令①第 3 条至第 7 条所述罪行有关的通知，这些机制应要求提交通知的个人或实体披露其身份，以避免误用。

（54）如果托管服务提供者以接收者提供的信息是非法内容或不符合其用户协议为由，决定删除或禁止访问服务接收者提供的信息，或以其他方式限制其可见性或商业化，例如，在收到通知后或主动采取行动，包括完全通过自动化手段的采取行动。提供者应以明确和容易理解的方式告知接收者其决定、其决定的理由以及对相应决定提出异议的现有救济的可能性，因为这种决定可能对接收者产生负面影响，包括行使其言论自由的基本权利。这一义务应适用于任何的决定原因，特别是是否因为所通知的信息被认为是非法内容或不符合适用的用户协议而采取的行动。如果决定是在收到通知后做出的，托管服务的提供者只应在相应信息对确定内容的非法性是必要的情况下，例如在确定其侵犯知识产权的情况下，向服务接收者透露提交通知的个人或实体的身份。

（55）对可见性的限制可能包括在排名或推荐系统中的降级，以及限制服务的一个或多个接收者的访问，或在用户不知情的情况下将用户从一个在线社区中屏蔽（"影子禁言"）。可以通过中止或终止与相应信

---

① 欧盟议会和理事会 2011 年 12 月 13 日关于打击对儿童的性虐待和性剥削以及儿童色情制品的 2011/93/EU 号指令，并取代理事会第 2004/68/JHA 号框架决定（OJ L 335, 17.12.2011，第 1 页）。

息相关的货币支付或收入，来限制服务接收者提供的信息通过广告收入实现商业化。然而，提供理由说明的义务不应适用于通过故意操纵服务而传播的、大量的欺骗性商业内容，特别是对服务的欺骗性的使用，例如使用机器人或虚假账户或对服务的其他欺骗性的使用。无论是否有其他对托管服务提供者的决定提出质疑的可能性，服务接收者应始终有权根据成员国法律在法院获得有效救济。

（56）托管服务提供者在特定情况下，例如通过通知方的通知或通过其自愿措施，可能会意识到与服务接收者的特定活动有关的信息，例如提供特定类型的非法内容的有关信息，在考虑到托管服务提供者所知道的所有相关情况后，有理由怀疑相应接收者可能已经、可能正在或可能实施涉及威胁个人生命或安全的刑事犯罪，例如欧盟议会和理事会2011/36/EU 号指令①、2011/93/EU 号指令或欧盟议会和理事会第（EU）2017/541 号指令②中规定的犯罪。例如，特定的内容项目可能会引起关于公众威胁的怀疑，如（EU）2017/541 号指令第 21 条意义上的煽动恐怖主义。在这种情况下，托管服务的提供者应毫不迟疑地将这种怀疑通知主管执法当局。托管服务提供者应提供其掌握的所有相关信息，包括在相关情况下的、有关的内容，以及如果具有的话，内容发布的时间，包括所指定的时区，对其怀疑的解释以及定位和识别相关服务接收者的必要信息。本条例不为托管服务提供者为可能的刑事犯罪识别而对服务接收者进行画像提供法律依据。托管服务提供者在向执法当局通知时，也应尊重欧盟或成员国法律中关于保护个人权利和自由的其他适用规则。

（57）为避免不成比例的负担，本条例对在线平台提供者（包括允许消费者与贸易商签订远程合同的平台）规定的额外义务，不应适用于有资格成为2003/361/EC 号指令建议所定义的微型或小型企业的提供者。出于同样的原因，其失去这一资格后的 12 个月内，这些额外的义务也不应适用于以前有资格成为微型或小型企业的在线平台提供者。

---

① 欧盟议会和理事会2011 年4 月5 日关于预防和打击人口贩运并保护其受害者的2011/36/EU 号指令，并取代理事会第2002/629/JHA 号框架决定（OJ L 101，15.4.2011，第1 页）。

② 欧盟议会和理事会2017 年3 月15 日关于打击恐怖主义并取代理事会框架决定第2002/475/JHA 号和修正理事会决定第2005/671/JHA 号的指令（EU）2017/541（OJ L 88，31.3.2017，第6 页）。

这些提供者不应被排除在应场所所在地的数字服务协调员或欧盟委员会的要求、而提供关于服务的平均月活跃接收者的信息的义务之外。然而，鉴于超大型在线平台或超大型在线搜索引擎在影响服务接收者获取信息和在线交流的方式这方面具有更大的覆盖面和影响力，这类提供者不应受益于这种排除规定，无论其是否符合或最近符合微型或小型企业的资格。2003/361/EC 号指令建议规定的合并规则有助于确保防止对这些额外义务的任何规避。本条例中的任何内容都不妨碍相应排除条款所涵盖的在线平台提供者在自愿的基础上建立一个符合这些义务中的一项或多项的系统。

（58）服务接收者应该能够容易且有效地就内容非法性或就不符合对接收者有负面影响的用户协议的特定决定提出异议。因此，应当要求在线平台提供者提供内部投诉处理系统，相应系统应当符合旨在确保相应系统易于使用的条件，并导向迅速、非歧视、非专断且公平的结果，在使用自动化手段的情况下，相应系统应接受人工审查。此类系统应使得所有服务接收者都能提出投诉，不应设定形式性的要求，如引致具体的相关法律规定或详尽的法律解释。通过本条例规定的通知和行动机制，或者通过违反在线平台提供者用户协议的内容通知机制提交通知的服务接收者，应有权使用投诉机制对在线平台提供者关于其通知的决定提出异议，包括当其认为相应提供者采取的行动不充分时。为推翻有争议的决定而提出申诉的可能性应至少存续 6 个月，从在线平台提供者将相应决定通知接收者之时起算。

（59）此外，应规定由具有必要的独立性、手段和专门知识的经过认证的机构，以公平、迅速和具有成本效益的方式开展活动，善意地参与解决此类争议，包括那些无法通过内部投诉处理系统得到满意解决的争议。庭外争议解决机构的独立性也应在负责解决争议的自然人层面得到保证，包括通过关于利益冲突的规则得到保证。庭外争议解决机构收取的费用应合理、方便、有吸引力、对消费者来说不昂贵、成比例，并在个案的基础上进行评估。如果庭外争议解决机构得到主管的数字服务协调员的认证，相应认证应在所有成员国有效。当同一争议，特别是有关信息和做出有争议的决定的理由、决定的效力和对决定提出异议的理由，已经由主管法院或另一主管庭外争议解决机构解决，或已经受制于一个正在进行的程序时，在线平台的提供者应当能够拒绝参与本条例规定的庭外争议解决程序。服务接收者应该能够在内部投诉机制、庭外争议解决以及在任何阶段启动司法程序的可能性之间进行选择。由于庭外争议解决程序的结果不具有约束力，不应阻止各方就同一争议启动司法程序。由此产生的对在线平台提供者的决定提出异议的可能性应在所有方面均不妨碍根据有关成员国的法律寻求司法救济的可能性，因而不应妨碍行使《宪章》第47条规定的有效司法救济的权利。本条例中关于庭外争议解决的规定不应要求成员国建立这种庭外解决机构。

（60）对于消费者与企业之间有关购买商品或服务的合同纠纷，2013/11/EU号指令确保欧盟消费者和欧盟内的企业能够获得经过质量认证的替代性纠纷解决实体。在这方面，应当明确的是，本条例关于庭外争议解决的规则不妨碍相应指令，包括相应指令规定的、消费者在任何阶段对程序的执行或运作不满意时退出的权利。

（61）如果在线平台提供者采取必要措施，确保受信报告者在其指定的专业领域内通过本条例要求的通知和行动机制提交的通知得到优先处理，便可以更迅速和可靠地对非法内容采取行动，但这不妨碍及时、尽职和非专断地处理和决定根据这些机制提交的所有通知。这种受信报告者资格应由申请人所在成员国的数字服务协调员授予，并应得到本条例范围内所有在线平台提供者的认可。这种受信报告者资格只应授予实体，而不是个人，除其他要求外，这些实体应证明其在处理非法内容方面具有特殊的专业知识和能力，并以尽职、准确和客观的方式工作。这些实体可以是公共性质的，如针对恐怖主义内容，成员国执法当局或欧盟执法合作机构（"欧洲刑警组织"）的互联网转介单位，也可以是非政府组织和私人的或者半公共的机构，如举报儿童性虐待材料的IN-HOPE热线网络的组成组织和致力于通知在线非法种族主义和仇外言论的组织。为避免削弱此类机制带来的附加值，应限制根据本条例授予的受信报告者的总数量。特别是，鼓励代表其成员利益的行业协会申请受信报告者的资格，但不妨碍私人实体或个人与在线平台提供者达成双边协议的权利。

（62）受信报告者应公布关于根据本条例提交的通知的、易于理解的详细报告。这些报告应说明托管服务提供者的归类的通知数量、内容类型以及提供者采取的行动等信息。鉴于受信报告者已经表现出其专业知识和能力，与服务接收者提交的其他通知相比，受信报告者提交的通知的处理可以期待不那么繁琐，因此其处理速度更快。然而，处理的平均时间仍可能有所不同，这取决于各种因素，包括非法内容的类型、通知的质量，以及为提交此类通知而设置的实际技术程序。

例如，虽然 2016 年关于打击在线非法仇恨言论的行为守则为参与公司设定了处理删除非法仇恨言论的有效通知所需时间的基准，但其他类型的非法内容可能需要相当不同的处理时间，这取决于具体的事实和情况以及相关的非法内容类型。为了避免滥用受信报告者资格，当场所所在地的数字服务协调员基于合法理由展开调查时，应该可以中止这种资格。本条例关于受信任报告者的规则不应理解为阻止在线平台提供者对未获得本条例规定的受信任报告者资格的实体或个人提交的通知给予类似待遇，也不应理解为阻止其根据适用法律，包括本条例和欧盟议会和理事会的（EU）2016/794 号条例①，与其他实体进行合作。本条例的规则不应妨碍在线平台的提供者利用这种受信报告者或类似机制，对不符合其用户协议的内容采取快速和可靠的行动，特别是针对对于脆弱的服务接收者（如未成年人）有害的内容。

（63）滥用在线平台、经常提供明显的非法内容或者经常根据本条例规定的机制和制度分别提交明显毫无根据的通知或投诉，破坏了信任，损害了有关各方的权利和合法利益。因此，有必要制定适当的、成比例的和有效的保障措施来防止这种滥用，这些措施需要尊重所有相关方的权利和合法利益，包括《宪章》所规定的适用的基本权利和自由，特别是言论自由。如果一个普通人不需要进行任何实质性的分析，就能明显看出信息的内容是非法的，或者看出通知或投诉各自都是没有根据的，则其应被视为明显的非法内容，相应的通知或投诉也应被视为明显的没有根据。

（64）在特定条件下，在线平台的提供者应暂时停止对从事滥用性行为的人的相关活动。这并不妨碍在线平台提供者自由决定其用户协

---

①　欧盟议会和理事会 2016 年 5 月 11 日关于欧盟执法合作机构（欧洲刑警组织）并取代和废除理事会第 2009/371/JHA、2009/934/JHA、2009/935/JHA、2009/936/JHA 和 2009/968/JHA 号决定的（EU）2016/794 号条例。（OJ L 135，24.5.2016，第 53 页）

议，并在涉及严重犯罪的明显非法内容，如儿童性虐待材料的情况下制定更严格的措施。为透明起见，这种可能性应在在线平台的用户协议中明确和足够详细地列出。救济措施应始终对在线平台提供者在这方面做出的决定保持开放，并应接受主管数字服务协调员的监管。在线平台的提供者应在决定停用服务之前发出事前警告，其中应包括可能停用服务的原因和对在线平台提供者的决定进行救济的途径。决定停用服务时，在线平台提供者应按照本条例规定的规则发送理由说明。本条例关于滥用的规则不应妨碍在线平台提供者根据适用的欧盟和成员国法律，采取其他措施来处理其服务接收者提供非法内容或其他滥用其服务的行为，包括通过违反其用户协议。这些规则并不妨碍按照欧盟或成员国法律的规定，追究从事滥用行为的人的责任，包括损害赔偿的可能性。

（65）鉴于在线平台提供者的特殊责任和义务，在本条例规定的、适用于所有中介服务提供者的透明度报告义务之外，应当让其承担透明度报告的义务。为确定在线平台或在线搜索引擎分别是否可构成须履行本条例规定的特定额外义务的超大型在线平台或超大型在线搜索引擎，在线平台或在线搜索引擎的透明度报告义务应包括与公布和通知欧盟内服务的平均月活跃接收者的信息有关的特定义务。

（66）为了确保透明度，并能够对在线平台提供者的内容控制决定进行审查，以及监测在线非法内容的传播，欧盟委员会应维持和公布一个数据库，其中包含在线平台提供者在删除或以其他方式限制信息的提供和获取时做出的决定和理由说明。为了保持数据库的持续更新，在线平台的提供者应在做出决定后，以标准格式提交决定和理由说明，不应过分拖延，以便在技术上可能、并与有关在线平台的手段成比例的情况下进行实时更新。结构化的数据库应允许访问和查询相关信息，特别是有关涉嫌非法的内容的类型。

（67）在线平台的在线界面上的黑暗模式是指故意或事实上实质性地扭曲或损害服务接收者做出自主和知情的选择或决定的能力的实践。这些实践可被用来说服服务接收者从事其不需要的行为或做出其不需要的决定，从而对其产生负面影响。因此，在线平台的提供者应禁止欺骗或诱导服务接收者，禁止通过在线界面或其一部分的结构、设计或功能扭曲或损害服务接收者的自主性、决策或选择。这应该包括但不限于利用设计选择来引导接收者采取有利于在线平台提供者的行动，但这可能不符合接收者的利益，包括在要求服务接收者做出决定时，以非中立的方式呈现选择，例如通过视觉、听觉或其他组件，更加突出特定的选择。

在线平台的在线界面上的黑暗模式还应该包括在已经做出选择的情况下，反复要求服务接收者做出选择，使得取消服务的程序比签署服务要繁琐得多，或者使得特定的选择比其他选择更困难或更耗时，使得取消购买或者从允许消费者与交易商签订远程合同的特定在线平台退出变得不合理地困难。包括欺骗服务接收者、诱导其做出交易决定，或者通过很难改变的默认设置，由此导致扭曲和损害服务接收者的自主性、决策和选择的，对其决策的不合理偏向。然而，防止黑暗模式的规则不应理解为阻止提供者与服务接收者直接互动，并向其提供新的或额外的服务。符合欧盟法律的合法实践，例如广告，本身不应该被视为构成黑暗模式。关于黑暗模式的相应规则应被解释为涵盖了属于本条例范围的禁止的实践，只要这些实践尚未被 2005/29/EC 号指令或（EU）2016/679 号条例所涵盖。

（68）在线广告在网络环境中，包括在提供在线平台方面，发挥着重要作用，提供的服务有时全部或部分通过广告收入直接或间接获得报酬。在线广告可能会促成重大风险，从广告本身就是非法内容，到促成对在线非法或其他有害内容和活动的发布或放大的经济激励，或者对公民的平等待遇和机会产生影响的歧视性广告展现。因此，除了 2000/31/EC 号指令第 6 条的要求外，应要求在线平台的提供者确保服务的接收者拥有特定的、有关个性化的必要信息，以便其了解广告何时展示，以及以何者的名义展现。服务提供者应当，包括通过标准化的视觉或听觉标记，确保这些信息是突出的，对一般的服务接收者来说清晰可辨、毫不含糊，并且适应于个体服务的在线界面的性质。此外，服务接收者应该具有可以直接从展示广告的在线界面获取的信息，包括了解用于确定向接收者展示的特定广告的主要参数，以及对为此目的而使用的逻辑做出有意义的解释，包括在逻辑基于画像时做出解释。

此类解释应包括用于展示广告的方法的信息，例如，是场景广告还是其他类型的广告，以及在适用的情况下，所使用的主要的画像标准；

解释还应告知接收者其可用于改变此类标准的任何手段。本条例关于提供广告相关信息的要求不妨碍（EU）2016/679 号条例的相关规定的适用，特别是关于反对权、自动化个体决策（包括画像）的规定，特别是在处理个人数据并用于定向广告之前需要获得数据主体的同意。同样，这也不妨碍 2002/58/EC 号指令规定的条款，特别是关于终端设备中的信息存储和对其间所存储信息的访问。最后，本条例补充了 2010/13/EU 号指令的适用，相应指令规定了一些使得用户能够在其生成的视频中声明视听商业通讯的措施。它还补充了 2005/29/EC 号指令规定的、交易商在披露商业通讯方面的义务。

（69）当服务的接收者看到基于定向技术的广告时，这些广告经过优化以符合接收者的兴趣，并且可能会吸引他们的弱点，这可能会产生特别严重的负面影响。在特定情况下，操纵性技术会对整个群体产生负面影响，并扩大社会性的危害，例如，助长虚假信息运动或歧视特定群体。对于这种实践而言，在线平台是特别敏感的环境，在线平台会带来更高的社会风险。因此，在线平台的提供者不应根据（EU）2016/679 号条例第 4 条第 4 款所定义的画像，使用相应条例第 9 条第 1 款所述的特殊类别的个人数据，包括通过使用基于这些特殊类别的画像来展示广告。这项禁令不妨碍适用于在线平台提供者或任何其他服务提供者或广告商根据欧盟关于保护个人数据的法律参与传播广告的义务。

（70）在线平台业务的核心部分之一是在其在线界面上对信息进行优先排序和展示，以促进和优化服务接收者获取信息的方式。例如，通过算法对信息进行建议、排名和优先排序，通过文本或其他视觉表现形式进行区分，或以其他方式对接收者提供的信息进行整理。这种推荐系统可以对接收者检索和与在线信息互动的能力产生重大影响，包括为服务接收者搜索相关信息提供便利，并有助于改善用户体验。其在放大特定信息、病毒式地传播信息和激起在线行为方面也发挥着重要作用。因此，在线平台应始终确保其服务的接收者被适当地告知推荐系统如何影响信息的显示方式，以及推荐系统如何影响呈现给他们的信息。在线平台应该以一种容易理解的方式清楚地介绍这种推荐系统的参数，以确保服务接收者了解如何为其确定信息的优先次序。这些参数应至少包括确定向服务接收者推荐信息的最重要的标准以及其各自重要性的根据，包括根据画像和接收者的在线行为对信息进行优先排序的情形。

（71）保护未成年人是欧盟的一个重要政策目标。当一个在线平台的用户协议允许未成年人使用相应服务时，当其服务以未成年人为主要目标或主要由未成年人使用时，或者当提供者以其他方式知道其服务的一些接收者是未成年人，例如，因为其已经为其他目的处理了显示其年龄的接收者个人数据时，则可视为供未成年人使用。未成年人使用的在线平台的提供者应采取适当和成比例的措施来保护未成年人，例如，在设计其在线界面或部分界面时，根据情况默认地为未成年人提供最高级别的隐私、安全和保障，或采用保护未成年人的标准，或参与保护未成年人的行为守则。相应在线平台的提供者应考虑最佳实践和现有指南，如欧盟委员会关于《儿童和青年的数字十年：为儿童提供更好的互联网的新欧洲战略》（BIK＋）的通讯所提供的指南。当在线平台的提供者有理由确信服务接收者是未成年人时，其不应根据使用服务接收者个人数据的画像来展示广告。根据（EU）2016/679 号条例，特别是其中第 5 条第 1 款（c）项规定的数据最小化原则，这项禁令不应导致在线平台的提供者为了评估服务接收者是否为未成年人而维护、获取或处理比其所既有的要更多的个人数据。因此，这项义务不应激励在线平台的提供者在使用服务之前收集服务接收者的年龄。其不应该妨碍欧盟关于保护个人数据的法律。

（72）为了促进为消费者以及其他有关各方（如竞争性的贸易商和知识产权持有人）创造一个安全、可信和透明的在线环境，并阻止贸易商违反适用规则而销售产品或服务，允许消费者与贸易商签订远程合同的在线平台应确保这些贸易商可以追溯。因此，应要求贸易商向允许消费者与贸易商签订远程合同的在线平台提供者提供特定基本信息，包括为了宣传产品或提供有关产品的信息。这一要求也应适用于根据基础协议代表品牌推广产品或服务信息的贸易商。这些在线平台的提供者应在其与交易商的合同关系存续期间以及之后的 6 个月内以安全的方式存储所有信息，以便对交易商提出任何索赔或遵守与交易商有关的命令。

这项义务是必要的和成比例的，以便根据适用的法律，包括关于保护个人数据的法律，具有合法利益的公共当局和私人当事方可以访问这些信息，包括通过本条例中提到的提供信息的命令。这项义务不妨碍根据其他欧盟法律或成员国法律，在遵守欧盟法律的基础上，将特定内容保存更长的时间的潜在义务。在不妨碍本条例所规定的定义的情况下，任何根据 2011/83/EU 号指令第 6a 条第 1 款（b）项和 2005/29/EC 号指令第 7 条第 4 款（f）项确定的交易商，无论其系自然人还是法人，在通过在线平台提供产品或服务时应当可以追溯。2000/31/EC 号指令规定所有信息社会服务提供者有义务向服务接收者和主管当局方便、直接和永久地提供特定信息，以便识别所有提供者。本条例规定的对允许消费者与商家签订远程合同的在线平台提供者的可追溯性要求其不妨碍理事会（EU）2021/514 号指令①的适用，相应指令追求其他合法的公共利益目标。

（73）为确保有效和充分地适用相应义务，同时避免施加任何不成比例的负担，允许消费者与贸易商签订远程合同的在线平台提供者应尽最大努力评估有关贸易商提供的信息的可靠性，特别是通过使用免费提供的官方在线数据库和在线界面，如国家贸易登记册和增值税信息交换系统来评估，或者通过要求有关贸易商提供可靠的证明文件，如身份文件副本、经认证的付款账户报表、公司证书和贸易登记证书来评估。提供者也可以使用其他可供远距离使用、并为遵守这一义务提供了类似可靠程度的来源。然而，不应要求有关在线平台的提供者进行过度的或昂贵的在线事实调查，或进行不成比例的现场核查。也不应将这些已经做出本条例所要求的最大努力的提供者理解为对消费者或其他相关方保证信息的可靠性。

（74）允许消费者与贸易商签订远程合同的在线平台提供者应设计和组织其在线界面，使得贸易商能够遵守相关欧盟法律规定的义务，特别是 2011/83/EU 号指令第 6 条和第 8 条、2005/29/EC 号指令第 7 条、2000/31/EC 号指令第 5 条和第 6 条以及欧盟议会和理事会 98/6/EC 号指令第 3 条规定的要求②。为此，有关在线平台的提供者应尽最大努力，评估使用其服务的交易者是否按照相关适用的欧盟法律在其在线界

---

① 欧盟议会和理事会 2019 年 4 月 17 日关于产品和服务无障碍要求的（EU）2019/882 号指令（OJ L 151，7.6.2019，第 70 页）。

② 理事会 2004 年 1 月 20 日关于控制企业间集中的（EC）139/2004 号条例（OJ L 24，29.1.2004，第 1 页）。

面上上传了完整的信息。在线平台的提供者应确保只要这些信息不完整，就不提供产品或服务。这不应该等同于有关在线平台的提供者有义务一般性地监测交易者通过其服务提供的产品或服务，也不应该等同于一般的事实调查义务，特别是评估交易者所提供信息的准确性。在线界面应该是用户友好型的，便于交易者和消费者使用。此外，在允许交易商提供产品或服务后，有关在线平台的提供者应做出合理努力，随机检查所提供的产品或服务是否在成员国或欧盟现有的任何官方、可自由访问和机器可读的在线数据库或在线界面中被认定为非法。欧盟委员会还应该鼓励通过技术解决方案，如通过数字签名的快速反应码（或"QR码"，系"Quick Response 码"的缩写）或不可伪造代币实现产品的可追溯性。欧盟委员会应促进标准的制定，在没有标准的情况下，则应促进市场主导的、可以被有关各方接受的解决方案的制定。

（75）鉴于超大型在线平台因其影响力，特别是表现为服务接收者数量的影响力，在促进公共辩论、经济交易和向公众传播信息、意见和想法以及影响接收者如何在在线获得和交流信息方面的重要性，除了适用于所有在线平台的义务外，有必要对这些平台的提供者规定具体义务。由于超大型在线平台在定位信息和使得信息可以在线检索方面的关键作用，也有必要在适用的范围内对大型在线搜索引擎的提供者施加这些义务。对超大型在线平台或超大型在线搜索引擎的提供者规定这些额外的义务对于解决这些公共政策问题是必要的，因为没有其他限制性较小的措施可以有效地实现同样的结果。

（76）超大型在线平台或超大型在线搜索引擎可能会造成社会风险，这些风险在范围和影响上都与较小平台所造成的不同。因此，这种超大型在线平台或超大型在线搜索引擎的提供者应承担最高标准的、与其社会影响成比例的尽职调查义务。一旦在线平台的活跃接收者或在线搜索引擎的活跃接收者的数量（按六个月内的平均数计算）达到欧盟人口的相当份额，在线平台或在线搜索引擎带来的系统性风险就可能在欧盟产生不成比例的影响。如果这一数字超过了 4500 万的业务门槛，即相当于欧盟人口的 10%，则应认为存在这种重大影响。这一操作门槛应保持更新，因此应授权欧盟委员会在必要时通过授权法案来补充本条例的规定。

（77）为了确定特定在线平台或在线搜索引擎的覆盖面，有必要逐一确定每项服务的平均活跃接收者数量。因此，在线平台的月平均活跃接收者的数量应反映所有在特定时期内至少一次实际参与相应服务的接收者，这些接收者接触到在线平台的在线界面上传播的信息，如观看或收听信息，或者提供信息，如在线平台上的交易者允许消费者与交易者缔结远程合同。

就本条例而言，参与并不限于通过点击、评论、链接、分享、购买或在在线平台上进行交易来与信息互动。因此，服务的活跃接收者的概念不一定与服务的注册用户的概念相一致。至于在线搜索引擎，服务的积极接收者的概念应包括那些在其在线界面上查看信息的人，但不包括，例如，在线搜索引擎索引的网站的所有者，因其并不积极地参与服务。一项服务的活跃接收者的数量应该包括参与特定服务的所有唯一的接收者。为此，使用不同在线界面（如网站或应用程序）的唯一服务接收者，包括通过不同的统一资源定位器（URL）或域名访问服务的情况，应尽可能只计算一次。然而，服务的活跃接收者的概念不应包括其他中介服务提供者的接收者对服务的附随使用，这些服务通过在线搜索引擎提供者的链接或索引，间接提供在线平台提供者托管的信息。此外，本条例并不要求在线平台或在线搜索引擎的提供者在在线对个人进行具体的跟踪。如果这些提供者能够在不进一步处理个人数据和跟踪的情况下对自动用户（如机器人或爬虫）进行汇算，则可以这样做。确定服务的有效接收者的数量可能会受到市场和技术发展的影响，因此应授权欧盟委员会补充本条例的规定，通过授权法案，在必要时规定确定在线平台或在线搜索引擎的有效接收者的方法，以反映服务的性质和服务接收者的互动方式。

（78）鉴于平台经济的网络效应，在线平台或在线搜索引擎的用户群可能会迅速扩大，达到超大型在线平台或超大型在线搜索引擎的规模，并对内部市场产生相关影响。这种情况可能是在短时间内经历了指数级的增长，或者是由于庞大规模的全球存续和营业额使得在线平台或在线搜索引擎能够充分地利用网络效应、规模经济以及范围经济的情况。高额的年营业额或市值尤其可以表明在用户覆盖方面的快速可扩展性。在这些情况下，场所所在地的数字服务协调员或欧盟委员会应当能够要求在线平台或在线搜索引擎的提供者更频繁地报告服务的活跃接收者的数量，以便能够及时确定相应平台或搜索引擎应被指定为超大型在线平台或超大型在线搜索引擎的时间点，以符合本条例的目的。

（79）超大型在线平台或超大型在线搜索引擎的使用方式可以强烈地影响在线安全、公众舆论和话语的形成以及在线贸易。超大型在线平台或超大型在线搜索引擎设计服务的方式通常是以利于其常常由广告驱动的商业模式来优化的，并且可能引起社会的担忧。为了有效识别和减少风险以及可能产生的社会和经济危害，有效的监管和执法是必要的。因此，根据本条例，超大型在线平台或超大型在线搜索引擎的提供者应评估其服务的设计、运作和使用所产生的系统性风险，以及服务接收者的潜在的滥用，并应在遵守基本权利的前提下采取适当的纾解措施。在确定潜在负面效应和影响的重要性时，提供者应考虑潜在影响的严重性和所有此类系统性风险的概率。例如，提供者可以评估潜在的负面影响是否会影响到大量的个人，其潜在的不可逆转性，或者救济和恢复发生潜在影响之前的情况有多困难。

（80）超大型在线平台或超大型在线搜索引擎的提供者应深入评估四类系统性风险。第一类是与传播非法内容有关的风险，如传播儿童性虐待材料或非法仇恨言论，或者其他类型的滥用其服务的刑事犯罪，以及进行非法活动，如销售欧盟或成员国法律禁止的产品或服务，包括危险或假冒产品，或者禁止交易的动物。例如，这种传播或活动可能构成重大的系统性风险，在这种情况下，对非法内容的获取可能通过具有特别广泛影响的账户或其他放大手段迅速和广泛地传播。超大型在线平台或超大型在线搜索引擎的提供者应评估非法内容的传播风险，这一评估与相应信息是否同时也不符合其用户协议无关。这种评估不影响超大型在线平台服务的接收者或者被超大型在线搜索引擎索引的网站的所有者根据适用法律对其活动可能的非法性承担个人责任。

（81）第二类是关于服务对行使《宪章》所保护的基本权利的实际或可预见的影响，包括但不限于人的尊严、言论和信息自由，包括媒体自由和多元化、私人生活的权利、数据保护、不受歧视的权利、儿童权利和消费者保护。例如，这种风险可能出现在超大型在线平台或超大型在线搜索引擎所使用的算法系统的设计上，或者通过提交滥用性的通知或其他压制言论或阻碍竞争的方法来滥用其服务。在评估对儿童权利的风险时，超大型在线平台或超大型在线搜索引擎的提供者应考虑，例如，未成年人理解服务的设计和功能有多容易，以及未成年人如何通过其服务接触到可能损害未成年人健康、身体、心理和道德发展的内容。例如，在设计在线界面时，有意或无意地利用了未成年人的弱点和缺乏经验、或者可能造成成瘾行为，就可能产生这种风险。

（82）第三类风险涉及对民主进程、公民言论和选举进程以及公共安全的实际或可预见的负面影响。

（83）第四类风险源于与设计、运作或使用（包括通过操纵）超大型在线平台或超大型在线搜索引擎有关的类似的担忧，对保护公众健康、未成年人和对一个人的身心健康的严重负面影响，或对基于性别的暴力产生实际或可预见的负面影响。这种风险也可能来自于与公共健康有关的协调的虚假信息运动，或来自于可能刺激服务接收者行为成瘾的在线界面设计。

（84）在评估此类系统性风险时，超大型在线平台或超大型在线搜索引擎的提供者应重点关注可能导致风险的系统或其他要件，包括所有可能相关的算法系统，特别是其推荐系统和广告系统，注意相关的数据收集和使用实践。超大型在线平台或超大型在线搜索引擎的提供者还应该评估其用户协议及其执行是否适当，及其内容审核程序、技术工具和分配的资源。在评估本条例所确定的系统性风险时，这些提供者还应该关注那些不属于非法的、但有助于本条例所确定的系统性风险的信息。因此，这些提供者应特别关注其服务如何被用于传播或放大误导性或欺骗性内容，包括虚假信息。如果信息算法放大助长了系统性风险，这些提供者应适当地在其风险评估中反映这一点。如果风险是本地化的或者存在语言差异，这些提供者也应在其风险评估中考虑到这一点。超大型在线平台或超大型在线搜索引擎的提供者应特别评估其服务的设计和功能，以及有意和经常协调地操纵和使用其服务、或者系统地违反其服务条款如何促成这种风险。例如，这种风险可能是通过欺诈性地使用服务而产生的，例如创建虚假账户、使用机器人或欺骗性地使用服务，以及其他自动化的或部分自动化的行为，这可能导致向公众迅速和广泛地传播非法内容或不符合在线平台或在线搜索引擎的用户协议的信息，并有助于虚假信息运动。

（85）为了使得后续的风险评估能够相互借鉴，并显示出其所识别的风险的演变，以及促进调查和执法行动，超大型在线平台或超大型在线搜索引擎的提供者应保留所有与其进行的风险评估有关的支持性文件，如有关准备评估的信息、基础数据和有关其算法系统测试的数据。

（86）超大型在线平台或超大型在线搜索引擎的提供者应采取必要的手段，在尊重基本权利的前提下，努力减轻风险评估中发现的系统性风险。所采取的任何措施应尊重本条例的尽职调查要求，并合理有效地减轻所确定的具体系统性风险。鉴于超大型在线平台或超大型在线搜索引擎的提供者的经济能力，以及避免对其服务的使用进行不必要的限制的需要，其应当是成比例的，并适当考虑对这些基本权利的潜在负面影响。这些提供者应特别考虑对言论自由的影响。

（87）超大型在线平台或超大型在线搜索引擎的提供者应考虑采取这种纾解措施，例如，调整其服务的任何必要的设计、特性或功能，如在线界面设计。这些提供者应根据需要，并按照本条例关于用户协议的规定，调整和适用其用户协议。其他适当的措施可包括调整其内容审核系统和内部流程，或调整其决策过程和资源，包括内容审核人员、相应人员的培训和本地化的专业知识。这尤其涉及处理通知的速度和质量。在这方面，例如，2016 年《关于打击在线非法仇恨言论的行为守则》规定了一个基准，即在 24 小时内处理删除非法仇恨言论的有效通知。超大型在线平台的提供者，特别是那些主要用于向公众传播色情内容的平台，应尽职履行本条例规定的所有义务，处理构成网络暴力的非法内容，包括非法色情内容，特别是通过快速处理通知和删除此类内容，确保受害者能够有效地行使与代表着未经同意分享亲密关系的内容有关，或者与遭遇操纵的材料的内容有关的权利，而不会出现不当的延误。其他类型的非法内容可能需要更长或更短的时间来处理通知，这将取决于当前的事实、情况和非法内容的类型。这些提供者也可以启动或加强与受信报告者的合作，并组织培训课程和与受信报告者组织交流。

（88）超大型在线平台或超大型在线搜索引擎的提供者也应当尽职地采取措施，测试并在必要时调整其算法系统，特别是其推荐系统。这些提供者可能需要减轻个性化推荐的负面影响，并纠正其推荐中使用的标准。超大型在线平台或超大型在线搜索引擎的提供者所使用的广告系统也可能是系统性风险的催化因素。这些提供者应考虑采取纠正措施，如停止特定信息的广告收入，或采取其他行动，如提高权威信息来源的知名度，或更多地从结构上调整其广告系统。超大型在线平台或超大型在线搜索引擎的提供者可能需要加强其内部程序或对其任何活动的监管，特别是在检测系统性风险的方面，并对与新功能有关的风险进行更频繁或有针对性的评估。特别是如果风险在不同的在线平台或在线搜索引擎之间共享，其应与其他服务提供者合作，包括发起或加入现有的行为守则或其他自律措施。这些提供者还应该考虑采取提高认识的行动，特别是在风险与虚假信息运动有关的情况下。

（89）超大型在线平台或超大型在线搜索引擎的提供者应考虑到未成年人的最佳利益，采取诸如调整其服务和在线界面的设计等措施，特别是当其服务是以未成年人为目标或主要由未成年人使用时。这些提供者应确保其服务的组织方式允许未成年人在适用时方便地使用本条例规定的机制，包括通知和行动以及投诉机制。这些提供者还应该采取措施保护未成年人免受可能损害其身体、心理或道德发展的内容的影响，并提供能够有条件地获取此类信息的工具。在选择适当的纾解措施时，提供者可以酌情考虑行业的最佳实践，包括通过自律合作确立的实践，如行为守则，并应考虑欧盟委员会的指南。

（90）超大型在线平台或超大型在线搜索引擎的提供者应确保其风险评估和纾解方法是基于现有的最佳信息和科学见解，并确保其与受风险影响最大的群体一起测试他们的假设和采取的措施。为此，这些提供者应酌情在服务接收者的代表、可能受其服务影响的群体代表、独立专家和民间社会组织的参与下进行风险评估和设计风险纾解措施。相应提供者应设法将相应咨询纳入其评估风险和设计纾解措施的方法中，包括酌情采用调查、焦点小组、圆桌会议和其他的咨询和设计方法。在评估一项措施是否合理、成比例和有效时，应当特别考虑到言论自由的权利。

（91）在危机发生时，除了考虑到本条例规定的其他义务而采取的措施外，超大型在线平台的提供者可能需要紧急采取特定的具体措施。在这方面，当发生可能导致欧盟或其重要部分的公共安全或公共卫生受到严重威胁的特殊情况时，应视为发生危机。这种危机可能来自武装冲突或恐怖主义行为，包括新兴的冲突或恐怖主义行为，地震和飓风等自然灾害，以及大流行病和其他严重的公共卫生跨境威胁。欧盟委员会应该能够根据欧盟数字服务监督委员会（以下称"数字服务监督委员会"）的建议，要求超大型在线平台的提供者和超大型搜索引擎的提供者作为紧急事项启动危机应对。这些提供者可能确定并考虑采取的措施可能包括，例如，调整内容审核流程，增加专门用于内容审核的资源，调整用户协议、相关算法系统和广告系统，进一步加强与受信报告者的合作，采取提高认识的措施，推广受信任的信息，调整其在线界面的设计。应规定必要的要求以确保在很短的时间内采取这些措施，并确保危机应对机制只在严格必要的情况下使用、根据相应机制采取的任何措施都是有效和成比例的、并且适当考虑了所有相关方的权利和合法利益。相应机制的使用不应妨碍本条例的其他规定，如关于风险评估和纾解措施及其执行的规定，以及关于危机协议的规定。

（92）鉴于需要确保由独立专家进行核查，超大型在线平台或超大型在线搜索引擎的提供者应通过独立审计，对其遵守本条例规定的义务以及根据行为守则和危机协议做出的任何相关补充承诺的情况负责。为了确保以有效、高效和及时的方式进行审计，超大型在线平台或超大型在线搜索引擎的提供者应向进行审计的组织提供必要的合作和协助，包括允许审计人员接触所有必要的相关数据和场所，以适当地进行审计，包括酌情接触与算法系统有关的数据，并回答口头或书面问题。审计员还应该能够利用其他客观信息来源，包括经过审查的研究人员的研究。超大型在线平台或超大型在线搜索引擎的提供者不应破坏审计的效能。审计工作应按照最佳的行业惯例和高度的职业道德和客观性进行，并酌情适当考虑到审计标准和业务守则。审计人员应保证其在执行任务时获得的信息（如商业秘密）的保密性、安全性和完整性。这种保证不应成为规避本条例中审计义务适用性的一种手段。审计人员应具备风险管理领域的必要专业知识和审计算法的技术能力。审计人员应该是独立的，以便能够以充分和值得信赖的方式执行其任务。审计人员应该遵守关于禁止非审计服务、公司轮换和风险费用的核心的独立性要求。如果审计人员的独立性和技术能力并非不受质疑，其即应辞去或放弃审计工作。

（93）审计报告应当实质化，以便对其所开展的活动和得出的结论做出有意义的说明。报告应有助于为超大型在线平台或超大型在线搜索引擎的提供者所采取的措施提供信息，并酌情提出改进建议，以履行本条例规定的义务。在收到审计报告后，应将审计报告转交给场所所在地的数字服务协调员、欧盟委员会和数字服务监督委员会。在没有不当拖延的情况下，提供者还应在完成之后转递关于风险评估和纾解措施的所有报告，以及超大型在线平台或超大型在线搜索引擎提供者的审计实施报告，说明其如何处理审计建议。审计报告应包括基于从所获得的审计证据中得出的结论而提出的审计意见。如果所有证据都表明超大型在线平台或超大型在线搜索引擎的提供者遵守了本条例规定的义务，或在适用情况下遵守了其根据行为守则或危机协议而做出的任何承诺，特别是识别、评估和纾解其系统和服务所带来的系统性风险，则应给出"肯定"意见。如果审计师希望加入对审计结果没有实质性影响的评论，"肯定"意见应附有评论。如果审计师认为超大型在线平台或超大型在线搜索引擎的提供者没有遵守本条例或所做的承诺，则应给出"否定"意见。如果审计意见无法对属于审计范围的具体内容得出结论，则应在审计意见中说明无法得出这种结论的原因。在适用的情况下，报告应包括对无法审计的具体内容的描述，以及对无法审计这些内容的原因的解释。

（94）评估和减轻风险的义务应当在个案的基础上引起超大型在线平台或超大型在线搜索引擎提供者的评估，并由其在必要时调整推荐系统的设计，例如采取措施防止或尽量减少导致歧视弱势群体的偏见，特别是在这种调整符合数据保护法，及其信息是根据（EU）2016/679 号条例第 9 条所述的特殊类型的个人数据实现个性化时。此外，作为对在线平台在其推荐系统方面适用的透明度义务的补充，超大型在线平台或超大型在线搜索引擎的提供者应始终确保其服务的接收者在其推荐系统的主要参数方面享有并非基于条例（EU）2016/679 号意义上的对画像的替代性选择。这种选择应当可以直接从展示推荐的在线界面中获得。

（95）超大型在线平台或超大型在线搜索引擎所使用的广告系统构成了特别的风险，因其规模和能力使得其可以根据服务接收者在相应平台或搜索引擎的在线界面之内和之外的行为来定向和触达他们，故而需要进一步的、公共的和监管的监督。超大型在线平台或超大型在线搜索引擎应确保公众能够访问其在线界面上呈现的广告库，以便于监管和研究在线广告传播带来的新风险，例如与非法广告或操纵技术和虚假信息有关的风险，对公共卫生、公共安全、公民言论、政治参与和平等所具有的、真实且可预见的负面影响。广告库应包括广告内容，包括产品、服务或品牌的名称和广告的主题，以及关于广告商的相关数据，如果与广告商不同的话，还包括为广告付费的自然人或法人，以及广告分发，特别是在涉及定向广告的情况下。这些信息应包括关于定向标准和分发标准的信息，特别是当广告被分发给处于弱势地位的人，如未成年人。

（96）为了适当地监测和评估超大型在线平台或超大型在线搜索引擎遵守本条例规定的义务的情况，场所所在地的数字服务协调员或欧盟委员会可以要求获取或报告具体数据，包括与算法有关的数据。例如，这种要求可包括评估超大型在线平台或超大型在线搜索引擎系统带来的风险和可能的危害所需的数据，关于内容审核、推荐系统或广告系统的算法系统的准确性、功能和测试的数据，包括适当的训练数据和算法，或者关于内容审核或本条例所指的内部投诉处理系统的流程和输出的数据。此类数据访问请求不应包括为确定服务的个别接收者是否遵守其他适用的欧盟或成员国法律而提交的关于这些接收者的具体信息。研究人员对在线系统性风险的演变及其严重程度的研究对于弥合信息不对称以及建立具韧性的风险纾解系统尤为重要，也可以让在线平台的提供者、在线搜索引擎的提供者、数字服务协调员、其他主管当局、欧盟委员会和公众了解情况。

（97）本条例因此提供了一个框架，强制要求隶属于（EU）2019/790号指令第2条所指的研究组织的、经过审查的研究人员从超大型在线平台或超大型在线搜索引擎获取数据，就本条例而言，这些研究组织可包括以支持其公共利益使命为主要目标进行科学研究的民间社会组织。所有在相应框架下提出的获取数据的请求都应该是成比例的，并适当地保护超大型在线平台或超大型在线搜索引擎以及任何其他有关各方（包括服务接收者）的权利和合法利益，包括保护个人数据、商业秘密和其他保密信息。然而，为了确保本条例的目标得以实现，对提供者商业利益的考虑不应导致拒绝根据本条例的要求提供特定研究目标所需的数据。在这方面，在不妨碍欧盟议会和理事会 2016/943 号指令①的情况下，提供者应确保研究人员的适当访问，包括在必要时采取技术保护措施，例如数据保险库。数据访问请求可以包括，例如浏览次数，或者在的相关情况下，在超大型在线平台或超大型在线搜索引擎的提供者删除内容之前，服务接收者的其他类型的内容访问。

（98）此外，在数据可以公开获取的情况下，这些提供者不应阻止符合适当标准的研究人员将这些数据用于有助于发现、识别和了解系统性风险的研究目的。这些提供者应向这些研究人员提供访问权限，包括在技术上可能的情况下，实时访问可公开访问的数据，例如与公共网页、公共团体或公众人物的内容进行的互动的汇总，包括印象数据和参与数据，以及服务接收者的反馈、分享和评论的数量。应鼓励超大型在线平台或超大型在线搜索引擎的提供者与研究人员合作，并通过自愿努力，包括通过在行为守则或危机协议下商定的承诺和程序，提供更广泛的数据访问，以监测社会的关切。这些提供者和研究人员应特别注意保护个人数据，并确保对个人数据的任何处理都符合（EU）2016/679 号条例。除非匿名化或假名化会使所追求的研究目的无法实现的情况下，提供者应将个人数据匿名化或假名化。

（99）鉴于所部署的系统运作的复杂性及其对社会造成的系统性风险，超大型在线平台或超大型在线搜索引擎的提供者应设立合规职能部门，相应部门应独立于这些提供者的业务职能。合规职能部门的负责人应直接向这些提供者的管理层报告，包括对于未能遵守本条例的关切。作为合规职能的一部分，合规官员应具备必要的资格、知识、经验和能力，以便在超大型在线平台或超大型在线搜索引擎提供者的组织内实施措施并监管本条例的遵守情况。超大型在线平台或超大型在线搜索引擎的提供者应确保合规职能部门适当和及时地参与与本条例有关的所有问题，包括风险评估、纾解战略以及具体措施，以及在适用的情况下，评估这些提供者对根据其签署的行为守则和危机协议所做出的承诺的遵守情况。

---

①　欧盟议会和理事会 2016 年 6 月 8 日关于保护未披露的技术和商业信息（商业秘密）以防止其被非法获取、使用和披露的指令（EU）2016/943（OJ L 157，15.6.2016，第 1 页）。

（100）鉴于与其活动有关的额外风险及其在本条例下的额外义务，额外的透明度要求应特别地适用于超大型在线平台或超大型在线搜索引擎，特别是要全面报告所进行的风险评估以及随后采取的、本条例所规定的措施。

（101）欧盟委员会应拥有所有必要的资源，包括人员编制、专门知识和财政手段，以履行本条例规定的任务。为了确保提供必要的资源，以便根据本条例在欧盟层面进行充分监管，并考虑到成员国应有权就其当局行使的监管和执法任务向在其境内设立场所的提供者收取监管费，欧盟委员会应向超大型在线平台或超大型在线搜索引擎收取监管费，其数额应按年度确定。每年收取的监管费总额应根据事先合理估计的、欧盟委员会根据本条例行使监管任务所产生的费用总额来确定。这一数额应包括对超大型在线平台或超大型在线搜索引擎的提供者行使监管、调查、执法和监测的具体权力和任务的相关费用，包括与指定超大型在线平台或超大型在线搜索引擎或建立、维护和运行本条例所计划的数据库有关的费用。

这一数额还应包括与数字服务协调员、数字服务监督委员会和欧盟委员会之间合作的基本信息和制度性基础设施的建立、维护和运行有关的费用，同时，鉴于其规模和覆盖面，超大型在线平台或超大型在线搜索引擎对支持这种基础设施所需的资源有很大影响。对总体费用的估计应考虑到上一年发生的监管费用，包括在适用的情况下，高于上一年收取的各项监管年费。由监管年费产生的对外分配的收入可用于资助额外的人力资源，如基于合同关系的受托人和借调的成员国专家，以及与完成本条例委托给欧盟委员会的任务有关的其他支出。对超大型在线平台或超大型在线搜索引擎的提供者收取的监管年费应与相应服务的规模成比例，因在欧盟中活跃地接受其服务的人数反映了相应服务的规模。此外，考虑到指定的服务提供者的经济能力，单笔监管年费不应超过每一超大型在线平台或超大型在线搜索引擎提供者的总金额上限。

（102）为了促进本条例中可能需要通过技术手段实施的义务的有效且一致的应用，重要的是促进涵盖特定技术程序的自愿性标准，行业可以帮助开发标准化手段，以支持中介服务提供者遵守本条例，如允许提交通知，包括通过应用程序编程接口提交通知，或者是与用户协议有关的标准或与审计有关的标准，或是与广告库的互操作性有关的标准。此外，此类标准可包括与在线广告、推荐系统、无障碍和保护在线未成年人有关的标准。中介服务的提供者可以自由地采用这些标准，但采用这些标准并不意味着遵守本条例。同时，通过提供最佳实践，这些标准对相对较小的中介服务提供者尤其有用。这些标准可以酌情区分不同类型的非法内容或不同类型的中介服务。

（103）欧盟委员会和理事会应鼓励起草自愿行为守则，并执行这些守则的规定，以促进本条例的实施。欧盟委员会和理事会应致力于使行为守则明确界定所处理的公共利益目标的性质，并包含对这些目标的实现进行独立评估的机制，以及明确界定有关当局的作用。应特别注意避免对安全、保护隐私和个人数据的负面影响，以及禁止施加一般性的监测义务。虽然行为守则的实施应该是可衡量的，并接受公众监督，但这不应该损害这种守则的自愿性质和有关各方决定是否参与的自由。在特定情况下，超大型在线平台在起草和遵守具体的行为守则方面进行合作非常重要。本条例的任何内容都不妨碍其他服务提供者通过参加同样的行为守则，遵守同样的尽职调查标准，采用最佳实践，并从欧盟委员会和理事会提供的指南中受益。

（104）本条例确定了此类行为守则的特定考虑领域，这是适当的。特别是应当通过自我监管和共同监管协议，探讨有关特定类型非法内容的风险纾解措施。另一个需要考虑的领域是系统性风险对社会和民主可能产生的负面影响，例如虚假信息或操纵性和滥用性活动或者对未成年人的任何负面影响。这包括旨在放大信息传播的、协调一致的行动，包括虚假信息，例如使用机器人或假账户来制造故意地不准确或有误导性的信息，有时是为了牟取经济利益，这对未成年人等弱势的服务接收者特别有害。关于这类领域，超大型在线平台或超大型在线搜索引擎对特定行为守则的坚持和遵守可被视为适当的风险纾解措施。在确定在线平台或在线搜索引擎是否违反了本条例规定的义务时，可以酌情考虑在线平台或在线搜索引擎的提供者在没有适当解释的情况下拒绝欧盟委员会关于参与实施这种行为守则的邀请。仅仅参与和实施特定行为守则的事实本身不应推定为遵守了本条例。

（105）行为守则应在遵守欧盟和成员国法律的情况下促进超大型在

线平台或超大型在线搜索引擎的无障碍性，以方便残障人士对其进行可为人所预见的使用。特别是，行为守则可以确保信息以可感知、可操作、可理解和稳健的方式呈现，并确保根据本条例提供的表格和措施、以易于找到和便于残障人士使用的方式提供。

（106）本条例下的行为守则规则可以作为欧盟层面已经建立的自我监管工作的基础，包括《产品安全承诺》《关于在线销售假冒商品的谅解备忘录》《关于打击在线非法仇恨言论的行为守则》以及《关于虚假信息的实践指南》。特别是对于后者而言，在欧盟委员会的指导下，《虚假信息业务守则》正如欧洲民主行动计划所宣布的那样得到加强。

（107）在线广告的展示一般涉及若干行动者，包括连接广告发布者和广告商的中介服务。行为守则应支持和补充本条例中规定的在线平台、超大型在线平台或超大型在线搜索引擎提供者的广告透明度义务，以提供灵活有效的机制，特别是在传输相关信息的方式这一方面，促进和加强对这些义务的遵守。这应当包括在为广告付费的广告商不同于代表相应广告商而在在线平台的在线界面上展示广告的自然人或法人的情况时，促进传输广告商的信息。行为守则还应该包括若干措施，以确保在整个价值链中适当地分享关于数据商业化的、有意义的信息。广泛的利益相关者参与应确保这些行为守则得到广泛的支持，在技术上合理、有效，并提供最高水平的用户友好性，以确保透明度义务实现其目标。为了确保行为守则的有效性，欧盟委员会在起草行为守则时应包括评估机制。在适当情况下，欧盟委员会可邀请基本权利当局或欧盟数据保护监督员对各自的行为守则发表意见。

（108）除了针对超大型在线平台或超大型在线搜索引擎的危机应对机制外，欧盟委员会还可以发起起草自愿危机协议，以协调在线环境中的快速、集体和跨境的反应。例如，当在线平台被滥用于快速传播非法内容或虚假信息，或需要快速传播可靠信息时，就可能出现这种情况。鉴于超大型在线平台在我们的社会和跨国界传播信息方面的重要作用，应鼓励这些平台的提供者起草和应用具体的危机协议。这种危机协议只应在有限的时间内启动，所采取的措施也应限于应对特殊情况所严格需要的措施。这些措施应与本条例相一致，并且不应等同于让参与的超大型在线平台或超大型在线搜索引擎的提供者承担一般性地监测其传输或储存的信息的义务，也不应等同于积极寻找显示非法内容的事实或情况的义务。

（109）为了确保充分监管和执行本条例规定的义务，成员国应至少指定一个主管当局负责监管本条例的适用和执行，但这不妨碍根据成员国法律指定现有主管当局的可能性及其法律形式。然而，成员国应该能够委托一个以上的主管当局承担与本条例的适用有关的具体监管或执行任务和权限，例如，作为其国内宪法、组织和行政结构的反映，对于具体的领域，现有的主管当局也可能被授权，例如电子通信监管当局、媒体监管当局或消费者保护当局。所有的主管当局在行使其任务时都应有助于实现本条例的目标，即中介服务内部市场的正常运作，在这种情况下，促进创新的、安全的、可预测和可信赖的在线环境的统一规则，特别是适用于不同类别的中介服务提供者的尽职调查义务得到了有效监管和执行，以确保宪章中规定的基本权利，包括消费者保护原则，得到有效保护。本条例并不要求成员国赋予主管当局对具体内容的合法性进行裁决的任务。

（110）鉴于所涉及的服务的跨境性质和本条例所规定的横向义务的范围，应在每个成员国指定一个主管当局作为数字服务协调员，以负责监管本条例的适用和在必要时执行本条例。如果指定了一个以上的主管当局来监管本条例的实施和执行，则相应成员国中只有一个部门应被指定为数字服务协调员。数字服务协调员应当作为单一的，为欧盟委员会、理事会、其他成员国的数字服务协调员以及有关成员国的其他主管当局处理与适用本条例有关的所有事项的联络点。特别是，如果在特定成员国有若干主管当局被赋予本条例规定的任务，数字服务协调员应根据规定其各自任务的成员国法律，在不妨碍其他主管当局的独立评估的情况下，与这些当局进行协调和合作。数字服务协调员在执行任务时不需要对其他主管当局进行任何等级意义上的、超然其上的协调智能，但应确保所有相关主管当局的有效参与，并应在欧盟层面的监管和执法合作中及时报告其评估结果。此外，除了本条例规定的关于欧盟层面合作的具体机制外，成员国还应确保数字服务协调员和在国家层面指定的其他主管当局之间的合作，例如通过适当的工具，比如汇集资源、联合工作队、联合调查和互助机制。

（111）数字服务协调员以及根据本条例指定的其他主管当局在确保本条例规定的权利和义务的有效性以及实现其目标方面发挥着关键作用。因此，有必要确保这些当局拥有必要的手段，包括财政和人力资源，以监管属于其职权范围的所有中介服务提供者、维护所有欧盟公民的利益。鉴于中介服务提供者的多样性及其在提供服务时使用的先进技术，数字服务协调员和相关主管当局也必须配备必要数量的工作人员和具有专业技能和先进技术手段的专家，并自主管理其财政资源以执行其任务。此外，相应资源的水平应考虑到属于其职权范围的中介服务提供者的规模、复杂性和潜在的社会影响，以及其服务在整个欧盟的覆盖范围。本条例不妨碍成员国根据成员国法律向中介服务提供者收取符合欧盟法律的监管费，建立筹资机制的可能性，只要相应的监管费是向主要场所在有关成员国的中介服务提供者征收，并且严格限制在为以相应支付履行根据本条例赋予主管当局的任务而必要和成比例的范围内，并且确保这种监管费的征收和使用具有充分的透明度，但相应任务不包括赋予欧盟委员会的任务。

（112）根据本条例指定的主管当局也应完全独立于私人和公共机构，其不具备寻求或接受指示和义务的可能性，包括来自政府的指示，并且这不妨碍与其他主管当局、数字服务协调员、数字服务监督委员会和欧盟委员会合作的具体职责。另一方面，这些主管当局的独立性不应意味着其不能根据成员国宪法、并在不危及实现本条例目标的情况下，对数字服务协调员的一般性活动，如其财务支出或向成员国议会报告、并接受相应的问责机制。对独立性的要求也不应妨碍行使司法审查，或酌情与其他成员国当局，包括执法当局、危机管理当局或消费者保护当局进行磋商或定期交换意见，以便相互通知正在进行的调查，而不影响其各自权力的行使。

（113）成员国可以指定一个现有的国家层面当局承担数字服务协调员的职能，或承担监管本条例的适用和执行的具体任务，但如此指定的任何当局均必须符合本条例规定的要求，如有关其独立性的要求。此外，根据欧盟法律，原则上不排除成员国将现有当局的职能合并。这方面的措施可包括，除此以外，在没有任何规则保证这种解雇不会损害这些成员的独立性和公正性的情况下，仅以发生了涉及在一个当局内合并不同职能的体制改革为由，在现有当局的合议机构的主席或委员会成员任期届满前将其解雇。

（114）成员国应向数字服务协调员以及根据本条例指定的任何其他主管当局提供足够的权力和手段，以确保可根据赋予的任务进行有效的调查和执法。这包括主管当局在出现严重危害的风险时根据成员国法律采取临时措施的权力。这种临时措施可能包括终止或救济特定的涉嫌侵权的行为的命令，相应措施不应超出确保在最终裁决之前防止严重损害的必要范围。特别地，数字服务协调员应当能够。包括在联合调查的情况下，搜索和获取位于其境内的信息，同时适当考虑到对由另一成员国或由欧盟委员会管辖下的提供者的监管和执法措施应由相应成员国的数字服务协调员根据有关跨境合作的程序而采取，或在适用的情况下由欧盟委员会采取。

（115）成员国应根据欧盟法律，特别是本条例和《宪章》，在其成员国法律中规定其数字服务协调员以及其他相关主管当局根据本条例行使调查和执法权力的详细条件和限制。

（116）在行使这些权力的过程中，主管当局应遵守在相应程序和事项上适用的成员国规则，如进入特定场所需要事先获得司法授权和法律职业特权。这些规定应特别确保尊重获得有效救济和公平审判的基本权利，包括辩护权以及尊重私人生活的权利。在这方面，根据本条例规定的与欧盟委员会程序有关的保障可以作为一个适当的参考点。在做出任何最终决定之前，应保证具有一个事先的、公平的和公正的程序，包括听取有关人员的意见的权利和查阅卷宗的权利，同时尊重保密性、职业秘密及商业秘密，以及为决定提供有意义的理由的义务。但是，这不应该排除在有充分证据的紧急情况下、在符合适当条件和程序安排的情况下采取措施的可能性。权力的行使也应与违反条例的行为或涉嫌违反条例的行为的性质和实际或潜在的总体危害成比例。主管当局应考虑案件的所有相关事实和情况，包括其他成员国的主管当局收集的信息。

（117）成员国应确保对违反本条例规定的义务的行为进行有效的、成比例的和阻遏性的制裁，同时考虑违法行为的性质、严重性、屡次性和持续时间，考虑所追求的公共利益、所开展的活动的范围和种类以及侵权者的经济能力。特别是，处罚应考虑到有关中介服务提供者是否系统地或经常性地不遵守本条例规定的义务，以及在相关情况下，受影响的服务接收者的数量、违反条例行为的故意或过失性质以及提供者是否在若干成员国开展活动。如果本条例规定了罚款或定期支付罚款的最高数额，这一最高数额应适用于每项违反本条例的行为，并且不妨碍对具体违反行为的罚款或定期支付罚款的调整。成员国应根据本条例制定国家层面的规则和程序，并考虑到有关实施罚款或定期支付罚款的一般条件的所有标准，确保对违法行为实施的罚款或定期支付罚款在每个案例中都是有效的、成比例的和阻遏性的。

（118）为了确保有效执行本条例规定的义务，个人或代表组织应该能够向其接受服务的地区的数字服务协调员提出与遵守这些义务有关的任何投诉，但这不妨碍本条例关于权限分配的规则和关于按照良好行政管理原则处理投诉的适用规则。投诉可以忠实地概述与特定中介服务提供者的合规性有关的关切，也可以让数字服务协调员了解任何更多跨领域的问题。如果解决问题需要跨境合作，数字服务协调员应让其他的主管当局以及另一成员国的数字服务协调员参与进来，特别是有关中介服务提供者所在的成员国的协调员。

（119）成员国应确保数字服务协调员能够采取有效的措施，以解决特别严重和持续的、违反本条例的特定行为，并与相应行为成比例。特别是当这些措施可能会影响到第三方的权利和利益时，尤其是当在线界面的访问受到限制时，要求这些措施受到额外的保障是合适的。特别是可能受到影响的第三方应该有机会发表意见，而且，只有在欧盟的其他法律或者成员国法律规定的采取此类措施的权力无法合理获得时，才能发布此类命令，例如保护消费者的集体利益，确保迅速删除含有或传播儿童色情制品的网页，或者禁止访问被第三方用于侵犯知识产权的服务。

（120）这种限制访问的命令不应超出实现其目标所需的范围。为此，其应当是临时性的，原则上是针对中介服务的提供者，如相关的托管服务提供者、互联网服务提供者或域名注册处或注册商，这些提供者有合理的能力在不过度限制合法信息的情况下实现这一目标。

（121）在不妨碍本条例规定的、关于应服务接收者要求传送或储存的信息的免责条款的情况下，中介服务提供者应对服务接收者因相应提供者违反本条例规定的义务而遭受的损害负责。这种赔偿应符合适用的成员国法律规定的规则和程序，并且不妨碍根据消费者保护规则提供的其他救济的可能性。

（122）数字服务协调员应定期公布，例如在其网站上公布，关于根据本条例开展的活动的报告。特别是，相应报告应以机器可读的格式发布，并包括收到的投诉及其后续情况的概述，如收到的投诉总数和导致开始正式调查或转给其他数字服务协调员的投诉数量，但不应提及任何个人资料。鉴于数字服务协调员也被告知对非法内容采取行动或通过信息共享系统提供本条例规定的信息的命令，数字服务协调员应在其年度报告中包括其成员国的司法和行政当局向中介服务提供者发出的此类命令的数量和类别。

（123）为明确、简单和有效起见，监管和执行本条例规定的义务的权力应授予中介服务提供者的主要场所地所位于的成员国主管当局，亦即提供者拥有其总部或注册办事处的、并在其行使主要财务职能和业务控制的地点。对于未在欧盟设立场所、但在欧盟提供服务并因此属于本条例范围的提供者，鉴于本条例规定的法律代表的职能，提供者任命了其法律代表的成员国应具有管辖权。然而，为了有效适用本条例，所有成员国或者欧盟委员会（如果适用）应对未能指定法律代表的提供者拥有管辖权。相应权限可由任何一个主管当局或欧盟委员会行使，条件是相应提供者不受另一个主管当局或欧盟委员会对相同事实的执法程序的制约。为了确保遵守一事不再理的原则，特别是为了避免同一违反本条例规定的义务的行为受到不止一次的惩罚，每个计划对这些提供者行使其权限的成员国应通过为本条例目的而建立的信息共享系统向所有其他当局，包括欧盟委员会通知情况，不得有不当的拖延。

（124）鉴于其潜在影响和有效监管所涉及的挑战，需要对超大型在线平台的提供者和超大型在线搜索引擎的监管和执行制定特别的规则。欧盟委员会应在相关成员国主管当局的支持下负责对系统性问题进行监管和公开执法，例如对服务接收者的集体利益有广泛影响的问题。因此，对于本条例为超大型在线平台或超大型在线搜索引擎的提供者所规定的、管理系统性风险的额外义务，欧盟委员会应拥有监管和执行的专属权力。欧盟委员会的专属权力应不妨碍本条例分配给场所所在国主管当局的特定行政任务，如对研究人员的审查。

（125）除了本条例对超大型在线平台或超大型在线搜索引擎的提供者规定的、管理系统性风险的额外义务外，监管和执行尽职调查义务的权力应由欧盟委员会和成员国主管当局共同承担。一方面，欧盟委员会在许多情况下可以更好地处理这些提供者的系统性的违规行为，如影响到多个成员国的违规行为或严重的屡次违规行为，或者涉及未能建立本条例所要求的有效机制的行为。另一方面，超大型在线平台提供者或超大型在线搜索引擎提供者的主要场所所在的成员国的主管当局可以更好地处理这些提供者的个别的违规行为，这些违规行为并不引起任何系统性或跨境问题。为了提高效率，避免重复，并确保遵守"一事不再理"的原则，应该由欧盟委员会评估其是否认为适合在特定案件中行使这些共同权限，一旦欧盟委员会启动程序，成员国就不应该再有权限启动其程序。成员国应相互之间紧密合作、并与欧盟委员会密切合作，欧盟委员会也应与成员国密切合作，以确保本条例所建立的监管和执行系统顺利和有效地运作。

（126）本条例关于权限分配的规则应不妨碍欧盟法律和成员国层面的国际私法规则关于民事和商业事务的管辖权和适用法律的规定，如消费者根据欧盟法律的有关规定在其居住地所在的成员国法院提起诉讼。关于本条例对中介服务提供者规定的义务，亦即告知发令当局针对非法内容采取行动的命令和提供信息的命令所产生的执行情况，关于权限分配的规则应只适用于监管这些义务的执行，而不适用于与命令有关的其他事项，如发布命令的权限。

（127）鉴于中介服务的跨境的和跨部门的相关性，有必要进行高水平合作，以确保本条例的一致适用，并通过信息共享系统为行使执法任务提供相关信息。在不妨碍具体的联合调查工作的情况下，合作可以根据所涉及的问题采取不同的形式。在任何情况下，建立中介服务提供者的数字服务协调员有必要向其他数字服务协调员通知有关问题、调查和对相应提供者将要采取的行动。此外，当一个成员国的主管当局掌握了场所所在地成员国主管当局正针对其进行调查的相关信息时，或能够收集位于其境内而场所所在地成员国主管当局无法获得的此类信息时，目的地的数字服务协调员应及时协助场所所在地数字服务协调员，包括根据适用的成员国程序和《宪章》行使其调查权力。这种调查措施的对象一方应当遵守这些措施，并在不遵守措施的情况下承担责任，场所所在地成员国的主管当局应当能够依靠通过相互协助收集的信息，以求确保遵守本条例。

（128）目的地的数字服务协调员，特别是根据其收到的投诉或其他成员国主管当局的意见，或在涉及至少三个成员国的问题时根据收到的数字服务监督委员会的意见，应当能够要求场所地的数字服务协调员对其权限内的提供者采取调查或执法行动。这种行动请求应基于充分证据，表明存在对其成员国服务接收者的集体利益产生负面影响，或者存在具有负面社会影响的涉嫌违反条例的行为。如果需要进一步的信息来做出决定，场所所在地的数字服务协调员应该能够依靠互助或邀请而与提出请求的数字服务协调员进行联合调查，但这不妨碍在有理由怀疑一个超大型在线平台或超大型在线搜索引擎可能存在系统性的违反条例行为时，要求欧盟委员会评估此事的可能性。

（129）如果对评估或所采取或建议的措施有任何异议，或者在跨境合作请求或联合调查之后未能按照本条例采取任何措施，数字服务监督委员会应当能够将此事提交给欧盟委员会。如果欧盟委员会根据有关当局提供的信息而认为拟议的措施，包括拟议的罚款水平，不能确保有效执行本条例规定的义务，其应该能够相应地表示严重怀疑，并要求主管数字服务协调员重新评估此事且采取必要措施，以确保在规定的期限内遵守本条例。这种可能性不妨碍欧盟委员会的一般性职责，即在欧盟法院的控制下根据条约监督欧盟法律的适用，并在必要时强制执行。

（130）为便于对涉及若干成员国的本条例规定的义务进行跨境监管和调查，场所所在地的数字服务协调员应当能够通过信息共享系统邀请其他数字服务协调员对涉嫌违反本条例的行为进行联合调查。其他数字服务协调员，以及其他主管当局，应当能够在适当情况下加入由场所所在地的数字服务协调员提议的调查，除非后者认为，考虑到涉嫌侵权的行为的特点，以及考虑到对这些成员国的服务接收者没有直接影响，参与当局的数量过多可能会妨碍调查的有效性。由场所所在地的数字服务协调员根据参与当局的能力进行协调，联合调查活动可包括各种行动，如协调数据收集工作、集中资源、工作队、协调信息请求或共同检查场所。参与联合调查的所有主管当局应与场所所在地的数字服务协调员合作，包括根据适用的国家层面的程序在其境内行使调查权。联合调查应在特定的时间范围内结束，并在考虑到所有参与的主管当局的贡献的情况下提交一份最终报告。另外，如果至少有三个目的地的数字服务协调员提出要求，数字服务监督委员会可以建议由场所所在地的数字服务协调员之一启动这种联合调查，并对联合调查的组织结构做出说明。为避免僵局，数字服务监督委员会应当能够在特定情况下将此事提交给欧盟委员会，包括所在地的数字服务协调员拒绝启动调查、而数字服务监督委员会不同意所提出理由的情况。

（131）为了确保本条例的一致实施，有必要在欧盟层面设立一个独立的咨询小组，即欧盟数字服务监督委员会，数字服务监督委员会应支持欧盟委员会，并且帮助协调数字服务协调员的行动。相应委员会应由已经任命的数字服务协调员组成，但不妨碍数字服务协调员，如果根据其国家层面的任务和权限分配需要如此，邀请本条例规定的其他主管当局参加其会议或任命临时代表的可能性。如果一个成员国有多个参与者，对每个成员国，投票权仍应仅限于一名代表。

（132）数字服务监督委员会应促进在本条例的一致适用方面实现共同的、欧盟层面的观点，并促进主管当局间的合作，包括就适当的调查和执法措施，特别是针对超大型在线平台或超大型在线搜索引擎的提供者的措施，并且特别考虑到中介服务提供者在整个欧盟内提供服务的自由，向欧盟委员会和数字服务协调员提供建议。欧盟委员会还应该为起草相关模板、行为守则以及分析欧盟数字服务发展的总体新趋势做出贡献，包括就与标准有关的事项发表意见或建议。

（133）为此，欧盟委员会应当能够通过向数字服务协调员或向其他成员国主管当局提出的意见、要求和建议。虽然其不具备法律约束力，对偏离的决定应当做出适当的解释，并可由欧盟委员会在评估有关成员国遵守本条例的情况时加以考虑。

（134）数字服务监督委员会应召集并主持数字服务协调员代表以及如果可能时，其他主管当局，以确保对提交给数字服务监督委员会的事项进行充分的欧盟层面的评估。考虑到可能与欧盟层面的其他监管框架有关的交叉因素，应允许欧盟委员会与在平等（包括性别平等）和非歧视、数据保护、电子通信、视听服务、侦查和调查关税方面的欧盟预算欺诈行为、消费者保护或竞争法等领域负责的其他欧盟机关、办事处、机构和咨询小组合作，以完成其任务。

（135）欧盟委员会应通过其主席参加数字服务监督委员会，但无表决权。欧盟委员会应通过其主席确保会议议程如议事规则的要求一般、按照数字服务监督委员会成员的要求而制定，并确保数字服务监督委员会遵守本条例中规定的相应职责。

（136）鉴于需要确保对数字服务监督委员会活动的支持，数字服务监督委员会应当能够依靠欧盟委员会和成员国主管当局的专门知识和人力资源。数字服务监督委员会内部运作的具体业务安排应在其议事规则中得到进一步规定。

（137）鉴于超大型在线平台或超大型在线搜索引擎的重要性，鉴于其覆盖面和影响，其未能遵守所适用的具体义务可能会影响到不同成员国的大量服务接收者，并且可能造成巨大的社会危害，这种失败的识别和解决也可能会特别复杂。为此，欧盟委员会应与数字服务协调员和数字服务监督委员会合作，发展欧盟层面的、监管超大型在线平台或超大型在线搜索引擎方面的专业知识和能力。因此，欧盟委员会应当能够协调并依靠这些当局的专业知识和资源，例如，长期地或临时地分析有关一个或多个超大型在线平台或超大型在线搜索引擎的具体趋势或问题。成员国应与欧盟委员会合作发展这种能力，包括酌情借调人员，并促进建立共同的、欧盟层面的监管能力。为了发展欧盟层面的专业知识和能力，欧盟委员会还可以利用其 2018 年 4 月 26 日关于成立在线平台经济观察站专家组的决定中所设立的在线平台经济观察站、相关的专家机构及其卓越中心的专业知识和能力。欧盟委员会可以邀请具有特定专长的专家，特别是包括经过审查的研究人员、欧盟机构和当局的代表、行业代表、代表用户或民间社会的协会、国际组织、私营部门的专家，以及其他利益攸关方。

（138）欧盟委员会应当能够根据本条例规定的权力主动调查违反条例的行为，包括要求获取数据、要求提供信息或进行检查，以及，应当能够依靠数字服务协调员的支持。如果成员国主管当局对超大型在线平台或超大型在线搜索引擎的提供者的涉嫌侵权的个别行为的监管指向系统性的问题，例如对服务接收者的集体利益有广泛影响的问题，数字服务协调员应当能够根据基于适当理由的请求，将这些问题提交欧盟委员会。这种请求至少应包含论证涉嫌行为及其系统性的所有必要的事实和情况。根据其评估结果，欧盟委员会应当能够根据本条例采取必要的调查和执法措施，包括在相关情况下启动调查或采取临时措施。

（139）为了有效地执行其任务，欧盟委员会在决定对超大型在线平台或超大型在线搜索引擎的提供者提起诉讼方面应保持一定的自由裁量权。一旦欧盟委员会启动诉讼程序，有关场所所在地的数字服务协调员应被排除在对超大型在线平台或超大型在线搜索引擎提供者的相关行为行使其调查和执法权力之外，以避免重复、不一致和违反一事不再理原则的风险。然而，欧盟委员会应该能够要求数字服务协调员对调查做出单独的或共同的贡献。根据真诚合作的义务，数字服务协调员应尽最大努力满足欧盟委员会在调查中提出的合理和适度的要求。此外，场所所在地的数字服务协调员，以及数字服务监督委员会和任何其他相关的数字服务协调员，应向欧盟委员会提供所有必要的信息和协助，包括在数据收集或数据访问工作中收集的信息，使其能够有效地执行任务，只要相应收集信息的法律依据不会排除这样的实践。反之，欧盟委员会应将其权力行使的情况，特别是意图何时启动诉讼程序和行使调查权的情况，随时通知场所所在地的数字服务协调员和数字服务监督委员会。此外，当欧盟委员会将其初步调查结果，包括其所反对的任何事项，传达给超大型在线平台提供者或有关的超大型在线搜索引擎时，其也应相应传达给数字服务监督委员会。数字服务监督委员会应就欧盟委员会提出的反对意见和评估提供意见，为支撑其最终决定，欧盟委员会应在推理中考虑到这一意见。

（140）鉴于在寻求确保超大型在线平台或超大型在线搜索引擎的提供者遵守规定时可能出现的特殊挑战，以及确保这一点的重要性，以及鉴于其规模、影响和可能造成的伤害，欧盟委员会应拥有强大的调查和执法权力，使其能够调查、执行和监管本条例规定的规则的遵守情况，并充分尊重在执法程序中发表意见和查阅卷宗的基本权利、尊重成比例性原则，以及尊重受影响各方的权利和利益。

（141）欧盟委员会应当能够要求提供必要的信息，以确保在整个欧盟范围内有效地执行和遵守本条例所规定的各项义务。特别地，欧盟委员会应当能够获得任何必要的相关文件、数据和信息，以展开和实施调查，并监测本条例规定的相关义务的遵守情况，无论是谁拥有有关的文件、数据或信息，也不论其形式格式、储存媒介或者确切的储存地点。欧盟委员会应当能够通过适当地证实的信息要求直接要求有关的超大型在线平台或超大型在线搜索引擎的提供者，以及为其行业、业务、技艺或职业目的行事的任何其他自然人或法人，如果其合理地可能了解与涉嫌违反条例的行为或违反条例的行为有关的信息（如果适用），提供任何相关的证据、数据和信息。此外，欧盟委员会应当能够为本条例的目的向成员国的任何公共当局、团体或机构要求提供任何相关信息。欧盟委员会应当能够通过行使调查权，如要求提供信息或进行访谈，要求获取和解释与相关人员的文件、数据、信息、数据库和算法有关的信息，并在征得其同意后，与可能拥有有用信息的任何自然人或法人进行访谈，并通过任何技术手段记录其所做的陈述。欧盟委员会还应该有权进行必要的检查，以执行本条例的相关规定。这些调查权力旨在补充欧盟委员会要求数字服务协调员和其他成员国当局提供协助，例如提供信息或行使相应权力，的可能性。

（142）临时措施可以是一项重要的，用以确保在调查过程中被调查的违反条例的行为不会导致服务接收者遭受严重损害的风险的工具。这一工具对于避免欧盟委员会在程序结束时所做出的决定很难逆转事态的发展的可能性很重要。因此，欧盟委员会应当有权在考虑到因可能通过不合规决定而启动的程序中通过相应的决定实施临时措施。这一权力应适用于欧盟委员会已认定超大型在线平台或超大型在线搜索引擎的提供者显然违反了本条例规定的义务的情况。实施临时措施的决定应当只适用于一个特定的时期，要么随着欧盟委员会的程序结束而结束，要么适用于一个固定的时期，且在必要和适当的情况下可以延长。

（143）欧盟委员会应当能够采取必要的行动以监测本条例规定的义务的有效实施和遵守情况。这些行动应当包括能够在这一过程中任命独立的外部专家和审计师以协助欧盟委员会，包括在适用情况下，这些专家来自成员国的主管当局，例如数据或消费者保护当局。在任命审计师时，欧盟委员会应确保充分的轮换。

（144）对本条例规定的相关义务的遵守应通过罚款和定期支付罚金的方式来执行。为此，还应对不履行义务和违反程序规则的行为规定适当水平的罚款和定期罚金，并根据比例性和一事不再理的原则，规定适当的时效期限。欧盟委员会和相关的成员国当局应协调其执法工作，以确保这些原则得到尊重。特别是，欧盟委员会应考虑到在有关违反其他欧盟或成员国规则的诉讼程序中，通过最终决定对同一法人的相同事实所施加的任何罚款和处罚，以确保所施加的总体罚款和处罚是成比例的，并与相应的违反条例行为的严重性相一致。欧盟委员会根据本条例做出的所有决定都要接受欧盟法院根据《欧盟条约》的规定进行审查。根据《欧盟运作条约》第 261 条，欧盟法院在罚款和罚金方面应具有无限的管辖权。

（145）鉴于对仅适用于超大型在线平台或超大型在线搜索引擎的、管理系统性风险的额外义务的违反可能产生重大社会影响，为了解决这些公共政策问题，有必要对为了有效终止和救济违反本条例的行为而采取的任何行动规定加强其监管的制度。因此，一旦违反本条例中仅适用于超大型在线平台或超大型在线搜索引擎的特定规定的行为被确认，并在必要时受到了惩罚，欧盟委员会应要求相应平台或搜索引擎的提供者制定详细的行动计划，以便在未来救济相应的违反条例行为的任何影响，并在委员会规定的时限内向数字服务协调员、欧盟委员会和数字服务监督委员会通知相应行动计划。欧盟委员会在考虑数字服务监督委员会的意见后，应确定行动计划中的措施是否足以解决侵权问题，同时考虑拟议的措施中是否包括遵守相关的行为守则。欧盟委员会还应该监测超大型在线平台或超大型相关在线搜索引擎的提供者按照其行动计划采取的任何后续措施，同时考虑对相应提供者的独立审计。如果在实施行动计划之后，欧盟委员会仍然认为违反条例的行为没有得到完全纠正，或者没有提供行动计划，或者认为其不合适，委员会应该能够根据本条例使用任何调查或执法权力，包括有权定期支付罚款，并启动程序，停止对侵权服务的访问。

（146）有关的超大型在线平台或超大型在线搜索引擎的提供者，以及其他受欧盟委员会权力行使影响的人，如果其利益可能受到相应决定的影响，应该有机会事先提出意见，且所做出的决定应该广泛公布。在确保有关各方的辩护权，特别是查阅卷宗的权利的同时，必须保护机密信息。此外，在尊重信息保密性的同时，欧盟委员会应确保为其决定所依赖的任何信息的披露程度能够让相应的对象理解导致决定的事实和考量。

（147）为了保障本条例的统一适用和执行，必须确保成员国当局，包括成员国法院，拥有所有必要的信息，以确保其决定不会与欧盟委员会根据本条例通过的决定相悖。这并不妨碍《欧盟条约》第 267 条的规定。

（148）为了有效地执行和监测本条例，需要数字服务协调员、数字服务监督委员会和欧盟委员会之间根据本条例规定的信息流和程序进行无缝和实时的信息交流。这也足以授予其他主管当局在适当情况下进入这个系统的许可。同时，鉴于其所交换的信息可能是保密的，或者涉及个人数据，应当根据收集信息的目的继续保护其不受未经授权的访问。出于这个原因，这些当局之间的所有通信应在可靠和安全的信息共享系统的基础上进行，其细节应在实施细则中加以规定。信息共享系统可以现有的内部市场工具为基础，只要其能够以具有成本效益的方式实现本条例的目标。

（149）在不妨碍服务接收者根据欧盟议会和理事会（EU）2020/1828 号指令①求助于其代表的权利，或求助成员国法律规定的任何其他类型的代表的权利的情况下，服务接收者也应有权委托法人或公共机构行使本条例中规定的权利。这些权利可能包括与提交通知有关的权利，对中介服务提供者做出的决定提出质疑的权利，以及对提供者违反本条例提出投诉的权利。特定的机构、组织和协会在发现和标记错误或不合理的内容审核决定方面具有特殊的专业知识和能力，其代表服务接收者提出的投诉可能会对言论自由和一般性的信息自由产生积极的影响，因此，在线平台的提供者应处理这些投诉，不能有不当的拖延。

（150）为了提高效力和效率，欧盟委员会应该对本条例进行全面评估。特别是，相应的全面评估应当涉及，除此以外，本条例所涵盖的服务的范围，与其他法律行为的相互作用，本条例对内部市场运作、特别

---

① 欧盟议会和理事会 2020 年 11 月 25 日关于保护消费者集体利益的代表行动和废除第 2009/22/EC 号指令的指令（EU）2020/1828（OJ L 409，4.12.2020，第 1 页）。

是对数字服务的影响，行为守则的实施，指定在欧盟设立的法律代表的义务，义务对小型和微型企业的影响，监管和执行机制的有效性及其对表达和信息自由权的影响。此外，为避免不成比例的负担，并确保本条例的持续有效性，委员会应在本条例开始适用后的三年内就其所规定的义务对中小企业的影响进行评估，并在本条例生效后三年内对本条例所涵盖的服务范围，特别是对超大型在线平台或超大型在线搜索引擎的服务范围以及与其他法律行为的相互影响进行评估。

（151）为了确保本条例实施条件的统一，应赋予欧盟委员会实施的权力，以规定有关内容审核报告的形式、内容和其他细节的模板，确定向超大型在线平台或超大型在线搜索引擎的提供者收取的监管年费金额，规定执法程序的实际安排。在对超大型在线平台或超大型在线搜索引擎提供者进行监管、调查、执法和监测的过程中，规定听证和协商披露信息的实际安排，以及规定信息共享系统的运作、及其与其他相关系统的互操作性的实际和操作安排。这些权力应根据欧盟议会和理事会的182/2011 号条例①行使。

（152）为了实现本条例的目标，应将根据《欧盟条约》第 290 条通过法案的权力下放给欧盟委员会，以补充本条例，包括涉及识别超大型在线平台或超大型在线搜索引擎的标准，审计的程序步骤、方法和报告模板，访问请求的技术规范以及确定监管费用的详细方法和程序。特别重要的是，委员会在准备工作中需要进行适当的磋商，包括专家层面的磋商，并且这些磋商要按照 2016 年 4 月 13 日《关于更好地制定法律的机构间协定》② 中规定的原则进行。特别是，为确保平等参与授权法案的准备工作，欧盟议会和理事会与成员国的专家同时收到所有文件，各方专家可以系统地参加欧盟委员会处理授权法案准备工作的专家小组会议。

（153）本条例尊重《宪章》所承认的基本权利和构成欧盟法律一般原则的基本权利。因此，本条例的解释和适用应符合这些基本权利，包括言论和信息自由，以及媒体的自由和多元性。在行使本条例规定的权力时，在相关的基本权利发生冲突的情况下，所有涉及的公共当局应

---

① 欧盟议会和理事会 2011 年 2 月 16 日规定关于成员国对委员会行使执行权力的控制机制的规则和一般原则的 182/2011 号条例，（OJ L 55, 28. 2. 2011，第 13 页）。

② OJ L 123, 12. 5. 2016，第 1 页。

根据比例原则在相应权利之间实现公平的平衡。

（154）鉴于超大型在线平台或超大型在线搜索引擎可能造成的社会风险的范围和影响，鉴于作为优先事项的、解决这些风险的必要性，以及，鉴于采取必要措施的能力，有理由限制本条例开始适用于这些服务提供者的期限。

（155）鉴于本条例的目标，即促进内部市场的正常运作、确保一个安全、可预测和可信赖的网络环境、并且使得《宪章》中规定的基本权利得到适当的保护，不能由成员国充分实现，因为成员国不能通过单独行动实现必要的协调和合作，但由于属地和属人范围的原因，这些目标可以在欧盟层面更好地实现，故而欧盟可以根据《欧盟条约》第5条规定的辅助原则采取措施。根据相应条款规定的成比例性原则，本条例不超出为实现这些目标所需的范围。

（156）根据欧盟议会和理事会（EU）2018/1725号条例①第42条第1款，咨询了欧盟数据保护委员会，并且其于2021年2月10日发表了意见②，已经通过了这一条例。

第一章　总则

第1条　主题

1. 本条例的目的是促进中介服务的内部市场的正常运作，为安全、可预测和可信赖的在线环境制定统一的规则，以促进创新，并有效保护宪章中规定的基本权利，包括消费者保护的原则。

2. 本条例规定了在内部市场上提供中介服务的统一规则。特别是规定了：

（a）有条件地免除中介服务提供者的责任的框架。

（b）关于针对特定类别的中介服务提供者的具体的尽职调查义务的规则。

（c）关于实施和执行本条例的规则，包括主管当局之间的合作和

---

① 欧盟议会和理事会2018年10月23日关于在欧盟机构、机关、办事处和机构处理个人数据方面保护自然人以及此类数据的自由流动，并废除（EC）45/2001号条例和1247/2002/EC号决定的（EU）2018/1725号条例（OJ L 295，21.11.2018，第39页）。

② OJ C 149，27.4.2021，第3页。

协调。

【译者解读：第 1 条规定了本法的主题。由第 1 条可见本法有五个主题，包括内部市场的正常运作、为在线环境制定统一的规则、促进创新、保护基本权利和消费者保护。这些主题亦可视为解释和适用其中具体条款时需要进一步适用的原则。】

第 2 条　范围

1. 本条例应适用于向具有场所的接收者或者位于欧盟的服务接收者提供的中介服务，而不论这些中介服务提供者的场所位于何处。

2. 本条例不适用于任何不属于中介服务的服务，也不适用于对这种服务提出的任何要求，无论相应服务是否通过使用中介服务提供。

3. 本条例不应妨碍 2000/31/EC 号指令的适用。

4. 本条例不妨碍规范内部市场提供中介服务的其他方面或者具体规定和补充本条例的其他欧盟法律所规定的规则，特别是以下内容：

（a）2010/13/EU 号指令。

（b）关于版权和相关权利的欧盟法律。

（c）（EU）2021/784 号条例。

（d）（EU）2019/1148 号条例。

（e）（EU）2019/1150 号条例。

（f）欧盟关于消费者保护和产品安全的法律，包括（EU）2017/2394 号和（EU）2019/1020 号条例以及 2001/95/EC 号和 2013/11/EU 号指令。

（g）欧盟关于保护个人数据的法律，特别是（EU）2016/679 号条例和 2002/58/EC 号指令。

（h）欧盟在民事司法合作领域的法律，特别是（EU）第 1215/2012 号条例或任何规定了合同和非合同义务适用法律规则的欧盟法律。

（i）欧盟在刑事事务司法合作领域的法律，特别是欧盟关于刑事事务中电子证据的开示和留存令的条例。

（j）一项有关为了在刑事诉讼中收集证据而任命法律代表的统一规则的指令。

【译者解读：第2条规定了本法的适用范围，并且解决了许多潜在的法律冲突问题。尤其值得注意的是本法不妨碍欧盟的版权和相关权利、消费者保护和产品安全、个人数据保护以及刑事和民事司法合作的许多相关法律的适用。】

第3条　定义

出于本条例的目的，应适用以下定义。

（a）"信息社会服务"是指（EU）2015/1535号指令第1条第1款（b）项所定义的"服务"。

（b）"服务接收者"是指任何使用中介服务的自然人或法人，特别是为了寻求信息或使得信息可用的自然人或法人。

（c）"消费者"是指为其行业、业务、技艺或职业以外的目的而行事的任何自然人。

（d）"在欧盟提供服务"是指使得一个或多个成员国的自然人或法人能够使用与欧盟有实质性联系的中介服务提供者的服务。

（e）"与欧盟的实质性联系"是指中介服务提供者与欧盟间的联系，这种联系是由其在欧盟的场所或由具体的事实标准而导致的，例如：

—— 在一个或多个成员国中，相对于成员国人口而言，有大量的服务接收者；或

—— 定向至一个或多个成员国的活动。

（f）"交易商"是指任何无论其为私有或公有，为了与其行业、业务、技艺或职业有关的目的而行事的自然人或法人，包括通过任何以其名义行事或代表其行事的人。

（g）"中介服务"指下列信息社会服务之一：

（i）"纯粹渠道"服务包括在通信网络中传输由服务接收者提供的信息，或者提供对通信网络的访问。

（ii）"缓存"服务包括在通信网络中传输由服务接收者提供的信息，以及自动、中继且临时地存储相应信息，且存储的唯一目的是在其他接收者要求时更有效地将信息传输给接收者。

（iii）"托管"服务包括应信息接收者要求，存储由其提供的信息。

（h）"非法内容"是指任何因其本身或因其与特定活动（包括产品销售或服务提供）有关，而不符合欧盟法律或任何符合欧盟法律的成员国法律的信息，无论相应法律的确切主体或性质如何。

（i）"在线平台"是指应服务接收者的要求向公众存储和传播信息的托管服务，除非相应活动是另一项服务的次要且纯粹附随的功能，或者是主要服务的次要功能，并且由于客观的和技术的原因，没有相应的服务这一托管服务就不能使用，并且将相应的功能或特性纳入其他服务不是规避本条例适用的手段。

（j）"在线搜索引擎"是指这样一种中介服务，其允许用户输入检索词，以便根据通过检索词、语音请求、短语或其他输入形式而进行的任何主题的查询，在原则上对所有网站或者对特定语言的所有网站进行搜索，并以任何格式返回与所请求内容有关的信息的结果。

（k）"向公众传播"是指应提供信息的服务接收者的要求，将信息提供给数量可能不受限的第三方。

（l）"远程合同"是指 2011/83/EU 号指令第 2 条第 7 款所定义的"远程合同"。

（m）"在线界面"指任何软件，包括网站或其部分，以及应用程序，包括移动应用程序。

（n）"场所所在地的数字服务协调员"是指中介服务提供者的主要场所所在地，或其法定代表居住地所在的，或其法定代表设立场所的成员国的数字服务协调员。

（o）"目的地的数字服务协调员"是指对其提供中介服务的成员国的数字服务协调员。

（p）"在线平台的活跃接收者"是指通过要求在线平台托管信息的服务接收者，或者是接触在线平台托管的信息、并通过其在线界面传播而与在线平台接触的服务接收者。

（q）"在线搜索引擎的活跃接收者"是指已向在线搜索引擎提交查询、并接触了其在线界面上的信息索引和展示的服务接收者。

（r）"广告"是指无论是否为了商业或非商业目的，由因展示相应信息而接受报酬的在线平台在其在线界面上展示，并且旨在宣传法人信息或自然人信息的信息。

（s）"推荐系统"是指在线平台用于在其在线界面上向服务接收者推荐具体信息或对相应信息进行优先排序的、完全地或部分地自动化的系统，包括作为服务接收者所发起的搜索的结果或者以其他方式确定所显示信息的相对顺序或突出位置。

（t）"内容审核"是指由中介服务提供者开展的活动，无论是否自动化，特别是旨在检测、识别和处理由服务接收者提供的非法内容或不符合其条款和条件的信息，包括采取影响相应非法内容或相应信息的可用性、可见性和可获得性的措施，如降级、取消、禁止访问或删除，或影响服务接收者提供相应信息的能力，如中止或终止接收者的账户。

（u）"用户协议"是指规范中介服务提供者和服务接收者之间的合同关系的所有条款，无论其名称或形式如何。

（v）"残障人士"是指欧盟议会和理事会 2019/882 号指令①第 3 条第 1 款提到的"残障人士"。

（w）"商业通讯"是指 2000/31/EC 号指令第 2 条（f）项中定义的"商业通讯"。

（x）"营业额"是指理事会条例（EC）139/2004 号②第 5 条第 1 款意义上的企业所得金额。

【译者解读：第 3 条是定义条款。其中大部分定义沿用了之前其他欧盟法律的定义。相对而言比较新颖、值得注意的是对推荐系统和内容审核的定义。这是本法新设的。】

第二章　中介服务提供者的责任
第 4 条　"纯粹渠道"

1. 如果提供的信息社会服务包括在通信网络中传输由服务接收者提供的信息，或者提供对通信网络的访问，在满足以下条件的情况下，

---

① 欧盟议会和理事会 2019 年 4 月 17 日关于产品和服务无障碍要求的（EU）2019/882 号指令（OJ L 151，7.6.2019，第 70 页）。

② 理事会 2004 年 1 月 20 日关于控制企业间集中的（EC）139/2004 号条例（OJ L 24，29.1.2004，第 1 页）。

服务提供者不应对所传输或访问的信息负责：

（a）没有启动传输；

（b）没有选择传输的接收者；以及

（c）没有选择或修改传输中包含的信息。

2. 第 1 款所述的传输和提供访问的行为包括所传输信息的自动的、中继的且临时的存储，只要相应信息仅出于在通信网络中进行传输的目的而进行，且信息的存储时间不长于传输所需的合理时间。

3. 本条不应妨碍司法或行政当局根据成员国的法律制度，要求服务提供者终止或防止违反条例的行为的可能性。

【译者解读：第 4 条规定了作为纯粹渠道的服务提供者的三个需要同时满足的免责条件。此外，第 4 条第 2 款也明确了此处免责适用于缓存经由渠道所提供的信息的情形。】

第 5 条　"缓存"

1. 如果提供的信息社会服务包括在通信网络中传输由服务接收者提供的信息，在满足以下条件的情况下，服务提供者不应对仅出于根据服务接收者的要求将信息更有效或更安全地传输给其他接收者而进行的，自动、中继且临时地存储相应信息负责：

（a）不修改信息；

（b）遵守获取信息的条件；

（c）遵守以行业广泛认可和使用的方式规定的、有关信息更新的规则；

（d）不干扰行业广泛认可和使用的技术的合法使用，以获取有关信息使用的数据；以及，

（e）在明知所传输的最初来源的信息已从网络中删除，或对其的访问已被禁止，或司法或行政当局已下令删除或禁止访问时，迅速采取行动删除或禁止访问其储存的信息。

2. 本条不应妨碍司法或行政当局根据成员国的法律制度，要求服务提供者终止或防止违反条例的行为的可能性。

【译者解读：第 5 条规定了缓存服务提供者的五个需要同时满足的免责条件。值得注意的是，相应提供者仍可能面临来自成员国当局的义务。】

第 6 条 托管

1. 如果提供的信息社会服务包括储存服务接收者提供的信息，在满足以下条件的情况下，服务提供者不应对应服务接收者要求而储存的信息负责：

（a）没有关于非法活动或非法内容的明确知情，并且就对于损害赔偿的请求而言，不了解使得非法活动或非法内容显然的事实或情况；或者

（b）获得此类知识后，迅速采取行动删除或禁止对非法内容的访问。

2. 如果服务接收者在提供者的授权或控制下行事，则第 1 款不适用。

3. 第 1 款不应适用于允许消费者与商家签订远程合同的在线平台在消费者保护法下的责任，如果相应在线平台介绍了具体的信息项目或者以其他方式促成了有争议的具体交易，且其使得平均水平的消费者相信相应信息或者作为交易对象的产品或服务是由在线平台本身或在其授权或控制下行事的服务接收者所提供的。

4. 本条不应妨碍司法或行政当局根据成员国的法律制度要求服务提供者终止或防止违反条例的行为的可能性。

【译者解读：第 6 条规定了托管服务提供者的两个需要同时满足的免责条件。值得注意的是，部分相关的提供者不能由此豁免其在消费者保护法下的义务。】

第 7 条 自愿的主动调查和法律遵从

中介服务提供者不应仅仅因其本着善意和尽职的态度，而对非法内容进行自愿的主动调查，或因而采取其他旨在检测、识别、删除或禁止访问非法内容的措施，或因而采取必要的、遵守欧盟法律和成员国法律

要求，包括本条例规定的要求的措施，而被视为没有资格享受第4、5和6条提到的免责。

【译者解读：第7条规定了纯粹渠道、缓存和托管这三类中介服务者不因其自愿的主动调查和法律遵从而不再满足免责的条件。】

第8条 没有一般性的监测义务或积极的事实调查义务

不应使中介服务提供者承担监测中介服务提供者传输或存储的信息的一般性义务，也不应使中介服务提供者承担积极地寻求表明非法活动的事实或情况的义务。

【译者解读：第8条规定了中介服务提供者不承担一般性的监测义务和积极性的调查义务，使其免于过重的负担。】

第9条 对非法内容采取行动的命令

1. 在收到有关成员国的司法或行政当局根据适用的欧盟法律或符合欧盟法律的成员国法律发出的、对一项或多项非法内容采取行动的命令后，中介服务提供者应当在没有无故拖延的情况下向发令当局或命令中指定的任何其他当局通知相应命令的执行情况，不得无故拖延，并说明相应命令是否得到执行和何时得到执行。

2. 成员国应确保，当第1款所述的命令被传送给提供者时，其至少符合以下条件：

（a）相应命令包含以下内容；

（i）提及相应命令在欧盟或成员国法律下的法律依据；

（ii）通过提及欧盟法律或符合欧盟法律的成员国法律的一项或多项具体规定，说明相应信息为非法内容的原因；

（iii）识别发令当局的信息；

（iv）使得中介服务提供者能够识别和找到有关的非法内容的明确信息，如一个或多个确切的统一资源链接，必要时还包括其他信息；

（v）有关中介服务提供者和提供内容的服务接收者可用的救济机制的信息；以及，

（vi）在适用的情况下，关于将收到有关命令的执行效果的当局的信息。

（b）根据欧盟和成员国法律的适用规则，包括《宪章》，以及相关情况下国际法的一般原则，相应命令的地域范围仅限于实现其目标所严格需要的范围。

（c）相应命令以中介服务提供者根据第11条第3款所宣布的语言之一或以发令当局和相应提供者商定的另外一种成员国官方语言传送，并按照第11条的规定发送到相应提供者指定的电子联络点。如果命令不是以中介服务提供者声明的语言或者以另一种双边商定的语言起草，相应命令可以用发令当局的语言传送，但必须至少附有译成提供者宣布的或双方商定语言的、本款（a）项和（b）项所列各项内容的译文。

3. 发令当局，或者在适用的情况下，其中指定的当局，应将相应命令以及从中介服务提供者处收到的、关于相应命令的执行情况的任何信息转递给发令当局成员国的数字服务协调员。

4. 在收到司法或行政当局的命令后，有关成员国的数字服务协调员应通过根据第85条建立的系统将本条第1款所述命令的副本转发给所有其他数字服务协调员，不得无故拖延。

5. 最迟在命令生效时，或在适用的情况下，最迟在发令当局在其命令中规定的时间，中介服务提供者应将收到的命令和对其的影响通知有关的服务接收者。根据第2款规定，向服务接收者提供的此类信息应包括原因说明、现有的救济可能性以及对命令的地域范围的描述。

6. 本条规定的条件和要求不应妨碍成员国的民事和刑事诉讼法。

【译者解读：第9条详细规定了对非法内容采取行动的命令的有关事项。既规定了中介服务提供者有采取行动的义务，也规定了成员国当局发令时应当包含的内容和应当采取的方式。】

第10条　提供信息的命令

1. 在收到有关成员国的司法或行政当局根据适用的欧盟法律或符合欧盟法律的成员国法律发出的、要求提供有关一个或多个具体的服务接收者的具体信息的命令后，中介服务提供者应当在没有无故拖延的情况下向发令当局或命令中指定的任何其他当局通知相应命令的执行情况，不得无故拖延，并说明相应命令是否得到执行和何时得到执行。

2. 成员国应确保，当第 1 款所述的命令被传送给提供者时，其至少满足以下条件：

（a）相应命令包含以下内容。

（i）提及相应命令在欧盟或成员国法律下的法律依据；

（ii）识别发令当局的信息；

（iii）清晰的、使得中介服务提供者能够识别所需其信息的具体接收者的信息，例如一个或多个账户名称，或者唯一的标识符；

（iv）除非由于与预防、调查、侦查和起诉刑事犯罪有关的原因而不能提供，一份解释要求提供信息的目的，以及解释为什么要求提供信息对于确定中介服务的接收者是否遵守适用的欧盟法律或符合欧盟法律的成员国法律是必要的和成比例的原因说明；

（v）关于提供者和有关的服务接收者可用的救济机制的信息；以及，

（vi）在适用的情况下，关于将收到有关命令的执行效果的当局的信息。

（b）相应命令只要求供应商提供已经为提供服务而收集的、在其控制范围内的信息。

（c）相应命令以中介服务提供者根据第 11 条第 3 款所宣布的语言之一或以发令当局和相应提供者商定的另外一种成员国官方语言传送，并按照第 11 条的规定发送到相应提供者指定的电子联络点。如果命令不是以中介服务提供者声明的语言或者以另一种双边商定的语言起草，相应命令可以用发令当局的语言传送，但必须至少附有译成所宣布或商定语言的、本款（a）项和（b）项所列各项内容的译文。

3. 发令当局，或者在适用的情况下，其中指定的当局，应将相应命令以及从中介服务提供者处收到的、关于相应命令的执行情况的任何信息转递给发令当局成员国的数字服务协调员。

4. 在收到司法或行政当局的命令后，有关成员国的数字服务协调员应通过根据第 85 条建立的系统将本条第 1 款所述命令的副本转发给所有其他数字服务协调员，不得无故拖延。

5. 最迟在命令生效时，或在适用的情况下，最迟在发令当局在其命令中规定的时间，中介服务提供者应将收到的命令和对其的影响通知有关的服务接收者。根据第 2 款规定，向服务接收者提供的此类信息应包括原因说明和现有的救济可能性。

6. 本条规定的条件和要求不应妨碍成员国的民事和刑事诉讼法。

【译者解读：第 10 条详细规定了提供信息的命令的有关事项。既规定中介服务提供者有配合提供的义务，也规定了成员国当局发令时应当包含的内容和应当采取的方式。】

第三章　为了透明和安全的在线环境的尽职义务
第一节　适用于所有中介服务提供者的规定

第 11 条　与成员国当局、欧盟委员会和数字服务监督委员会的联络点

1. 中介服务提供者应指定单一联络点，使其能够通过电子手段与成员国当局、欧盟委员会和第 61 条提到的数字服务监督委员会直接沟通，以适用本条例。

2. 中介服务提供者应公布便于识别其单一联络点并与其沟通的必要信息。相应信息应易于获取，并应保持更新。

3. 除了为尽可能多的欧盟公民所广泛理解的语言外，中介服务提供者应在第 2 款所述的信息中说明还可用于与其联络点沟通的一种或多种成员国官方语言，其中应至少包括中介服务提供者的主要场所所在或其法定代表居住或设立场所的成员国的一种官方语言。

【译者解读：第 11 条规定中介服务提供者应设立与本法各监管机关联络的联络点，并指定联络所用的官方语言。】

第 12 条　服务接收者的联络点

1. 中介服务提供者应指定单一联络点，使得服务接收者能够通过电子手段的、并且方便用户的方式与其直接、迅速地沟通，这包括允许服务接收者选择沟通的方式，这不应完全依赖于自动化工具。

2. 除了 2000/31/EC 号指令规定的义务外，中介服务提供者应公布便于服务接收者容易识别其单一联络点并与其沟通的必要信息。相应信息应易于获取，并应保持更新。

【译者解读：第 12 条规定中介服务提供者应设立与服务接收者联络的联络点，联络不应完全依赖自动化工具。】

第 13 条 法定代表

1. 在欧盟没有场所但在欧盟提供服务的中介服务的提供者应书面指定其提供服务的成员国之一内部的一名法人或自然人为其法定代表。

2. 中介服务提供者应授权其法律代表，以便在接收、遵守和执行与本条例有关的决定所需的所有问题上，成员国当局、欧盟委员会和数字服务监督委员会可以与提供者一同，或者在提供者之外对相应代表行事。中介服务提供者应向其法律代表提供必要的权力和足够的资源，以保证相应代表与成员国主管当局、欧盟委员会和数字服务监督委员会进行有效和及时的合作，并遵守这些决定。

3. 指定的法定代表可能因不遵守本条例的义务而承担责任，但这不妨碍可能对中介服务提供者提起的责任和法律诉讼。

4. 中介服务提供者应将其法定代表的姓名、地址、电子邮件地址和电话号码通知相应法定代表所居住或设立场所的成员国的数字服务协调员。提供者应确保相应信息是公开的、容易获得的、准确的和最新的。

5. 根据第 1 款指定的在欧盟的法定代表不构成其在欧盟的场所。

【译者解读：第 13 条规定中介服务提供者应设立与履行和承担本法义务与责任的法定代表。此外，法定代表不构成服务提供者在欧盟的场所。】

第 14 条 用户协议

1. 中介服务提供者应在其用户协议中说明其对使用其服务的接收者提供的信息所施加的任何限制。相应信息应包括关于为内容审核目的而使用的任何政策、程序、措施和工具的信息，包括算法决策和人工审查，及其内部投诉处理系统的程序规则。这些信息应以清晰、明了、易懂、方便用户和不含糊的语言列出，并应以易于获取和机器可读的格式公开提供。

2. 中介服务的提供者应通知服务接收者用户协议的任何重大变化。

3. 如果一项中介服务以未成年人为主要目标或主要由其使用，相应的中介服务提供者应以未成年人能够理解的方式解释使用相应服务的条件和任何限制。

4. 中介服务提供者在适用和执行第 1 款所述的限制时，应以尽职、客观和成比例的方式行事，并适当考虑有关各方的权利和合法利益，包括服务接收者的基本权利，例如言论自由、媒体的自由和多元化，以及《宪章》规定的其他基本权利和自由。

5. 超大型在线平台或超大型在线搜索引擎的提供者应以清晰明确的语言，向服务接收者提供简明、易于获取和机器可读的用户协议摘要，包括可用的救济措施和纠正机制。

6. 第 33 条意义上的超大型在线平台或超大型在线搜索引擎应以其提供服务的所有成员国的官方语言公布其用户协议。

【译者解读：第 14 条规定了中介服务提供者应向其服务接收者展示的用户协议的内容和展示方式。需要注意具体场景中可能还存在年龄适配、提供摘要和语言适配的义务。】

第 15 条　中介服务提供者的透明报告义务

1. 中介服务提供者应至少每年一次以机器可读的格式和容易获取的方式公开提供清晰、易懂的报告，说明其在相关时期实施的任何内容审核。特别地，如果适用，相应报告应包括以下方面的信息：

（a）对中介服务提供者而言，从成员国当局收到的命令的数量，包括根据第 9 条和第 10 条发出的命令，并按有关非法内容的类型、发出命令的成员国，以及通知发令当局或命令指定的任何其他当局收到和执行命令所需期间的中位数分类；

（b）对托管服务的提供者而言，根据第 16 条所提交的通知数量，并按涉嫌非法的有关内容的类型，受信任报告者提交的通知数量，根据通知而采取的、区分是基于法律还是基于其用户协议的行动，使用自动化手段处理的通知数量以及采取行动所需期间的中位数分类；

（c）对中介服务提供者而言，应提供有意义和可理解的信息，说明由提供者主动进行的内容审核，包括自动工具的使用，为负责内容审核的人员提供培训和援助而采取的措施，影响服务接收者提供的信息的可用性、可见性和可及性以及影响接收者通过服务提供信息的能力的措施的数量和类型，以及其他相关的、对服务的限制。报告信息应按非法内容的类型或对服务提供者用户协议的违反的类型、检测方法和实施的限制类型分类；

（d）对中介服务提供者而言，根据其用户协议、通过内部投诉处理系统收到的投诉的数量，此外，对于在线平台的提供者而言，根据第20条的相应投诉的依据、就这些投诉做出的决定、做出这些决定所需的期间的中位数以及这些决定被推翻的情况；以及，

（e）为内容审核目的而使用的任何自动化手段，包括其定性描述、对其准确目的的说明、为实现相应目的而使用的自动化手段的准确性和可能的错误率指标，以及所适用的任何保障措施。

2. 本条第1款不应适用于属于2003/361/EC号建议定义的微型或小型企业、并且不属于本条例第33条所指的超大型在线平台的中介服务提供者。

3. 欧盟委员会可通过实施细则规定有关本条第1款规定的报告的形式、内容和其他细节的模板，包括统一的报告期。这些实施细则应按照第88条所述的咨询程序通过。

【译者解读：第15条详细规定了不同类型的中介服务提供者需要在其透明度报告中披露的、有关其内容审核的各方面信息。】

第二节　适用于包括在线平台在内的托管服务提供者的补充规定
第16条　通知和行动机制

1. 托管服务的提供者应建立允许任何个人或实体在其服务中通知相应个人或实体认为属于非法内容的特定信息的机制。这些机制应易于

访问、易于使用、并允许完全通过电子方式提交通知。

2. 第 1 款所指的机制应便于提交足够准确和根据充分的通知。为此，提供者应采取必要措施，促成并便利提交包含以下所有要件的通知：

（a）个人或实体认为有关信息为非法内容的根据的充分说明；

（b）明确指出相应信息的电子位置，尤其是一个或多个确切的统一资源标识符，并在必要时提供补充信息，以便根据内容类型和具体的托管服务类型识别非法内容；

（c）提交通知的个人或实体的名称和电子邮件地址，但被视为涉及 2011/93/EU 号指令第 3 至 7 条所述的违法行为之一的信息除外；以及，

（d）确认提交通知的个人或实体善意地相信其中所包含的信息和指控是准确和完整的声明。

3. 本条所指的通知，如果其使得尽职的托管服务提供者在不进行详细法律审查的情况下确定有关活动或信息的非法性，应被视为引起第 6 条所指的、对有关具体信息项目的明确知情或了解。

4. 如果通知载有提交通知的个人或实体的电子联系信息，托管服务提供者应在没有无故拖延的情况下，向相应个人或实体发送收到通知的确认函。

5. 提供者还应在没有无故拖延的情况下，将其对通知所涉信息的决定通知相应的个人或实体，并提供关于对相应决定进行救济的可能性的信息。

6. 托管服务提供者应及时、尽职、非专断和客观地处理其在第 1 款所述机制下收到的任何通知，并就通知所涉信息做出决定。如果其使用自动化手段进行处理或决策，则其应在第 5 款所述的通知中包括有关使用相应手段的信息。

【译者解读：第 16 条规定了平台责任领域经典的通知和行动机制。需要注意的是如果收到符合本条第 3 款要求的通知，中介服务提供者将被视为对相应的非法活动或非法信息明确知情。】

第 17 条 原因说明

1. 托管服务提供者应向任何受影响的服务接收者提供一份明确和

具体的原因说明，说明以服务接收者提供的信息是非法内容或不符合其用户协议为由，而实施的任何下列限制：

（a）对服务接收者提供的特定信息项目的可见性的任何限制，包括删除内容、禁止访问内容或降低内容等级；

（b）中止、终止或以其他方式限制货币支付；

（c）全部或部分地中止或终止提供服务；或者，

（d）中止或终止服务接收者的账户。

2. 第 1 款应仅适用于已知的提供者的相关电子联络方式。无论为何施加限制或如何施加限制其最迟应从施加限制的日期起适用。

如果信息是大量的、欺诈性的商业内容，则第 1 款不适用。

3. 第 1 款提到的原因说明至少应包含以下信息：

（a）提供信息，说明相应决定是否意味着删除、禁止获取、降低或限制相应信息的可见性，或者中止或终止与相应信息有关的货币支付，或对相应信息采取第 1 款所述的其他措施，并在相关情况下说明相应决定的地域范围和期限；

（b）做出决定所依据的事实和情况，包括在相关情况下，说明相应决定是根据按照第 16 条提交的通知做出，还是根据自愿的主动调查做出，以及在严格地必要的情况下，说明通知者的身份；

（c）在适用的情况下，关于在做出决定时使用的自动化手段的信息，包括关于相应决定是否是针对使用以自动化手段检测或识别的内容做出的信息；

（d）如果决定涉及涉嫌非法的内容，应提及相应的法律依据，并解释为什么基于相应的理由认为相应信息是非法内容；

（e）如果决定是基于信息不符合托管服务提供者的用户协议，则应提及所依赖的合同法理由，并解释为什么相应信息被认为与该理由不相容；以及，

（f）提供明确和方便用户的信息，说明服务接收者可就决定寻求救济的可能性，特别是在适用的情况下通过内部投诉处理机制、庭外争议解决和司法寻求救济。

4. 托管服务提供者根据本条规定提供的信息应清晰易懂，并在特定情况下尽可能准确和具体。这些信息尤其应当合理地使得有关服务的

接收者能够有效地行使第 3 款（f）项所述的救济可能性。

5. 本条不适用于任何第 9 条中提到的命令。

【译者解读：第 17 条规定了在涉及非法内容或非法活动，而对服务接收者采取措施时需要提供的原因说明。本条可以视为对私权力行使的正当程序规范。】

第 18 条　涉嫌刑事犯罪的通知

1. 如果托管服务提供者了解到任何信息，从而怀疑已经发生、正在发生或可能发生涉及威胁个人生命或安全的刑事犯罪，则应迅速将其怀疑通知有关成员国的执法或司法当局，并提供所有可用的相关信息。

2. 如果托管服务提供者不能合理地确定有关的成员国，则应通知其场所所在的成员国或其法定代表居住或设立场所地的执法当局，或通知欧洲刑警组织，或两者兼而行之。

就本条而言，有关成员国应是涉嫌发生、正在发生或可能发生犯罪的成员国，或者是犯罪嫌疑人居住或所在的成员国，或者是犯罪嫌疑人的受害者居住或所在的成员国。

【译者解读：第 18 条规定了涉嫌刑事犯罪时需要通知执法或司法当局的知情门槛。】

第三节　适用于在线平台的补充规定
第 19 条　微型和小型企业例外

1. 除其中第 24 条第 3 款外，本节不应适用于符合 2003/361/EC 号建议定义的微型或小型企业在线平台供应商。

除其中第 24 条第 3 款外，在其根据第 4 条第 2 款失去相应资格后的 12 个月内，本节不应适用于符合 2003/361/EC 号建议定义的微型或小型企业、并且不属于本条例第 33 条所指的超大型在线平台的中介服务提供者。

2. 通过对本条第 1 款的克减，本节应适用于根据第 33 条被指定为超大型在线平台的在线平台提供者，而不论其是否符合微型或小型企业的条件。

【译者解读：第 19 条规定了欧盟新兴领域立法中通行的，对微型和小型企业的义务豁免。】

第 20 条　内部投诉处理系统

1. 在线平台提供者应在本款所述决定做出后的至少六个月内，向服务接收者，包括提交通知的个人或实体提供有效的内部投诉处理系统，使其能够通过电子方式免费地对在线平台提供者在收到通知后做出的决定提出申诉，或者通过电子方式免费地对在线平台提供者以接收者提供的信息构成非法内容或不符合其用户协议为由做出的决定提出申诉。

（a）决定是否删除或禁用对信息的访问或限制其可见性。

（b）决定是否中止或终止向接收者提供全部或部分的服务。

（c）决定是否中止或终止收件人的账户。

（d）决定是否中止、终止或以其他方式限制收件人提供的信息的变现能力。

2. 本条第 1 款所指的至少 6 个月的期限，应从接受服务者根据第 16 条第 5 款或第 17 条被告知有关决定之日开始。

3. 在线平台的提供者应确保其内部投诉处理系统易于使用，对用户友好，能够并促进提交足够准确和充分证实的投诉。

4. 在线平台的提供者应及时、不歧视、尽职、不专断地处理通过其内部投诉处理系统提交的投诉。如果投诉包含足够的理由，使在线平台提供者认为其不对通知采取行动的决定是没有根据的，或者投诉所涉及的信息并不违法、也不违反其用户协议，或者包含表明投诉人的行为不值得采取措施的信息，其应没有无故拖延地推翻第 1 款提到的决定。

5. 在线平台的提供者应在没有无故拖延的情况下，将其对投诉相关信息的合理决定以及第 21 条规定的庭外争议解决的可能性和其他可利用的救济办法通知投诉人。

6. 在线平台的提供者应确保第 5 款中提到的决定是在有适当资格的工作人员监督下做出的，而不是仅仅基于自动化的手段。

【译者解读：第 20 条规定了在线平台提供者应当提供内部投诉处理系统，并且规定了处理投诉的时限、方式和条件。在此基础上可以对涉投诉方采取禁止访问、终止账户、限制变现等措施。不能仅基于自动化方式采取措施，而是需要引入人的监督。】

第 21 条　庭外争议解决

1. 第 20 条第 1 款所述的决定所涉及的服务接收者，包括提交通知的个人或实体，应有权选择根据本条第 3 款获得认证的任何庭外争议解决机构，以解决与这些决定有关的争议，包括未能通过相应条款所述的内部申诉处理系统解决的投诉。

在线平台的提供者应确保在其在线界面上方便地提供第一段所述的、关于服务接收者有可能获得庭外争议解决的信息，并使其清晰且便于使用。

第一段不妨碍有关的服务接收者在任何阶段根据适用的法律向法院提起诉讼，也不妨碍对在线平台提供者的这些决定提出异议的权利。

2. 双方应真诚地与选定的、经认证的庭外争议解决机构接触，以期解决争议。

如果已经就相同的信息和相同的、涉嫌非法内容或不相容内容的理由解决了争议，在线平台提供者可以拒绝与相应的庭外争议解决机构接触。

经认证的庭外争议解决机构无权将有约束力的争议解决方案强加给当事方。

3. 庭外争议解决机构所在成员国的数字服务协调员应根据其要求对相应机构进行认证，最长期限为 5 年并可延期，只要相应机构证明其符合以下所有条件：

（a）其公正、独立，包括在财务上独立于在线平台的提供者和在线平台提供者为之提供服务的接收者，包括提交通知的个人或实体；

（b）在非法内容的一个或多个特定领域出现的问题的方面，或在一个或多个类型的在线平台的用户协议的应用和执行方面，其具有必要的、使得相应各方能够有效地促进争议的解决的专业知识；

（c）其成员报酬不与程序的结果挂钩；

（d）其所提供的庭外争议解决方式很容易通过电子通信技术获得，并且提供了启动争议解决和在线提交必要证明文件的可能性；

（e）其能够以迅速、有效且具有成本效益，并且至少使用欧盟当局的官方语言之一的方式解决争议；以及，

（f）其所提供的庭外争议解决方法按照明确和公平的程序规则进行，这些规则应便于公众查阅，并符合适用的法律，包括本条例。

数字服务协调员应在适用的情况下，在认证中说明：

（a）第一段（b）项中提到的相应机构的专业知识所涉及的特定方面；以及

（b）第一段（e）项提到的相应机构能够以之解决争议的欧盟机构的一种或多种官方语言。

4. 经认证的庭外争议解决机构应每年向对其认证的数字服务协调员报告其运作情况，至少应说明其收到的争议数量、有关这些争议的结果的信息、解决这些争议的平均期间以及遇到的任何缺陷或困难。其应在相应数字服务协调员的要求下提供补充信息。

数字服务协调员应每两年就其认证的庭外争议解决机构的运作情况起草一份报告。相应报告尤其应：

（a）列出每个经认证的庭外争议解决机构每年收到的争议数量；

（b）说明提交给这些机构的程序的结果以及解决争议所需的平均期间；

（c）确定并解释在这些机构的运作方面遇到的任何系统性的或行业性的缺点或困难；

（d）确定有关相应运作的最佳实践；以及，

（e）酌情就如何改善相应运作提出建议。

经认证的庭外争议解决机构应在合理时间内，且在不迟于收到申诉后的 90 个日历日内，将其决定提交给各方。对于高度复杂的争议，经认证的庭外争议解决机构可自行决定将 90 个日历日的期限再延长一段时间，但不得超过 90 日，因此总期限最长为 180 日。

5. 如果庭外争议解决机构对争议的裁决有利于服务接收者，包括提交通知的个人或实体，则在线平台提供者应承担庭外争议解决机构收取的所有费用，并应向相应接收者，包括相应的个人或实体，补偿其为

解决争议而支付的任何其他合理费用。如果庭外争议解决机构对争议做出有利于在线平台提供者的裁决，则不应要求服务接收者，包括相应的个人或实体，补偿在线平台提供者为解决争议而支付或将要支付的任何费用或其他开支，除非庭外争议解决机构认定相应接收者明显具有恶意的行为。

庭外争议解决机构向在线平台提供者收取的争议解决费用应是合理的，并且在任何情况下都不应超过相应机构的成本。对于服务接收者，应免费地或以名义上的费用提供争议解决。

经认证的庭外争议解决机构应在参与争议解决之前将费用或用于确定费用的机制告知服务接收者，包括提交通知的个人或实体，并告知有关的在线平台提供者。

6. 成员国可为第 1 款的目的建立庭外争议解决机构，或支持其根据第 3 款认证的部分或所有庭外争议解决机构的活动。

成员国应确保其根据第一段开展的任何活动不妨碍其数字服务协调员根据第 3 款对有关机构进行认证的能力。

7. 已对庭外争议解决机构进行认证的数字服务协调员，如果在主动或根据第三方提供的信息进行调查后，确定相应的庭外争议解决机构不再符合第 3 款规定的条件，则应撤销相应认证。在撤销相应认证之前，数字服务协调员应使得相应机构有机会对其调查结果和撤销庭外争议解决机构认证的意图做出反应。

8. 数字服务协调员应向欧盟委员会通知其根据第 3 款认证的庭外争议解决机构，包括相应条款第二段所述的具体说明，及其已撤销认证的庭外争议解决机构。欧盟委员会应在一个易于访问的专门网站上公布这些机构的名单，包括相应的具体说明，并保持更新。

9. 本条不妨碍 2013/11/EU 号指令以及根据相应指令而设立的消费者争议的替代性解决程序和实体。

【译者解读：第 21 条详细规定了在线平台和服务接收者间如何通过庭外争议解决机制，解决有关投诉和基于投诉的决定的争议。不仅明确了庭外争议解决机构如何设立和获得认证，应当如何运作和解决争议，也明确了在线平台和服务接收者应当如何与相应机构接触。】

第22条　受信报告者

1. 在线平台的提供者应采取必要的技术和组织措施，确保在其指定的专业领域内行事的受信报告者通过第 16 条所述机制提交的通知得到优先考虑，并在没有不当延误的情况下得到处理和决定。

2. 本条例规定的"受信报告者"资格，应当根据任意实体的申请，而由申请人所在的成员国的数字服务协调员授予已证明其符合下列所有条件的申请人：

（a）其在检测、识别和通知非法内容方面具有特殊的专业知识和能力；

（b）其独立于任何在线平台的提供者；以及，

（c）其尽职、准确和客观地开展其提交通知的活动。

3. 受信报告者应至少每年发布一次关于在相关时期内根据第 16 条提交的通知的易于理解的详细报告。相应报告应至少列出按以下分类的通知数量：

（a）托管服务提供者的身份。

（b）所通知的涉嫌非法内容的类型。

（c）提供者采取的行动。

这些报告应包括对现有程序的解释，以确保受信报告者保持其独立性。

受信报告者应将这些报告发送给授予其资格的数字服务协调员，并应将其公开。这些报告中的信息不应包含个人数据。

4. 数字服务协调员应向欧盟委员会和理事会通知其根据第 2 款授予受信报告者资格的实体的名称、地址和电子邮件地址，以及其根据第 6 款而中止其资格、或根据第 7 款而撤销其资格的受信报告者的名称、地址和电子邮件地址。

5. 委员会应在一个公开的数据库中公布第 4 款中提到的信息，其格式应易于获取和机器可读，并应保持最新状态。

6. 如果在线平台提供者有信息表明，包括通过第 20 条第 4 款所述的内部投诉处理系统处理投诉时收集的信息而表明，受信报告者通过第 16 条所述的机制提交了大量不够精确、不准确或缺乏根据的通知，其应将相应信息告知授予有关实体受信任报告者资格的数字服务协调员，并提供必要的解释和证明文件。在收到在线平台提供者的信息后，如果数字服务协调员认为有合法的理由进行调查，在调查期间应中止受信报告者资格。相应调查应当在没有不当拖延的情况下进行。

7. 如果数字服务协调员在主动进行调查后，或根据从第三方收到的信息，包括在线平台提供者根据第 6 款提供的信息，确定特定实体不再符合第 2 款规定的条件，则授予相应实体可信报告者资格的数字服务协调员应终止相应资格。在终止相应资格之前，数字服务协调员应使得相应实体有机会对其调查结果和撤销相应实体受信任报告者资格的意图做出反应。

8. 必要时，欧盟委员会应在征求数字服务监督委员会的意见以后发布指南，以协助在线平台的提供者和数字服务协调员适用第 2 款、第 6 款和第 7 款。

【译者解读：第 22 条详细规定了受信报告者机制，包括受信报告者的资格条件、义务和权利，以及数字服务协调员审批、中止或终止其资格条件的程序和方式等。】

第 23 条　防止滥用的保障和措施

1. 在线平台的提供者应在其发出事先警告后，并在合理的时间段内，中止向经常提供明显非法内容的服务接收者提供其服务。

2. 在线平台的提供者应在发出事先警告后，并在合理的时间段内，中止处理经常提交明显没有根据的通知或投诉的实体或投诉人通过第 16 条和第 20 条分别所述的通知和行动机制以及内部投诉处理系统所提交的通知和投诉。

3. 在做出中止决定时，在线平台的提供者应根据其掌握的所有相关事实和情况，逐案、及时、尽职和客观地评估接收者、个人、实体或投诉人是否参与了第 1 款和第 2 款中提到的滥用行为。相应情况应至少包括以下内容：

（a）过去一年中提交的明显非法内容或明显没有根据的通知或投诉的绝对数量；

（b）其在特定的时间范围内提供的信息或提交的通知的总数所占

的相对比例；

（c）滥用的严重性，包括非法内容的性质，及其后果；以及，

（d）在可以确定的情况下，服务的接收者、个人、实体或投诉人的意图。

4. 在线平台的提供者应在其用户协议中以明确和详细的方式规定其关于第 1 款和第 2 款所述滥用行为的政策，并应举例说明其在评估特定行为是否构成滥用行为时所考虑的事实和情况，以及中止的期限。

【译者解读：第 23 条规定了在线平台提供者针对滥用投诉的实体的认定考量、处理方式和信息披露。】

第 24 条　在线平台提供者的透明度报告义务

1. 除第 15 条述及的信息外，在线平台的提供者还应在第 15 条所述的报告中包括以下信息：

（a）提交给第 21 条所述的庭外争议解决机构的争议数量、争议解决的结果和完成争议解决程序所需的期间的中位数，以及在相应机构所决定的争议中，在线平台予以执行的比例；以及，

（b）根据第 23 条实施的中止的数量，区分因提供明显非法内容、提交明显没有根据的通知和提交明显没有根据的投诉而实施的中止。

2. 至 2023 年 2 月 17 日时，以及此后至少每六个月一次，提供者应在其在线界面的一个公开部分公布有关其相应服务在欧盟内的平均月活跃接收者的信息，相应信息是过去六个月期间的平均值，并按照第 33 条第 3 款所述的授权法案，如果相应授权法案已经通过，按其中的方法而计算。

3. 在线平台或在线搜索引擎的提供者应根据场所所在地的数字服务协调员和欧盟委员会的要求，在没有无故拖延的情况下，向其通知第 2 款所述的信息，并将其更新至所相应要求的时刻。相应的数字服务协调员或欧盟委员会可要求在线平台或在线搜索引擎的提供者提供与第 2 款所述计算有关的额外信息，包括对所使用数据的解释和实质化。相应信息不应包括个人数据。

4. 当场所所在地的数字服务协调员有理由认为根据本条第 2 款和

第 3 款收到的信息，在线平台或在线搜索引擎的提供者达到了第 33 条第 1 款规定的联盟中服务的平均月活跃接收者的门槛，其应将此通知欧盟委员会。

5. 在线平台的提供者应在没有无故拖延的情况下，向欧盟委员会提交第 17 条第 1 款中提到的决定和原因说明，以便纳入由委员会管理的、可公开访问的机器可读的数据库。在线平台的提供者应确保所提交的信息不包含个人数据。

6. 欧盟委员会可通过实施细则规定有关本条第 1 款规定的报告的形式、内容和其他细节的模板。这些实施细则应按照第 88 条所述的咨询程序通过。

【译者解读：第 24 条规定了在线平台的提供者有关投诉处理、庭外争议解决和滥用投诉处理的透明度义务报告。】

第 25 条 在线界面的设计和组织

1. 在线平台的提供者不得以欺骗或操纵其服务接收者的方式设计、组织或运行其在线界面，或以其他方式实质性地扭曲或损害其服务接收者做出自由和知情决定的能力。

2. 第 1 款的禁止性规定不应适用于 2005/29/EC 号指令或（EU）2016/679 号条例所涵盖的实践。

3. 欧盟委员会可就第 1 款如何适用于具体实践发布指南，特别是：

（a）在要求接受服务者做出决定时，对特定选项予以突出；

（b）在已经做出选择的情况下，反复要求服务接收者做出选择，特别是通过呈现干扰用户体验的弹窗的方式；或者，

（c）使得终止服务的程序比订阅服务更困难。

【译者解读：第 25 条是对中介服务提供者采取暗黑模式的界面设计的限制。为未来进一步规制三类暗黑模式留下了空间。】

第 26 条 在线平台上的广告

1. 在其在线界面上展示广告的在线平台提供者应确保对于展示给

每一个体接收者的每则特定的广告而言，相应接收者都能够以清晰、简明和明确的方式实时识别以下内容：

（a）相应信息是一则广告，包括通过突出的标记而识别，这可能是根据第44条规定的标准；

（b）代表其发布广告的自然人或法人；

（c）为广告付费的自然人或法人，如果此人不同于（b）项中所述的自然人或法人；以及，

（d）从广告中直接且容易地获得的、有关用于确定广告呈现给接收者对象的主要参数的信息，并且如果适用，从广告中直接且容易地获得的、有关如何改变这些参数的信息。

2. 在线平台的提供者应向服务接收者提供一种功能，用以声明接收者提供的内容是否属于或是否包含商业通讯。

当服务接收者根据本款规定提交声明时，在线平台提供者应确保服务的其他接收者能够以明确和毫不含糊的方式实时识别，包括通过可能是遵从第44条规定的标准的突出标记，识别服务接收者提供的内容属于或包含相应声明所述的商业通讯。

3. 在线平台的提供者不得根据使用了（EU）2016/679号条例第9条第1款所述的特殊类别的个人数据的、由（EU）2016/679号条例第4条第4项定义的画像向服务接收者展示广告。

【译者解读：第26条规定了在线平台的提供者有关在线广告的信息披露义务，主要包括是否为广告、发布方信息、付费方信息和广告推送的参数信息。】

第27条　推荐系统的透明度

1. 使用推荐系统的在线平台提供者应在其用户协议中以通俗易懂的语言列出其推荐系统中使用的主要参数，以及服务接收者修改或影响这些主要参数的任何选项。

2. 第1款中提到的主要参数应解释为什么向服务接收者建议特定信息，其应至少包括：

（a）在确定向服务接收者建议的信息方面最重要的标准；以及

（b）这些参数的相对重要性的原因。

3. 如果根据第 1 款针对展示给服务接收者的信息的相对顺序的推荐系统提供了若干种选择，在线平台的提供者还应当提供一种使得服务接收者能够随时选择并修改其首选选项的功能。相应功能应当能够从在线平台的在线界面中对信息进行优先排序的特定部分直接且方便地访问。

【译者解读：第 27 条详细规定了推荐系统的算法如何实现透明度。主要是披露推荐信息的参数和权重。】

第 28 条　对未成年人的在线保护

1. 未成年人可以使用的在线平台的提供者应采取适当且成比例的措施，以确保未成年人在其服务中享有高水平的隐私、安全和保障。

2. 在线平台提供者在合理地确定服务接收者是未成年人的情况下，不得在其界面上根据使用了个人数据的、由（EU）2016/679 号条例第 4 条第 4 项定义的画像向服务接收者展示广告。

3. 遵守本条所规定的义务不应迫使在线平台的提供者为评估服务接收者是否属于未成年人而处理额外的个人数据。

4. 欧盟委员会可在征求数字服务监督委员会的意见以后发布指南，以协助在线平台的提供者适用第 1 款。

【译者解读：第 28 条规定了在线平台的提供者有关未成年人保护的更高程度的义务。既包括对画像和其他的个人数据处理的限制，也为未来的制度完善留下了空间。】

第四节　适用于允许消费者与交易商签订远程合同的
在线平台提供者的补充规定
第 29 条　微型和小型企业例外

1. 本节不应适用于允许消费者与符合 2003/361/EC 号建议定义的微型或小型企业交易商签订远程合同的在线平台提供者。

在其根据相应建议第 4 条第 2 款失去相应资格后的 12 个月内，本节不应适用于允许消费者与先前属于 2003/361/EC 号建议所定义的微型或小型企业、并且不属于本条例第 33 条所指的超大型在线平台的相应交易商签订远程合同的在线平台提供者。

2. 通过对本条第 1 款的克减，本节应适用于允许消费者与根据第 33 条被指定为超大型在线平台的交易商签订远程合同的在线平台提供者，而不论其是否符合微型或小型企业的条件。

【译者解读：第 29 条也是对微型和小型企业的豁免。同时，设置了避免超大型在线平台通过设立微型和小型关联企业规避其义务的条款。】

第 30 条　交易商的可追溯性

1. 允许消费者与交易商签订远程合同的在线平台提供者应确保只有在交易商出于相应目的使用其服务之前提供者即已获得以下信息（如果适用）时，交易商方可使用相应在线平台向位于欧盟的消费者宣传信息或提供产品或服务：

（a）交易商的名称、地址、电话号码和电子邮件地址。

（b）交易者的身份证明文件或欧盟议会和理事会 910/2014 号条例①第 3 条规定的任何其他电子身份证明的副本。

（c）交易商的支付账户细节。

（d）如果商户在贸易登记册或类似的公共登记册中登记，则应提供相应商户所登记的贸易登记册及其登记号码或相应登记册中的同等识别手段。

（e）商家的自我证明，承诺只提供符合适用的欧盟法律规则的产品或服务。

2. 在收到第 1 款所述的信息并允许有关交易商使用其服务之前，允许消费者与交易商签订远程合同的在线平台提供者应通过使用成员国或欧盟提供的任何可自由访问的官方在线数据库或在线界面，或者通过要求交易商提供可靠来源的证明文件，尽最大努力评估第 1 款（a）至（e）项所述的信息是否可靠和完整。为了本条例的目的，交易商应对

---

① 欧盟议会和理事会 2014 年 7 月 23 日关于内部市场电子交易的电子识别和信托服务并废除 1999/93/EC 号指令的 910/2014 号条例（OJ L 257, 28.8.2014，第 73 页）。

所提供信息的准确性负责。

至于 2024 年 2 月 17 日时已经在使用允许消费者为第 1 款所述目的与交易商签订远程合同的在线平台提供者的服务的交易商，提供者应尽最大努力在 12 个月内从有关交易商那里获得所述的信息。如果有关交易商未能在相应期限内提供信息，提供者应中止向这些交易商提供服务，直到其提供所有信息。

3. 如果允许消费者与商家签订远程合同的在线平台的提供者获知足够的迹象或有理由相信从有关商家获得的第 1 款所述的任何信息不准确、不完整或不是最新的，相应提供者应要求相应商家立即或在欧盟和成员国法律规定的期限内纠正这种情况。

如果商家未能纠正或补全相应信息，允许消费者与商家签订远程合同的在线平台提供者应迅速中止向相应商家提供与向位于欧盟的消费者提供产品或服务有关的服务，直至相应要求得到完全遵守。

4. 在不妨碍（EU）2019/1150 号条例第 4 条的情况下，如果允许消费者与商家签订远程合同的在线平台提供者拒绝允许商家根据本条第 1 款使用其服务，或根据本条第 3 款中止提供其服务，有关商家应有权按照本条例第 20 和 21 条的规定提出投诉。

5. 允许消费者与商家签订远程合同的在线平台提供者应以安全的方式，在与相关商家合同关系结束后的六个月内储存根据第 1 和第 2 款获得的信息。其随后应删除相应的信息。

6. 在不妨碍本条第 2 款的情况下，允许消费者与商家签订远程合同的在线平台提供者只应在根据适用法律要求的情况下向第三方披露信息，包括第 10 条所述的命令以及成员国主管当局或欧盟委员会为履行本条例规定的任务而发布的任何命令。

7. 允许消费者与交易商签订远程合同的在线平台的提供者应在其在线平台上以清晰、容易获得和可理解的方式向服务接收者提供第 1 款（a）、（d）和（e）项所述的信息。相应信息至少应在在线平台展示有关产品或服务的信息的在线界面上提供。

【译者解读：第 30 条详细规定了出于消费者保护原则而设置的交易商可追溯性义务，主要包括注册身份、留存信息和展示信息的

要求。】

第 31 条　通过设计而合规

1. 允许消费者与交易商签订远程合同的在线平台提供者应确保其在线界面的设计和组织方式使得交易商能够遵守适用的欧盟法律规定的关于合同前信息、合规和产品安全信息的义务。

特别地，有关提供者应确保其在线界面能够让交易商提供（EU）2019/1020 号条例第 3 条第（13）项和欧盟其他法律规定的经济经营者的名称、地址、电话号码和电子邮件地址信息。

2. 允许消费者与交易商签订远程合同的在线平台提供者应确保其在线界面的设计和组织方式至少能够让交易商提供以下内容：

（a）为明确和毫不含糊地识别通过提供者的服务而向欧盟境内的消费者推广或提供的产品或服务所需的信息；

（b）识别交易商的任何标志，如商标、符号或标识；以及，

（c）在适用情况下，有关标签和标识的信息符合所适用的、欧盟法律关于产品安全和产品合规的规则。

3. 在允许相应交易商在其平台上提供其产品或服务之前，允许消费者与交易商签订远程合同的在线平台的提供者应尽最大努力，评估相应交易商是否已提供第 1 款和第 2 款所述的信息。在允许交易商在其允许消费者与交易商签订远程合同的在线平台上提供产品或服务后，提供者应做出合理努力，在任何官方的、可自由访问的、机器可读的在线数据库或在线界面中随机检查所提供的产品或服务是否已被认定为非法。

【译者解读：第 31 条规定了在线平台的提供者应当以便利交易商履行其信息披露义务的方式来设计其界面。同时，相应提供者也有合理程度的、检查交易商产品或服务合法性的义务。】

第 32 条　获得信息的权利

1. 如果允许消费者与商家签订远程合同的在线平台提供者意识到商家通过其服务向位于欧盟的消费者提供非法产品或服务，无论采用何种方式，相应提供者应在掌握其联系方式的情况下，向通过其服务购买

相应非法产品或服务的消费者告知以下情况：

（a）相应产品或服务是非法的这一事实。

（b）交易商的身份；以及，

（c）任何相关的救济手段。

第一项规定的义务应限于在提供者意识到非法性之前的六个月内购买的非法产品或服务。

2. 如果在第 1 款所述的情况下，允许消费者与商家签订远程合同的在线平台的提供者不具有所有相关消费者的联系方式，则相应提供者应在其在线界面上公开提供与相应非法产品或服务、商家身份和任何相关救济手段有关的信息，并在其在线界面上使得这些信息容易获取。

【译者解读：第 32 条规定了在线平台提供者在意识到交易商产品或服务的非法性时，应当履行的告知消费者的义务。】

第五节　超大型在线平台或超大型在线搜索引擎提供者
管理系统性风险的额外义务

第 33 条　超大型在线平台或超大型在线搜索引擎

1. 本节应适用于在欧盟内平均月活跃服务接收者的数量等于或高于 4500 万的在线平台和在线搜索引擎，以及根据第 4 款被指定的超大型在线平台或超大型在线搜索引擎。

2. 如果欧盟的人口与其 2020 年时的人口相比，或者与上一次通过最新的授权法案的年份内、通过相应授权法案调整后的人口相比，至少增加了或至少减少了 5%，欧盟委员会应根据第 87 条通过授权法案，以调整第 1 款中提到的欧盟内平均月活跃服务接收者的数量。在这种情况下，其应调整相应数字，使其相当于通过授权法案当年的欧盟人口的 10%，并向上或向下取整，使得相应数字以百万为单位。

3. 为本条第 1 款和第 24 条第 2 款的目的，欧盟委员会可根据第 87 条的规定，在与数字服务监督委员会协商后通过授权法案，通过规定计算欧盟内平均月活跃服务接收者的方法补充本条例，确保相应方法考虑到市场和技术发展。

4. 欧盟委员会应在咨询场所所在地成员国后，或在考虑场所所在地的数字服务协调员根据第 24 条第 4 款提供的信息后，在相应在线平台或在线搜索引擎的平均月活跃服务接收者等于或高于本条第 1 款所指的人数时，通过一项出于本条例的目的，而指定在线平台或在线搜索引擎为超大型在线平台或超大型在线搜索引擎的决定。欧盟委员会应根据在线平台或在线搜索引擎的提供者根据第 24 条第 2 款报告的数据，或者其根据第 24 条第 3 款所要求的信息，或者欧盟委员会可获得的任何其他信息而做出决定。

在线平台或在线搜索引擎的提供者未能遵守第 24 条第 2 款的规定，或者未能遵守场所所在地的数字服务协调员或欧盟委员会根据第 24 条第 3 款提出的要求，并不妨碍欧盟委员会根据本款规定指定其为超大型在线平台或超大型在线搜索引擎的提供者。

如果欧盟委员会根据本款第一项中其可获得的其他信息，或者根据第 24 条第 3 款要求的补充信息做出决定，欧盟委员会应给予有关在线平台或在线搜索引擎的提供者 10 个工作日的时间，使其就欧盟委员会的初步调查结果以及欧盟委员会将相应在线平台或在线搜索引擎分别指定为超大型在线平台或超大型在线搜索引擎的意图提出意见。欧盟委员会应适当地考虑有关提供者提交的意见。

有关在线平台或在线搜索引擎的提供者未能根据第三项提交意见，不妨碍委员会根据其可获得的其他信息将相应在线平台或相应在线搜索引擎分别指定为超大型在线平台或超大型在线搜索引擎。

5. 如果在不间断的一年期间内，相应在线平台或在线搜索引擎的平均月活跃服务接收者不高于且不等于第 1 款所述的数字，则欧盟委员会应终止对相应服务的指定。

6. 委员会应将其根据第 4 款和第 5 款做出的决定通知有关在线平台或在线搜索引擎的提供者、数字服务监督委员会和场所所在地的数字服务协调员，不得无故拖延。

欧盟委员会应确保在《欧盟官方公报》上公布指定的超大型在线平台或超大型在线搜索引擎的名单，并应保持相应名单的更新。本节规定的义务应在本款第一项提到的向有关提供者发出通知的四个月后，适用于或终止适用于有关的超大型在线平台或超大型在线搜索引擎。

【译者解读：第 33 条规定了超大型在线平台的门槛条件及其如何随着欧盟的市场规模而变化。当前的门槛阈值是月活跃服务接收者是否等于或高于 4500 万。同时规定了由欧盟委员会制定超大型在线平台的条件和方式。】

第 34 条　风险评估

1. 超大型在线平台或超大型在线搜索引擎的提供者应努力查明、分析和评估欧盟内因其服务及其相关系统（包括算法系统）的设计或运作而产生、或因使用其服务而产生的任何系统性风险。

相应提供者应在第 33 条第 6 款第 2 项所述的适用日期前进行风险评估，并此后至少每年进行一次评估，并在任何情况下，在部署可能对根据本条所确定的风险产生关键影响的功能之前进行风险评估。这种风险评估应针对其服务，并与系统性风险成比例，考虑系统性风险的严重性和概率，并应包括以下系统性风险：

（a）通过其服务传播非法内容；

（b）对行使以下基本权利的任何实际或可预见的负面影响，特别是《宪章》第 1 条规定的人类尊严，《宪章》第 7 条规定的尊重私人和家庭生活，《宪章》第 8 条规定的保护个人数据，《宪章》第 11 条规定的言论和信息自由，包括媒体的自由和多元化，《宪章》第 21 条规定的不歧视，《宪章》第 24 条规定的对儿童权利的尊重，以及《宪章》第 38 条规定的对消费者的高度保护；

（c）对公民对话和选举进程以及公共安全的任何实际或可预见的负面影响；以及，

（d）与基于性别的暴力、保护公共健康和未成年人有关的任何实际或可预见的负面影响，以及对个人身心健康的严重负面影响。

2. 在进行风险评估时，超大型在线平台或超大型在线搜索引擎的提供者应特别考虑到以下因素是否影响，以及如何影响第 1 款中提到的任何系统性风险：

（a）其推荐系统和任何其他相关算法系统的设计；

（b）其内容审核系统；

（c）适用的用户协议及其执行；

（d）选择和展示广告的系统；以及，

（e）与提供者的数据相关的实践。

评估还应分析第1款规定的风险是否受到，以及如何受到有意操纵其服务的影响，包括对服务的欺诈性的或者自动的利用，以及非法内容和不符合其用户协议的信息的放大和潜在的、快速且广泛的传播。

评估应考虑具体的区域或语言层面，包括为特定成员国所特有的情况。

3. 超大型在线平台或超大型在线搜索引擎的提供者应在进行风险评估后至少保存三年的风险评估支持性文件，并应根据要求通知欧盟委员会和场所所在地的数字服务协调员。

【译者解读：第34条规定了超大型在线平台开展针对系统性风险评估的风险类型、考量因素和留存要求。】

第35条　风险纾解

1. 超大型在线平台或超大型在线搜索引擎的提供者应针对根据第34条而识别的具体的系统性风险制定合理、成比例且有效的纾解措施，并特别考虑到这些措施对基本权利的影响。在适用的情况下，相应措施可能包括：

（a）调整其服务的设计、特性或功能，包括其在线界面；

（b）调整其用户协议及其执行；

（c）调整内容审核流程，包括处理与特定类型的非法内容有关的通知的速度和质量，并酌情而迅速删除或禁止访问所通知的内容，特别是与非法仇恨言论或网络暴力有关的内容，以及调整任何相关的决策程序和用于内容审核的专用资源；

（d）测试和调整其算法系统，包括其推荐系统；

（e）调整其广告系统，并采取有针对性的、旨在限制或调整与其所提供服务有关的广告展示的措施；

（f）加强有关其任何活动的内部流程、资源、测试、存档或监督，特别是与检测系统性风险有关的活动；

（g）根据第22条启动或调整与受信报告者的合作，并根据第21条执行庭外争议解决机构的决定；

（h）通过第 45 条和第 48 条分别述及的行为守则和危机协议，启动或调整与其他在线平台或在线搜索引擎提供者的合作；

（i）采取提高意识的措施，调整其在线界面，以便为服务接收者提供更多信息；

（j）酌情采取有针对性的措施，包括年龄验证和家长控制工具，以及旨在帮助未成年人发出受虐待信号或获得支持的工具，以保护儿童权利；或者，

（k）确保在其在线界面上呈现的信息项目，无论其是否构成合成性的或者操作性的图像、音频或视频，如果相应的图像、音频或视频明显地类似于现有的人、物、地方或者明显地类似于其他实体或事件，并且相应的图像、音频或视频在人看来是虚假性地真诚的、或者是虚假性地真实的，则相应信息项目可以通过突出的标记加以区分，此外，提供一种易于使用的、使得服务的接收者能够表明这种信息的功能。

2. 数字服务监督委员会应与欧盟委员会合作，每年发表一次全面报告。相应报告应包括以下内容：

（a）识别和评估由超大型在线平台或超大型在线搜索引擎的提供者报告的、或通过其他信息来源，特别是根据第 39 条、第 40 条和第 42 条提供的信息，所识别的最为突出且频繁的系统性风险；以及，

（b）超大型在线平台或超大型在线搜索引擎的提供者用以纾解已识别系统性风险的最佳实践。

相应报告应酌情地按发生风险的成员国的情况和按欧盟整体的情况来介绍系统性风险。

3. 欧盟委员会可与数字服务协调员合作，在适当考虑相应措施对《宪章》所规定的、所有相关方的基本权利的可能后果以后，就第 1 款在具体风险方面的应用发布指南，特别是介绍最佳实践、并建议可能的措施。欧盟委员会应在制定相应指南时组织公众咨询。

【译者解读：第 34 条规定了超大型在线平台纾解系统性风险的可选措施，以及对相应在线平台发布风险报告的要求。】

第 36 条　危机应对机制

1. 在发生危机的情况下，根据欧盟数字服务监督委员会的建议，欧盟委员会可以通过一项要求一个或多个超大型在线平台或超大型在线搜索引擎的提供者采取以下一项或多项行动的决定：

（a）评估其服务的运行和使用是否在很大程度上助长了第 2 款所述的严重威胁，或者有可能助长这种威胁，如果助长或者有可能助长，评估在多大程度上助长和如何助长；

（b）识别和适用具体、有效和成比例的措施，如第 35 条第 1 款或第 48 条第 2 款规定的任何措施，以防止、消除或限制对根据本段（a）项识别的严重威胁的任何此类助长；以及，

（c）如决定所规定，在决定中规定的相应日期或定期地向欧盟委员会报告（a）项提到的评估、根据（b）项采取的具体措施的确切内容、执行情况及其定性和定量方面的影响，以及与相应评估或相应措施有关的任何其他问题。

在识别和适用本款（b）项规定的措施时，服务提供者应适当考虑到第 2 款所述严重威胁的严重性、措施的紧迫性以及对有关各方的权利和合法利益的实际或潜在影响，包括这些措施可能无法尊重《宪章》规定的基本权利。

2. 为了本条规定的目的，如果特殊情况导致欧盟或其重要部分的公共安全或公共健康受到严重威胁，则应视为发生了危机。

3. 在做出第 1 款所述的决定时，欧盟委员会应确保满足以下所有要求：

（a）决定所要求的行动是绝对必要、合理和成比例，特别是考虑到第 2 段所述的严重威胁的严重性、措施的紧迫性以及对所有有关各方的权利和合法利益的实际或潜在影响，包括这些措施可能无法尊重《宪章》所规定的基本权利；

（b）相应决定规定了采取第 1 款（b）项所述具体措施的合理期限，特别是考虑到这些措施的紧迫性以及准备和实施这些措施所需的时间；以及，

（c）相应决定所要求的行动限于不超过三个月的时间。

4. 在通过第 1 款所述的决定后，欧盟委员会应在没有无故拖延的

情况下采取以下步骤：

（a）将相应决定通知给相应决定所针对的一个或多个提供者；

（b）将相应决定公布于众；以及，

（c）将相应决定告知理事会，请其就此提出意见，并随时向其通知与相应决定有关的任何后续发展。

5. 选择根据第 1 款（b）项和第 7 款第 2 项而采取的具体措施的权利仍属于欧盟委员会决定所涉及的提供者。

6. 欧盟委员会可主动地，或者应服务提供者的要求，与服务提供者进行对话，以确定根据服务提供者的具体情况，第 1 款（b）项所述的、计划采取的或已经采取的措施在实现所追求的目标方面是否有效和成比例。特别地，欧盟委员会应确保服务提供者根据第 1 款（b）项采取的措施符合第 3 款（a）和（c）项所述的要求。

7. 欧盟委员会应根据本条第 1 款（c）项所述的报告和任何其他有关资料，包括其根据第 40 条或第 67 条可能要求的资料，同时鉴于危机的演变，监测根据本条第 1 款所述决定采取的具体措施的实施情况。欧盟委员会应定期，且至少每月一次地，向数字服务监督委员会报告相应监测的情况。

如果欧盟委员会认为根据第 1 款（b）项计划采取的或已经实施的具体措施是无效的或不成比例的，其可以在咨询数字服务监督委员会后通过一项要求提供者审查这些具体措施的识别或适用的决定。

8. 鉴于危机的演变，欧盟委员会可根据数字服务监督委员会的建议，酌情通过以下方式对第 1 款或第 7 款第 2 项所述的决定进行修正：

（a）撤销相应决定，并酌情要求超大型在线平台或超大型在线搜索引擎停止适用根据第 1 款（b）项或第 7 款第 2 项识别和实施的措施，特别是在采取这些措施的理由不复存在的情况下；

（b）延长第 3 款（c）项所述期限，但不得超过三个月；或者

（c）考虑应用这些措施的经验，特别是这些措施可能无法尊重《宪章》规定的基本权利。

9. 第 1 至 6 款的要求应适用于本条所述的决定以及对其进行的修正。

10. 欧盟委员会应充分考虑数字服务监督委员会根据本条规定提出

的建议。

11. 欧盟委员会应在根据本条通过决定后的每年向欧盟议会和理事会报告，并在任何情况下，都在危机结束后的三个月内向其报告根据这些决定采取的具体措施的实施情况。

【译者解读：第 36 条详细规定了欧盟委员会和超大型在线平台共同协作的危机应对机制，包括触发机制的条件、可以采取的措施和欧盟委员会后续的报告义务。】

第 37 条　独立审计

1. 超大型在线平台或超大型在线搜索引擎的提供者应至少每年一次自费接受独立审计，以评估遵守以下规定的情况：

（a）第三章规定的义务；以及，

（b）根据第 45 条和第 46 条所述的行为守则和第 48 条所述的危机协议做出的任何承诺。

2. 超大型在线平台或超大型在线搜索引擎的提供者应向根据本条进行审计的组织提供必要的合作和协助，使其能够以有效、高效和及时的方式进行审计，包括允许其查阅所有相关的数据和场所，并回答口头或书面的问题。其应避免妨碍或不适当地影响或破坏审计工作的进行。

相应审计应确保在审计的过程中，包括在审计结束后，从超大型在线平台或超大型在线搜索引擎的提供者和第三方获得的信息具备足够的保密性和职业秘密性。但是，遵守这一要求不得对审计工作和本条例的其他规定，特别是关于透明度、监管和执行的规定产生负面影响。在根据第 42 条第 4 款进行透明度报告的必要情况下，本条第 4 款和第 6 款所述的审计报告和审计实施报告应附有不包含任何可以合理地认为是保密信息的版本。

3. 根据第 1 款进行的审计应由以下组织进行：

（a）独立于相应超大型在线平台或超大型在线搜索引擎的提供者以及与相应提供者有关的任何法人，并且与相应提供者和相应的有关法人没有任何利益冲突；特别是：

（i）在审计开始前的 12 个月内，没有向相应超大型在线平台或超大型在线搜索引擎的提供者，以及与相应提供者有关的任何法人提供与被审计事项有关的非审计服务，并承诺在审计结束后的 12 个月内不向他们提供此类服务。

（ii）连续 10 年以上期间，没有根据本条规定向相应超大型在线平台或超大型在线搜索引擎的提供者以及与相应提供者有关的任何法人提供审计服务。

（iii）在进行审计时，不以审计结果作为收费的依据。

（b）在风险管理、技术水平和能力方面有成熟的专业知识。

（c）具有经过证实的，特别是基于对业务守则或适当标准的遵守而证实的客观性和职业道德。

4. 超大型在线平台或超大型在线搜索引擎的提供者应确保执行审计的组织为每次审计建立一份审计报告。相应报告应以书面形式予以实质化，并至少包括以下内容：

（a）受审计的超大型在线平台或超大型在线搜索引擎的提供者的名称、地址和联络点以及所涉期间；

（b）执行审计的组织的名称和地址；

（c）利益声明；

（d）对所审计的具体内容和所采用的方法的描述；

（e）对审计得出的主要结果进行描述和总结；

（f）作为审计工作的一部分，咨询过的第三方的名单；

（g）就接受审计的超大型在线平台或超大型在线搜索引擎的提供者是否遵守了第 1 款所述的义务和承诺发表审计意见，即"肯定""附评论肯定"或"否定"；以及，

（h）如果审计意见不是"肯定"的，就实现合规的具体措施和实现合规的建议期间提出业务建议。

5. 如果进行审计的组织无法对特定具体内容进行审计，或无法根据其调查发表审计意见，审计报告应包括对这些内容无法审计的情况和原因的解释。

6. 收到非"肯定"审计报告的超大型在线平台或超大型在线搜索引擎的提供者应适当考虑向其提出业务建议，以便采取必要措施来落实这些建议。其应在收到这些建议后的一个月内通过一份列明相应措施的

审计实施报告。如果其不予执行业务建议，其应在审计执行报告中说明不予执行的理由，并说明其为解决所发现的任何不符合规定的情况而采取的任何替代性措施。

7. 欧盟委员会有权根据第 87 条通过授权法案以补充本条例，规定根据本条进行审计的必要规则，特别是关于根据本条进行审计的程序步骤、审计方法和报告模板的必要规则。相应授权方案应考虑到第 44 条第 1 款（e）项所述的任何自愿性审计标准。

【译者解读：第 37 条详细规定了超大型在线平台如何自费开展独立审计，主要包括审计组织的资格条件、如何开展审计以及审计报告的详细内容，也为未来完善制度留下了空间。】

第 38 条　推荐系统

除第 27 条规定的要求外，使用推荐系统的超大型在线平台或超大型在线搜索引擎的提供者应在其每个推荐系统中至少提供一个不基于（EU）2016/679 号条例第 4 条第 4 项所定义的画像的选项。

【译者解读：第 38 条的规定和我国现行法律有相通之处，都要求为服务接收者提供不依赖于画像或者说自动化决策的推荐系统选项。】

第 39 条　额外的在线广告透明度

1. 在其展示相应广告的整个期间，并且直到相应广告在其在线界面上最后一次展示后的一年以内，在其在线界面上展示广告的超大型在线平台或超大型在线搜索引擎的提供者应在其在线界面的一个特定部分，通过允许多标准查询的、可搜索且可靠的工具，并且通过应用程序编程接口，汇聚并公开提供一个包含第 2 款所述信息的广告库。其应确保广告库不包含任何向其展示广告或可能向其展示广告的服务接收者的个人数据，并应通过合理的努力确保信息的准确性和完整性。

2. 广告库应至少包括以下所有信息。

（a）广告的内容，包括产品、服务或品牌的名称以及广告的主题；

（b）代表其发布广告的自然人或法人；

（c）为相应广告付费的自然人或法人，如果其不同于（b）项所述的自然人或法人；

（d）广告的展示期间；

（e）相应广告是否意图专门展示给一个或多个特定的服务接收者群体，如果是，为此目的而使用的主要参数，包括在适用情况下，用于排除一个或多个此类特定群体的主要参数；

（f）根据第26条第2款的规定，在超大型在线平台上发布且被相应识别的商业通讯；以及，

（g）服务触达的接收者总人数，以及在适用情况下，按成员国分列的、广告专门向其展示的一组或多组接收者的总人数。

关于第2款（a）、（b）和（c）项，如果超大型在线平台或超大型在线搜索引擎的提供者因涉嫌非法或不符合其用户协议而删除或禁止访问特定广告，广告库不应包括这些项所提到的信息。在这种情况下，广告库应包括有关的具体广告的第17条第3款（a）至（e）项或第9条第2款（a）和（i）项所所述的信息（如果适用）。

欧盟委员会在向数字服务监督委员会、第40条所述的经过审查的有关研究人员和公众咨询后，可就本条中提到的广告库的结构、组织和功能发布指南。

【译者解读：第39条规定了超大型平台的额外的广告透明度义务，特别是要求披露定向广告的相关参数。】

第40条 数据访问和审查

1. 超大型在线平台或超大型在线搜索引擎的提供者应根据其合理的要求，在相应要求规定的合理期限内，向场所所在地的数字服务协调员或欧盟委员会提供为监测和评估遵守本条例所需的数据。

2. 数字服务协调员和委员会应仅将根据第1款获取的数据用于监测和评估本条例的遵守情况，并应适当考虑超大型在线平台或超大型在线搜索引擎的提供者和有关服务接收者的权利和利益，包括保护个人数据，保护机密信息，特别是商业秘密，以及维护其服务的安全。

3. 为了第1款的目的，超大型在线平台或超大型在线搜索引擎的

提供者应根据场所所在地的数字服务协调员或欧盟委员会的要求，而解释其算法系统，包括其推荐系统的设计、逻辑、运行和测试情况。

4. 应场所所在地的数字服务协调员的合理要求，超大型在线平台或超大型在线搜索引擎的提供者应在要求中规定的合理期限内，向符合本条第 8 款要求的、经过审查的研究人员提供数据，其唯一目的是进行有助于发现、识别和理解欧盟系统性风险的研究，如根据第 34 条第 1 款的规定，以及根据第 35 条的规定评估风险纾解措施的适当性、效率和影响。

5. 在收到第 4 款所述的请求后的 15 天内，超大型在线平台或超大型在线搜索引擎的提供者如果认为由于以下两个原因之一，其无法提供所要求的数据，可以要求场所所在地的数字服务协调员修改请求。

（a）其没有机会接触到数据；或者，

（b）给予数据访问权将导致其服务安全或保护其机密信息，特别是商业秘密方面的重大漏洞。

6. 根据第 5 款提出的修改请求应包含对一项或多项替代性手段的建议，通过这些手段可以获得所请求的数据，或者获得其他对请求的目的而言适当且充分的数据。

场所所在地的数字服务协调员应在 15 天内对修改请求做出决定，并将其决定传达给相应超大型在线平台或超大型在线搜索引擎的提供者，并在相关情况下传达修改后的请求和遵守请求的新期限。

7. 超大型在线平台或超大型在线搜索引擎的提供者应通过请求所规定的适当接口，包括在线数据库或应用程序接口，为根据第 1 款和第 4 款获取数据提供便利和服务。

8. 在研究人员提出有充分根据的申请后，如果研究人员证明其符合以下所有条件，场所所在地的数字服务协调员应就申请中提到的具体研究给予这些研究人员"经过审查的研究人员"的资格，并根据第 4 款向超大型在线平台或超大型在线搜索引擎的提供者发出合理的数据访问请求：

（a）其隶属于（EU）2019/790 号指令第 2 条第 1 款所定义的研究组织；

（b）其独立于商业利益的；

（c）其申请披露了研究的资金来源；

（d）其有能力满足与每一请求相对应的、具体的数据安全和保密要求，并有能力保护个人数据，且其在请求中描述了其为此采取的适当技术和组织措施；

（e）其申请表明其对数据的访问和相应要求的时间框架对于其研究目的是必要的，并且成比例，并且相应研究的预期结果将有助于实现第 4 款所规定的目的；

（f）所计划的研究活动将出于第 4 款规定的目的而进行；

（g）其承诺在研究完成后的合理期限内免费公开其研究成果，但须服从于（EU）2016/679 号条例规定的有关服务接收者的权益。

在收到根据本款提出的申请后，场所所在地的数字服务协调员应相应通知欧盟委员会和数字服务监督委员会。

9. 研究人员也可以向其所隶属的研究组织的成员国的数字服务协调员提交申请。相应数字服务协调员在收到根据本段提出的申请后，将各研究人员是否符合第 8 段规定的所有条件进行初步评估。随后，数字服务协调员应将其申请，连同其提交的证明文件和初步评估结果发送给场所所在地的数字服务协调员。场所所在地的数字服务协调员应没有无故拖延地决定是否授予相应研究人员"经过审查的研究人员"的资格。

虽然其适当地考虑所提供的初步评估，但最终做出根据第 8 段授予相应研究人员"经过审查的研究人员"资格的决定的权限属于场所所在地的数字服务协调员。

10. 授予经过审查的研究人员资格、并向超大型在线平台或超大型在线搜索引擎的提供者发出有利于经过审查的研究人员的数据访问的合理请求的数字服务协调员，如果其在主动或根据从第三方收到的信息进行调查后，确定经过审查的研究人员不再符合第 8 款规定的条件，则应发出终止访问的决定，并应将相应决定通知有关的超大型在线平台或超大型在线搜索引擎的提供者。在终止访问之前，数字服务协调员应允许经过审查的研究人员对其调查结果和终止访问的意图做出反应。

11. 场所所在地的数字服务协调员应向委员会通知其根据第 8 款所

授予的"经过审查的研究人员"资格的自然人或实体的姓名和联系信息，以及申请所涉及的研究目的，如果其根据第 10 款终止了对数据的访问，则应向委员会通知相应信息。

12. 超大型在线平台或超大型在线搜索引擎的提供者应在没有不当延迟的情况下提供数据，包括在技术上可能的情况下提供实时数据，相应的条件是有关研究人员，包括那些隶属于非营利机构、组织和协会的研究人员，在其在线界面上可公开访问这些数据，有关研究人员应遵守第 8 款（b）、（c）、（d）和（e）项所规定的条件，并仅将这些数据用于开展有助于根据第 34 条第 1 款检测、识别和理解欧盟系统性风险的研究。

13. 欧盟委员会应在咨询数字服务监督委员会后，通过补充本条例的授权法案，规定超大型在线平台或超大型在线搜索引擎的提供者根据第 1 和第 4 款分享数据的技术条件以及数据可能用于数据的目的。这些授权法案应规定在符合（EU）2016/679 号条例的情况下与研究人员共享数据的具体条件，以及支持数据共享的相关的客观指标、程序和必要的独立咨询机制，同时考虑超大型在线平台或超大型在线搜索引擎的提供者和有关服务接收者的权益，包括保护机密信息，特别是商业秘密，以及维护其服务的安全。

【译者解读：第 40 条详细规定了数字服务协调员和经其审批的研究人员访问超大型在线平台的数据的范围和方式。可以访问的范围相当广泛，不仅包括一般意义上的数据，也包括对算法系统的设计、逻辑、运行和测试情况。访问的范围和方式需要和超大型在线平台的合法权益平衡，特别是遵从其机密信息和商业秘密。】

第 41 条　合规职能部门

1. 超大型在线平台或超大型在线搜索引擎的提供者应设立合规职能部门，相应职能部门独立于其业务职能部门，由一名或多名包括合规职能负责人在内的合规官组成。相应合规职能部门应拥有足够的职权、地位和资源，并能接触到超大型在线平台或超大型在线搜索引擎提供者的管理层机构，以监测相应提供者遵守本条例的情况。

2. 超大型在线平台或超大型在线搜索引擎提供者的管理层机构应确保合规官员具备完成第 3 款所述任务所需的专业资格、知识、经验和能力。

超大型在线平台或超大型在线搜索引擎提供者的管理层机构应确保合规职能部门的负责人是独立的高级管理人员，对合规职能部门负有独特的责任。

合规职能部门的负责人应直接向超大型在线平台提供者或超大型在线搜索引擎的管理层机构报告，并可在存在第 34 条所述的风险，或者对本条例的不遵从影响到或可能影响到相应超大型在线平台或超大型在线搜索引擎的提供者的情况下，向相应的管理层机构提出关切和警告，但这不妨碍管理层机构在其监督和管理职能中的责任。

未经超大型在线平台提供者或超大型在线搜索引擎的管理层机构的事先批准，不得撤换合规职能部门的负责人。

3. 合规官应承担以下任务：

（a）出于本条例的目的，与场所所在地的数字服务协调员和欧盟委员会合作。

（b）确保第 34 条中提到的所有风险得到识别和适当的报告，并根据第 35 条采取合理、成比例且有效的风险纾解措施。

（c）组织和监督超大型在线平台或超大型在线搜索引擎的提供者与第 37 条规定的独立审计有关的活动。

（d）向超大型在线平台或超大型在线搜索引擎的提供者的管理层和雇员告知本条例规定的相关义务，并向其提供建议。

（e）监督超大型在线平台或超大型在线搜索引擎的提供者遵守本条例规定的义务。

（f）在适用的情况下，监督超大型在线平台或超大型在线搜索引擎的提供者遵守根据第 45 条和第 46 条的行为守则或根据第 48 条的危机协议做出的承诺。

4. 超大型在线平台或超大型在线搜索引擎的提供者应将合规职能部门负责人的姓名和详细联系信息告知机构的数字服务协调员和委员会。

5. 超大型在线平台或超大型在线搜索引擎提供者的管理层机构应

界定、监督并负责实施相应提供者的治理安排，以确保合规职能部门的独立性，包括在超大型在线平台或超大型在线搜索引擎提供者的组织内进行责任划分、防范利益冲突，并对根据第 34 条确定的系统性风险进行健全管理。

6. 管理层机构应批准并至少每年一次定期审查战略和政策，以承担、管理、监测和纾解根据第 34 条识别的、超大型在线平台或超大型在线搜索引擎正在或可能面临的风险。

7. 管理层机构应投入足够的时间来审议与风险管理有关的措施。其应积极参与有关风险管理的决策，并应确保为管理根据第 34 条确定的风险分配足够的资源。

【译者解读：第 41 条规定了超大型在线平台的合规职能部门的组成、资格条件、权力和义务，及其如何维持独立性。】

第 42 条　透明度报告义务

1. 超大型在线平台或超大型在线搜索引擎的提供者最迟应在第 33 条第 6 款第 2 项所述的适用期起的两个月内公布第 15 条所指的报告，此后至少每六个月公布一次。

2. 超大型在线平台提供者公布的本条第 1 款所述的报告，除第 15 条和第 24 条第 1 款所述的信息外，还应说明：

（a）超大型在线平台的提供者为其在欧盟提供的服务专门用于内容审核的人力资源，包括为遵守第 16 条和第 22 条所规定义务的人力资源，以及为遵守第 20 条所规定义务的人力资源，按成员国各自适用的官方语言分列；

（b）开展（a）项所述活动的人员的资格和语言专长，以及对这些人员的培训和支持；以及，

（c）第 15 条第 1 款（e）项所述的准确性指标和相关信息，按成员国各自的官方语言分列。

这些报告应至少以成员国官方语言的其中一种出版。

3. 除了第 24 条第 2 款所述的信息外，超大型在线平台或超大型在线搜索引擎的提供者应在本条第 1 款所述的报告中包括每个成员国内月

平均服务接收者的信息。

4. 超大型在线平台或超大型在线搜索引擎的提供者应在完成后没有无故拖延地向场所所在地的数字服务协调员和欧盟委员会转交以下项目，并在收到每份第 37 条第 4 款所规定的审计报告后的最迟三个月内相应公开：

（a）一份包含根据第 34 条规定的风险评估的结果的报告；

（b）根据第 35 条第 1 款制定的具体纾解措施；

（c）第 37 条第 4 款规定的审计报告；

（d）第 37 条第 6 款规定的审计实施报告；以及，

（e）在适用情况下，提供者为支持风险评估和风险纾解措施的设计而进行的咨询的信息。

5. 如果超大型在线平台或超大型在线搜索引擎的提供者认为根据第 4 款公布的信息可能导致相应提供者或服务接收者的机密信息被披露、对其服务的安全造成重大漏洞、破坏公共安全或损害接收者，相应提供者可从公开的报告中删除这些信息。在这种情况下，提供者应将完整的报告转交给场所所在地的数字服务协调员和欧盟委员会，并附上从公开报告中删除信息的原因说明。

【译者解读：第 42 条规定了超大型在线平台需要履行更多的透明度义务，特别是有关内容审核的人力资源和风险识别及纾解的透明度义务。】

第 43 条　监管费

1. 欧盟委员会在根据第 33 条指定超大型在线平台或超大型在线搜索引擎的提供者时，应向其收取监管年费。

2. 监管年费的总额应包括欧盟委员会根据本条例承担监管任务的预估费用，特别是与根据第 33 条指定、根据第 24 条第 5 款建立、维护和运行数据库和根据第 85 条建立信息共享系统、根据第 59 条进行移送、根据第 62 条支持数字服务监督委员会以及根据第 56 条和第四章第 4 节实施监管任务有关的费用。

3. 超大型在线平台或超大型在线搜索引擎的提供者应每年就其根

据第 33 条而被指定的每项服务被收取监管费。

欧盟委员会应通过实施细则，确定每一超大型在线平台或超大型在线搜索引擎提供者的监管年费数额。在通过相应实施细则时，欧盟委员会应采用本条第 4 款所述的授权法案中规定的方法，并应遵守本条第 5 款中规定的原则。这些实施细则应按照第 88 条所述的咨询程序通过。

4. 欧盟委员会应根据第 87 条通过授权法案，规定以下方面的详细方法和程序：

（a）确定第 2 款中提到的预估费用；

（b）确定第 5 款（b）和（c）项所述的各项监管年费；

（c）确定第 5 款（c）项定义的最大总金额；以及

（d）支付所需的详细安排。

在通过相应授权法案时，欧盟委员会应尊重本条第 5 款所规定的原则。

5. 第 3 款所述的实施细则和第 4 款所述的授权法案应遵守以下原则：

（a）对监管年费总额的预估考虑了前一年发生的费用；

（b）监管年费与根据第 33 条指定的每一超大型在线平台或每一超大型在线搜索引擎在欧盟中的平均月活跃接收者的数量成比例；

（c）对特定大型在线平台或大型搜索引擎提供者收取的监管年费总额在任何情况下都不超过其上一财政年度全球年净收入的 0.05%。

6. 根据本条第 1 款收取的各项监管年费应构成欧盟议会和理事会第 21 条第 5 款的外部分配收入①。

7. 欧盟委员会应每年向欧盟议会和理事会报告为完成本条例规定的任务而产生的费用总额，以及上一年度收取的各项监管年费的总额。

【译者解读：第 43 条规定超大型在线平台有缴纳监管费的义务，并且详细规定了监管费的计算方法、程序和上限。】

---

① 欧盟议会和理事会 2018 年 7 月 18 日关于适用于欧盟总预算的财务规则，修订（EU）1296/2013 号、（EU）1301/2013 号、（EU）1303/2013 号、（EU）1304/2013 号、（EU）1309/2013 号、（EU）1316/2013 号、（EU）223/2014 号和（EU）283/2014 号的决定，并废除（EU，Euratom）966/2012 号条例的（EU，Euratom）2018/1046 号条例（OJ L 193，30.7.2018，第 1 页）。

第六节 有关尽职义务的其他规定

第44条 标准

1. 至少在以下方面，欧盟委员会应咨询数字服务监督委员会，并应支持和促进有关的欧盟和国际标准化机构所制定的自愿标准的发展和实施：

（a）第16条所述的通知的电子提交；

（b）模板、设计和流程标准，通过方便用户的方式与服务接收者沟通用户协议所产生的限制及其变化；

（c）受信报告者根据第22条以电子方式提交通知，包括通过应用程序接口；

（d）具体的接口，包括应用程序接口，以促进遵守第39条和第40条规定的义务；

（e）根据第37条对超大型在线平台或超大型在线搜索引擎进行审计；

（f）第39条第2款所述的广告库的互操作性；

（g）根据第26条第1款（b）、（c）和（d）项而在在线广告中介之间传输数据，以支持透明度义务；

（h）便于遵守本条例中有关广告的义务的技术措施，包括第26条所述的有关广告和商业通讯的显著标记的义务；

（i）和第27条和第38条规定一致的、不同类型推荐系统的主要参数信息的选项界面和展示；以及，

（j）为在线保护未成年人而采取的有针对性措施的标准。

2. 欧盟委员会应支持根据技术发展和有关服务接收者的行为来更新标准。相应标准更新的相关信息应公开并易于获取。

【译者解读：第44条旨在鼓励欧盟和国际层面的标准化机构研发多种有助于执行和遵从本法的标准。】

第45条 行为守则

1. 欧盟委员会和数字服务监督委员会应鼓励和促进在欧盟层面起

草自愿性的行为守则，特别是考虑到处理不同类型的非法内容和系统性风险的具体挑战，并根据欧盟法律，特别是关于竞争和保护个人数据的欧盟法律，以促进本条例的适当适用。

2. 如果出现第 34 条第 1 款意义上的重大的系统性风险，并涉及若干超大型在线平台或超大型在线搜索引擎，欧盟委员会可以邀请相关的超大型在线平台提供者或超大型在线搜索引擎提供者，以及其他超大型在线平台提供者和超大型在线搜索引擎提供者，以及在适当情况下，其他在线平台和中介服务的提供者，以及相关主管当局、民间社会组织和其他相关利益攸关方，参与起草行为守则，包括承诺采取具体的风险纾解措施，以及关于所采取的任何措施及其结果的定期报告框架。

3. 在执行第 1 款和第 2 款时，欧盟委员会和数字服务监督委员会以及相关的其他机构应致力于确保行为守则明确规定其具体目标，包含衡量这些目标的实现情况的关键绩效指标，并适当考虑到所有有关各方在欧盟层面的需求和利益，特别是公民在欧盟层面的需求和利益。欧盟委员会和数字服务监督委员会还应旨在确保参与者定期向欧盟委员会和其各自场所所在地的数字服务当局协调员报告所采取的任何措施及其结果，并根据其包含的关键绩效指标进行衡量。关键绩效指标和报告承诺应考虑到不同参与者之间在规模和能力上的差异。

4. 欧盟委员会和数字服务监督委员会应评估行为守则是否符合第 1 款和第 3 款规定的目标，并应定期监测和评估其目标的实现情况，同时考虑其可能包含的关键绩效指标。欧盟委员会和数字服务监督委员会应公布其结论。

欧盟委员会和数字服务监督委员会还应鼓励和促进对行为守则的定期审查和调整。

存在系统性地不遵从行为守则的情况下，欧盟委员会和数字服务监督委员会可以邀请行为守则的签署方采取必要的行动。

【译者解读：第 45 条鼓励欧盟委员会和其他机构与在线平台，特别是超大型在线平台合作，起草自愿性的行为守则。一旦相关方签署行为守则，欧盟委员会和其他机构享有评估守则、鼓励和促进其审查调整以及邀请相关方采取行动的权力。】

第46条　在线广告的行为守则

1. 欧盟委员会应鼓励和促进在线平台提供者和其他相关服务提供者，如在线广告中介服务的提供者、参与程序化广告价值链的其他行动者，或代表服务接收者的组织和民间社会组织或有关当局，在欧盟层面起草自愿性的行为守则，以促进在线广告价值链中的行动者在第26条和第39条的要求之上进一步提高透明度。

2. 欧盟委员会旨在确保行为守则与欧盟和成员国法律一致地，特别是与关于竞争和保护隐私及个人数据的法律一致地，而追求有效的、充分尊重所有相关方的权利和利益的信息传递，以及追求在线广告的竞争性的、透明且公平的环境。欧盟委员会应致力于确保这些行为守则至少涉及以下内容：

（a）将在线广告中介服务提供者持有的有关第26条第1款（b）（c）和（d）项要求的信息传递给服务接收者。

（b）根据第39条的规定，将在线广告中介服务提供者持有的信息传输给广告库。

（c）关于数据变现的有意义的信息。

3. 欧盟委员会应鼓励在2025年2月18日之前制定行为守则，并在2025年8月18日之前适用相应守则。

4. 欧盟委员会应鼓励第1款所述的在线广告价值链中的所有行动者认可行为守则中所述的承诺，并遵守这些承诺。

【译者解读：第46条进一步鼓励欧盟委员会与广告生态系统中的利益相关方合作，起草在线广告的自愿性行为守则。】

第47条　无障碍行为守则

1. 欧盟委员会应鼓励和促进在欧盟层面拟订使得在线平台的提供者和其他相关服务提供者、代表服务接收者的组织，以及民间社会组织或有关当局参与的行为守则，通过改善残障人士获得在线服务的机会，通过在线服务的最初设计或随后调整以满足残障人士的特殊需要，从而促进充分和有效的平等参与。

2. 欧盟委员会应努力确保行为守则的目标是确保这些服务符合欧

盟和成员国法律的规定，以最大限度地提高可预见的残障人士使用。欧盟委员会应努力确保行为守则至少涉及以下目标：

（a）设计和调整服务，使其对残障人士无障碍，使其可感知、可操作、可理解且稳健；

（b）解释服务如何满足适用的无障碍要求，并以无障碍方式向公众提供这一信息，供残障人士使用；以及，

（c）将根据本条例提供的信息、表格和措施以易于查找、易于理解和便于残障人士使用的方式提供。

3. 欧盟委员会应鼓励在2025年2月18日之前制定行为守则，并在2025年8月18日之前适用这些守则。

【译者解读：第47条进一步鼓励欧盟委员会与利益相关方合作，起草无障碍的自愿性行为守则。】

第48条　危机协议

1. 数字服务监督委员会可建议欧盟委员会根据第2款、第3款和第4款的规定，着手起草处理危机局势的自愿性的危机协议。这些情况应严格限于影响公共安全或公共卫生的特殊情况。

2. 欧盟委员会应鼓励和促进超大型在线平台或超大型在线搜索引擎的提供者，并酌情鼓励和促进其他在线平台或其他在线搜索引擎的提供者参与起草、测试和适用这些危机协议。委员会应致力于确保这些危机协议包括以下一项或多项措施：

（a）突出显示由成员国当局或欧盟层面提供的关于危机局势的信息，或根据危机的情况，由其他相关的可靠机构提供的信息；

（b）确保中介服务提供者为危机管理指定一个具体的联络点；在相关情况下，这可能是第11条所述的电子联络点，或者，如果是超大型在线平台或超大型在线搜索引擎的提供者，则是第41条所述的合规官；

（c）酌情调整用于履行第16、20、22、23和35条规定的义务的资源，以满足危机局势所产生的需要。

3. 欧盟委员会应酌情让成员国当局参与，也可让欧盟机关、办公

室和机构参与起草、测试和监管危机协议的应用。在必要和适当的情况下，委员会还可以让民间社会组织或其他相关组织参与起草危机协议。

4. 欧盟委员会应致力于确保危机协议明确规定以下所有内容：

（a）用于确定危机协议所要处理的、特定的特殊情况的确切参数，以及用于确定危机协议所追求的目标的具体参数；

（b）每一参与者的作用，及其在准备和启动危机协议后应采取的措施；

（c）确定何时启动危机协议的明确程序；

（d）制定明确的程序，以确定在启动危机协议后应采取的措施的期限，相应期限严格限制在处理相关的特定特殊情况所必需的范围内；

（e）保障措施，以解决对行使《宪章》所规定的基本权利，特别是言论和信息自由以及不受歧视的权利的任何负面影响；以及，

（f）在危机局势结束以后，公开报告其所采取的任何措施、相应持续时间及其结果的流程。

5. 如果欧盟委员会认为危机协议未能有效处理危机局势，或未能保障第4款（e）项所述基本权利的行使，其应要求参与方修订危机协议，包括采取补充措施。

【译者解读：第46条规定了欧盟委员会和其他机关起草危机协议的条件、程序和内容，特别是旨在应对危机的措施。】

第四章　实施、合作、处罚和执行

第一节　主管当局和成员国数字服务协调员

第49条　主管当局和各国数字服务协调员

1. 成员国应指定一个或多个负责监管中介服务提供者和执行本条例的主管当局（"主管当局"）。

2. 成员国应指定一个主管当局为其数字服务协调员。数字服务协调员应负责与相应成员国监管和执行本条例有关的所有事项，除非有关成员国已将特定的具体任务或部门分配给了其他主管当局。在任何情况下，数字服务协调员都应负责确保在成员国层面上对这些事项进行协调，并为在整个欧盟范围内有效和一致地监管和执行本条例做出贡献。

为此，数字服务协调员应相互合作，并与其他成员国主管当局、数字服务监督委员会和欧盟委员会合作，但这不妨碍成员国规定数字服务协调员与其他成员国当局之间，在与其履行各自任务有关的情况下，建立合作机制和定期交换意见的可能性。

如果成员国在数字服务协调员之外还指定了一个或多个主管当局，则应确保相应当局和数字服务协调员各自的任务得到明确界定，并确保其在执行任务时进行密切和有效的合作。

3. 成员国应在 2024 年 2 月 17 日前指定数字服务协调员。

成员国应公开提供、并向欧盟委员会和数字服务监督委员会通知其指定为数字服务协调员的主管当局的名称以及关于如何与之联系的信息。有关成员国应向欧盟委员会和数字服务监督委员会通知第 2 款中提到的其他主管当局的名称，及其各自的任务。

4. 第 50 条、第 51 条和第 56 条规定的适用于数字服务协调员的条款也应适用于成员国根据本条第 1 款指定的任何其他主管当局。

【译者解读：第 49 条规定了数字服务协调员是本法意义下成员国层面的主管当局。如果成员国内还有其他主管当局，成员国负有确保其彼此协调合作的任务。】

第 50 条　对数字服务协调员的要求

1. 成员国应确保其数字服务协调员以公正、透明和及时的方式履行本条例规定的任务。成员国应确保其数字服务协调员拥有执行任务的所有必要资源，包括充分的技术、财政和人力资源，以充分监管属于其职权范围的所有中介服务提供者。各成员国应确保其数字服务协调员在预算的总限额内有足够的自主权来管理其预算，以免对数字服务协调员的独立性产生负面影响。

2. 在根据本条例执行其任务和行使其权力时，数字服务协调员应完全独立地行事。其应保持不受任何直接或间接的外部影响，其也不得寻求或接受任何其他公共当局或任何私人当事方的指示。

3. 本条第 2 款不妨碍数字服务协调员在本条例规定的监管和执行系统中的任务，以及根据第 49 条第 2 款与其他主管当局的合作。本条第 2 款不妨碍行使司法审查权，也不妨碍对数字服务协调员的一般性活动提出成比例的可问责要求，如财务支出或向成员国议会报告，但相应要求不得损害本条例目标的实现。

【译者解读：第 50 条规定了对数字服务协调员的公正、透明、及时和独立的要求。同时，该条不妨碍成员国行使司法审查权或提出一般性且成比例的可问责要求。】

第 51 条　数字服务协调员的权力

1. 为执行本条例规定的任务所需时，数字服务协调员应对属于其成员国职权范围内的中介服务提供者的行为具有以下调查权力：

（a）有权要求相应提供者，以及要求为其行业、业务、技艺或职业目的而行事的任何其他人员，如果其可能合理地了解与涉嫌违反本条例的行为有关的信息，包括执行第 37 条和第 75 条第 2 款所述审计的组织，在没有不当拖延的情况下提供这些信息；

（b）有权对相应提供者或人员为其行业、业务、技艺或职业目的而行事的任何场所进行检查，或要求其成员国的司法当局下令进行检查，以检查、扣押、获取与涉嫌违反条例的行为有关的信息的任何形式的副本，而不论其储存媒介如何；以及，

（c）有权要求相应提供者的任何工作人员或代表或相应人员就与涉嫌违反条例的行为有关的任何信息做出解释，并在征得其同意后以任何技术手段记录答复。

2. 为执行本条例规定的任务所需时，数字服务协调员对属于其成员国职权范围内的中介服务提供者应具有以下执法权力：

（a）有权接受相应提供者就其遵守本条例所做的承诺，并使相应承诺具有约束力；

（b）有权命令停止违反条例的行为，并在适当情况下采取与违反条例的行为成比例的、有效制止违反条例的行为所必需的救济措施，或要求其成员国的司法当局如此行事；

（c）对不遵守本条例，包括不遵守根据本条第 1 款发出的任何调查命令的行为，有权根据第 52 条规定处以罚款，或要求其成员国的司

法当局如此行事；

（d）为确保其按照根据本款（b）项发出的命令终止违反条例的行为，或因其不遵守根据本条第1款发出的任何调查命令，而有权根据第52条规定定期支付罚款，或要求其成员国的司法当局如此行事；以及，

（e）有权采取临时措施或要求其成员国的有权国家司法如此行事，以避免造成严重损害的风险。

关于第一段（c）和（d）项，数字服务协调员还应对第1款所述的、不遵守根据相应条款向其发出的任何命令的其他人员拥有相应项目规定的执法权力。数字服务协调员只有在及时向相应的其他人员提供与这些命令有关的所有相关信息，包括适用期限、对不遵守命令可能施加的罚款或定期付款，以及救济的可能性之后，才能行使相应执法权力。

3. 为执行本条例规定的任务所需时，数字服务协调员对于属于其成员国职权范围内的中介服务提供者，如果根据本条规定的停止违反条例的行为的所有其他权力都已用尽，而违反条例的行为仍未得到纠正或仍在继续、并造成严重损害，且无法通过行使欧盟或成员国法律规定的其他权力来避免，则还有权采取以下措施：

（a）要求相应提供者的管理层机构在没有不当拖延的情况下审查情况，通过并提交一份列出终止违反条例的行为的必要措施的行动计划，确保提供者采取这些措施，并报告其所采取的措施；以及，

（b）如果数字服务协调员认为中介服务提供者没有充分遵守（a）项提到的要求，违反条例的行为没有得到纠正或正在继续、并造成严重损害，而且相应侵权行为涉及对人的生命或安全构成威胁的刑事犯罪，则可要求其成员国的主管司法当局下令临时限制接收者对违反条例行为所涉服务的访问，或者仅在技术上不可行时，临时限制对发生违反条例行为的中介服务提供者的在线界面的访问。

数字服务协调员应在提交本款第一项（b）项所述的请求之前邀请有关各方在不少于两周的时间内提交书面意见，说明其计划请求采取的措施、并识别其预期的一个或多个被请求人，但其根据第82条所述的欧盟委员会的请求采取行动的情况除外。中介服务提供者、所预期的一个或多个被请求人，以及任何其他证明其有合法利益的第三方应有权参与主管司法当局的程序。所命令采取的任何措施应与违反条例的行为的

性质、严重性、屡次性和持续时间成比例，且不应不适当地限制有关服务接收者对合法信息的获取。

访问限制的期限为四周，主管司法当局可在其命令中允许数字服务协调员将相应期限延长相同的期间，但延长的次数不得超出相应司法当局的规定。数字服务协调员只有在考虑到受相应限制影响的所有各方的权利和利益以及所有相关情况，包括中介服务提供者、收预期的一个或多个被请求人以及任何其他显示出合法利益的第三方可能向其提供的任何信息，并认为以下两个条件已经满足的情况下，才能延长相应期限：

（a）中介服务提供者没有采取必要的措施来终止违反条例的行为；以及，

（b）考虑到受影响的接收者的数量，以及是否存在任何充分且容易获得的替代品，临时限制不会不适当地限制服务接收者对合法信息的获取。

如果数字服务协调员认为第三项（a）和（b）项规定的条件已得到满足，但其不能根据第三项进一步延长期限，其应向本款第一段（b）项所述的主管司法当局提出新的请求。

4. 第1、2 和 3 款所列的权力不应妨碍第三节。

5. 数字服务协调员在行使第 1、2 和 3 款所列权力时采取的措施应是有效的、阻遏性的且成比例的，特别地，其应考虑这些措施所涉及的违反条例的行为或涉嫌违反条例的行为的性质、严重程度、屡次发生和持续时间，以及相关中介服务提供者的经济、技术和经营能力。

6. 成员国应制定行使第 1、2 和 3 款规定的权力的具体规则和程序，并应确保这些权力的任何行使都受到符合《宪章》和欧盟法律一般原则的适用的成员国法律规定的充分保障。特别是，只有在尊重私人生活的权利和辩护权，包括发表意见和查阅卷宗的权利，以及所有受影响各方获得有效司法救济的权利的前提下，才能采取这些措施。

【译者解读：第51条规定了数字服务协调员的非常广泛的执法权力，特别是在特定情形下请求采取限制访问的临时措施的权力。】

第52条 罚款

1. 成员国应在其职权范围内制定适用于中介服务提供者违反本条

例的处罚规则，并应采取一切必要措施确保这些规则按照第 51 条的规定得到执行。

2. 处罚应是有效的、成比例的和阻遏性的。成员国应将相应的规则和措施通知欧盟委员会，并应毫不拖延地将影响相应规则和措施的任何后续修正通知欧盟委员会。

3. 成员国应确保对未能遵守本条例规定的义务的最高罚款金额为有关中介服务提供者在上一财政年度全球年营业额的 6%。成员国应确保对提供不正确、不完整或有误导性的信息，对未能答复或纠正不正确、不完整或有误导性的信息，以及对未能接受检查的行为，可处以的最高罚款金额为中介服务提供者或有关人员上一财政年度年收入或全球营业额的 1%。

4. 成员国应确保每日定期支付罚款的最高金额为有关中介服务提供者在上一财政年度内平均日营业额或日收入的 5%，从有关决定规定的日期起算。

【译者解读：第 52 条规定了施加罚款的考虑因素和金额范围。】

第 53 条　提出投诉的权利

服务接收者和获授权代表其行使本条例所赋予的权利的任何机构、组织或协会有权向相应服务接收者所在或设立场所的成员国的数字服务协调员对中介服务提供者提出投诉，指控其违反本条例。数字服务协调员应评估相应投诉，并在适当情况下将其转交给场所所在地的数字服务协调员，并在认为适当时附上意见。如果投诉属于其成员国另一主管当局的责任，收到投诉的数字服务协调员应将其转递相应部门。在这些程序中，根据成员国法律，双方都有权听取意见并获得有关投诉情况的适当信息。

【译者解读：第 53 条规定了服务接收者及其授权代表有提出投诉的权利。】

第 54 条　赔偿

服务接收者应有权根据欧盟和成员国法律，就中介服务提供者违反本条例规定的义务而遭受的任何损害或损失，向相应提供者请求赔偿。

【译者解读：第54条规定了服务接收者有请求赔偿的权利。】

第55条　活动报告

1. 数字服务协调员应就其根据本条例开展的活动起草年度报告，包括根据第53条收到的投诉数量以及对其后续行动的概述。数字服务协调员应以机器可读的格式向公众提供年度报告，但须遵守第84条规定的信息保密的适用规则，并应向欧盟委员会和数字服务监督委员会通知相应报告。

2. 年度报告还应相应包括以下信息：

（a）有关数字服务协调员成员国的任何成员国司法或行政当局根据第9条和第10条发出的对非法内容采取行动的命令和提供信息的命令的数量和主体内容。

（b）根据第9条和第10条转递给数字服务协调员的这些命令的效力。

3. 如果特定成员国根据第49条指定了若干主管当局，其应确保数字服务协调员起草一份涵盖所有主管当局活动的单一报告，并确保数字服务协调员从其他有关主管当局获得为此所需的所有相关信息和支持。

【译者解读：第55条规定数字服务协调员应就其执法活动起草年度报告，并详细规定了报告应当包含哪些信息。】

第二节　权限、联合调查和一致性机制
第56条　权限

1. 中介服务提供者的主要场所所在的成员国应拥有监管和执行本条例的专属权力，但第2、3和4款规定的权力除外。

2. 欧盟委员会拥有监管和执行第三章第5节的专属权力。

3. 除第三章第5节规定的权力外，欧盟委员会应有权对超大型在线平台或超大型在线搜索引擎的提供者进行监管和执行本条例。

4. 如果欧盟委员会没有对同一违反条例的行为发起程序，超大型

在线平台或超大型在线搜索引擎提供者的主要场所所在的成员国应有权对这些提供者监管和执行本条例规定的义务，但第三章第5节规定的除外。

5. 成员国和欧盟委员会应密切合作，监管和执行本条例的规定。

6. 如果中介服务提供者没有在欧盟设立场所，则其法定代表居住或设立场所的成员国或欧盟委员会应有权根据本条第1和第4款酌情监管和执行本条例规定的相关义务。

7. 如果中介服务提供者没有按照第13条指定法律代表，则所有成员国有权按照本条规定进行监管和执行，或者如果是超大型在线平台或超大型在线搜索引擎的提供者没有按照第13条指定法律代表，则委员会应有权按照本条规定进行监管和执行。

如果数字服务协调员意图行使本款规定的权力，其应通知所有其他数字服务协调员和欧盟委员会，并确保《宪章》提供的适用的保障得到尊重，特别是要避免同一行为因违反本条例规定的义务而受到多次处罚。如果欧盟委员会意图行使本款规定的权力，其应将此意图通知所有其他数字服务协调员。在根据本款发出通知后，其他成员国不得对通知中提到的同一违反条例的行为发起程序。

【译者解读：第56条规定了欧盟机关和成员国机关各自的执法权限。特别是欧盟委员会的执法权限，以及如何确保遵循一事不再罚的原则。】

第57条　互助

1. 数字服务协调员和欧盟委员会应密切合作并互助，以便以一致和有效的方式适用本条例。互助应特别包括根据本条规定交流信息，以及场所所在地的数字服务协调员有责任向所有目的地数字服务协调员、数字服务监督委员会和欧盟委员会通知其对特定中介服务提供者启动的调查的及其做出最后决定的意图，包括其评估。

2. 出于调查的目的，场所所在地的数字服务协调员可以要求其他数字服务协调员提供其所掌握的有关特定中介服务提供者的特定信息，或对位于其成员国的特定信息行使第51条第1款所述的调查权力。在适当情况下，收到请求的数字服务协调员可以让有关成员国的其他主管当局或其他公共当局参与进来。

3. 收到第 2 款规定的请求的数字服务协调员应遵守相应请求，并将所采取的行动通知场所所在地数字服务协调员，不得无故拖延，且最迟不得超过收到请求后的两个月，除非：

（a）鉴于调查目的，请求的范围或主体内容不够具体、合理或成比例；或者，

（b）收到请求的数字服务协调员以及相应成员国的其他主管当局或其他公共当局都不掌握或无法获得所请求的信息；或者，

（c）在不违反欧盟或成员国法律的情况下，无法满足相应请求。

收到请求的数字服务协调员应在第一项规定的期限内提交一份合理的答复，说明其拒绝的理由。

【译者解读：第 57 条规定了不同成员国的数字服务协调员之间的互助义务。】

第 58 条　数字服务协调员之间的跨境合作

1. 除非欧盟委员会对同一涉嫌违反条例的行为展开调查，如果目的地的数字服务协调员有理由怀疑中介服务提供者以对其成员国的服务接收者产生负面影响的方式违反了本条例，其可以要求场所所在地的数字服务协调员评估此事，并采取必要的调查和执法措施，以确保遵守本条例。

2. 除非欧盟委员会对同一涉嫌违反条例的行为展开调查，并应至少三位有理由怀疑特定的中介服务提供者以对其成员国的服务接收者产生负面影响的方式违反了本条例的目的地数字服务协调员的要求，数字服务监督委员会可以要求场所所在地的数字服务协调员评估相应事项，并采取必要的调查和执法措施，以确保遵守本条例。

3. 根据第 1 款或第 2 款提出的请求应适当说明理由，并应至少表明：

（a）第 11 条规定的相应中介服务提供者的联系点。

（b）对相关事实、本条例有关规定以及提出请求的数字服务协调

员或数字服务监督委员会怀疑提供者违反本条例的理由的描述，包括对所称涉嫌违反条例的行为的负面影响的描述。

（c）发送请求的数字服务协调员或数字服务监督委员会认为相关的任何其他信息，包括酌情主动收集的信息或关于应采取的具体调查或执法措施的建议，包括临时措施。

4. 场所所在地的数字服务协调员应充分考虑本条第 1 款或第 2 款规定的请求。如果其认为其没有足够的信息对相应请求采取行动，并且有理由认为提出请求的数字服务协调员或数字服务监督委员会可以提供额外的信息，场所所在地的数字服务协调员可以根据第 57 条要求提供这些信息，或者，可以根据第 60 条第 1 款发起联合调查，并至少让提出请求的数字服务协调员参与进来。本条第 5 款规定的期限应即中止，直到提供补充信息或拒绝参加联合调查的邀请为止。

5. 场所所在地的数字服务协调员应在没有无故拖延的情况下，并在任何情况下不迟于收到第 1 款或第 2 款规定的请求后的两个月内，向提出请求的数字服务协调员和数字服务监督委员会通知对涉嫌违反条例的行为的评估，并解释为确保遵守本条例而采取或计划的任何调查或执法措施。

【译者解读：第 58 条规定了数字服务协调员请求其他成员国内的相应协调员跨境合作调查的条件、程序和方式。】

第 59 条　向欧盟委员会移送

1. 如果在第 58 条第 5 款规定的期限内没有通知，在数字服务监督委员会不同意根据第 58 条第 5 款所进行的评估，或者其不同意所采取或计划的措施的情况下，或在第 60 条第 3 款所述的情况下，数字服务监督委员会可将相应事项移送欧盟委员会，并提供所有相关信息。相应信息应至少包括向场所所在地的数字服务协调员发出的请求或建议、相应数字服务协调员的评估、不同意的原因以及任何支持移送的补充信息。

2. 欧盟委员会应在根据第 1 款移送相应事项后的两个月内，在与场所所在地的数字服务协调员协商后评估相应事项。

3. 如果根据本条第2款，欧盟委员会认为根据第58条第5款进行的评估或其采取或设想的调查或执法措施不足以确保有效执法，或在其他方面不符合本条例，欧盟委员会应将其意见传达给场所所在地的数字服务协调员和数字服务监督委员会，并要求场所所在地的数字服务协调员审查这一事项。

场所所在地的数字服务协调员应采取必要的调查或执法措施，并充分考虑欧盟委员会的意见和审查请求，以确保遵守本条例。场所所在地的数字服务协调员应在提出审查要求后的两个月内向欧盟委员会，以及根据第58条第1款或第2款采取行动的数字服务协调员或数字服务监督委员会通知其所采取的措施。

【译者解读：第59条规定了向欧盟委员会移送案件的条件、程序和方式。】

第60条　联合调查

1. 场所所在地的数字服务协调员可在一名或多名其他相关数字服务协调员的参与下发起和领导联合调查：

（a）主动调查特定中介服务提供者在若干成员国涉嫌违反本条例的行为；或者，

（b）根据数字服务监督委员会的建议，应至少三名数字服务协调员根据合理的怀疑，针对特定中介服务提供者违反条例的行为影响其成员国的服务接收者的指控。

2. 任何数字服务协调员如能证明其在参与第1款规定的联合调查中具有合法利益，即可要求参与。联合调查应在启动后的三个月内结束，除非参与者之间有约定。

场所所在地的数字服务协调员应在第一段所述期限结束后的一个月内，向所有数字服务协调员、欧盟委员会和数字服务监督委员会通知其对涉嫌违反条例的行为的初步调查结果。相应的初步调查结果应考虑参与联合调查的所有其他数字服务协调员的意见。在适用的情况下，相应的初步调查结果也应列出所计划的执法措施。

3. 数字服务监督委员会可根据第59条将相应事项移送至欧盟委员

会，如果：

（a）场所所在地的数字服务协调员未能在第2款规定的期限内通知其初步调查结果；

（b）数字服务监督委员会实质上不同意场所所在地的数字服务协调员所通知的初步调查结果；或者，

（c）场所所在地的数字服务协调员未能在数字服务监督委员会根据第1款（b）项提出建议后迅速启动联合调查。

4. 在进行联合调查时，参与的数字服务协调员应真诚地合作，在适用的情况下，考虑场所所在地的数字服务协调员的指示和数字服务监督委员会的建议。参与联合调查的目的地数字服务协调员应有权应场所所在地的数字服务协调员的要求，或与场所所在地的数字服务协调员协商后，对被控违反条例的行为所涉及的中介服务提供者行使第51条第1款所述的调查权，并对位于目的地境内的信息和场所进行调查。

【译者解读：第60条规定了多个数字服务协调员开展联合调查的条件、程序和方式。】

第三节　欧盟数字服务监督委员会

第61条　欧盟数字服务监督委员会

1. 成立由数字服务协调员组成的、名为"欧盟数字服务监督委员会"（"数字服务监督委员会"）的独立顾问团体，以监管中介服务提供者。

2. 数字服务监督委员会应根据本条例向数字服务协调员和欧盟委员会提供建议，以实现以下目标：

（a）有助于本条例的一致适用，以及数字服务协调员和欧盟委员会在本条例所涉事项上的有效合作；

（b）协调并协助欧盟委员会、数字服务协调员以及其他主管当局就本条例所涵盖的内部市场上出现的新问题提出指南和分析；

（c）协助数字服务协调员和欧盟委员会对超大型在线平台进行监管。

【译者解读：第 61 条规定了数字服务监督委员会的职能。根本而言，这是一个旨在监督中介服务提供者的、独立的顾问性质团体。】

第 62 条 数字服务监督委员会的结构

1. 数字服务监督委员会应由数字服务协调员组成，并由其高级官员代表。一个或多个成员国未指定数字服务协调员不妨碍数字服务监督委员会履行本条例规定的任务。在成员国法律规定的情况下，与数字服务协调员一同被赋予适用和执行本条例的具体的业务责任的其他主管当局可以参加委员会。如果讨论的问题与其他成员国当局有关，可邀请其参加会议。

2. 数字服务监督委员会应由欧盟委员会主持。欧盟委员会应根据本条例规定的数字服务监督委员会的任务，并按照其议事规则召集会议并准备议程。当数字服务监督委员会被要求根据本条例通过一项建议时，其应立即通过第 85 条规定的信息共享系统向其他数字服务协调员提供相应的要求。

3. 每一成员国有一票投票权。欧盟委员会无投票权。

数字服务监督委员会应以简单多数通过其规则。在通过第 36 条第 1 款提及的、对欧盟委员会的建议时，数字服务监督委员会应在数字服务监督委员会主席提出要求后的 48 小时内进行表决。

4. 欧盟委员会应为数字服务监督委员会根据本条例开展的活动提供行政和分析支持。

5. 数字服务监督委员会可邀请专家和观察员出席其会议，并可酌情与欧盟其他机关、办公室、机构和咨询小组以及外部专家合作。数字服务监督委员会应公开相应合作的结果。

6. 数字服务监督委员会可向有关各方咨询，并应公开相应咨询的结果。

7. 数字服务监督委员会应在征得欧盟委员会同意后通过其议事规则。

【译者解读：第 62 条规定了数字服务监督委员会的结构，体现了该委员会与欧盟委员会之间的密切关系。】

第63条　数字服务监督委员会的任务

1. 为实现第61条第2款规定的目标，在必要时，数字服务监督委员会应特别地：

（a）支持联合调查的协调；

（b）支持主管当局分析将根据本条例转递的、关于超大型在线平台或超大型在线搜索引擎的报告和审计结果；

（c）根据本条例向数字服务协调员发出意见、建议或咨询，特别是考虑到中介服务提供者提供服务的自由；

（d）就第66条提到的措施向欧盟委员会提出建议，并根据本条例通过有关超大型在线平台或超大型在线搜索引擎的意见；

（e）按照本条例的规定，与相关的利益相关者合作，支持和促进欧盟标准、指南、报告、模板和行为守则的制定和实施，包括就与第44条有关的事项发表意见或建议，以及就本条例所涉事项识别新兴的问题。

2. 数字服务协调员，以及在适用情况下，不遵循数字服务监督委员会通过的对其提出的意见、要求或建议的其他主管机构，应酌情在根据本条例提出报告或通过其有关决定时，说明做出相应选择的理由，包括解释其所进行的调查、行动和采取的措施。

【译者解读：第63条规定了数字服务监督委员会的任务。其对数字服务协调员有一定程度的监督职能。】

第四节　对超大型在线平台或超大型在线搜索引擎的提供者进行监管、调查、执行和监测

第64条　发展专业知识和能力

1. 欧盟委员会应与数字服务协调员和数字服务监督委员会合作，发展欧盟的专门知识和能力，包括酌情借调成员国的人员。

2. 此外，欧盟委员会应与数字服务协调员和数字服务监督委员会合作，就本条例所涉及的事项，协调评估整个欧盟内与超大型在线平台或超大型在线搜索引擎有关的、系统性和新兴的问题。

3. 欧盟委员会可要求数字服务协调员、数字服务监督委员会和具

有相关专门知识的其他欧盟机构、办事处和机构支持根据本条例对整个欧盟的系统性和新兴的问题进行评估。

4. 成员国应与欧盟委员会合作，特别是通过其各自的数字服务协调员和其他主管当局（如适用），包括提供其专门知识和能力而合作。

【译者解读：第 64 条规定为了促进针对超大型在线平台的执法，欧盟委员会可以从何种渠道、从哪些机关筹措足够的专业知识和能力。】

第 65 条　超大型在线平台或超大型在线搜索引擎的提供者的义务履行情况

1. 为了调查超大型在线平台或超大型在线搜索引擎的提供者遵守本条例规定的义务的情况，欧盟委员会可以在根据第 66 条第 2 款启动程序之前行使本节所规定的调查权力。其可以主动或根据本条第 2 款的请求行使这些权力。

2. 如果数字服务协调员有理由怀疑一个超大型在线平台或超大型在线搜索引擎的提供者违反了第三章第 5 节的规定，或其以严重影响其成员国服务接收者的方式系统地违反了本条例的任何规定，其可以通过第 85 条所述的信息共享系统向欧盟委员会发出评估相应事项的请求。

3. 根据第 2 款提出的请求应具有适当的理由，并至少表明：

（a）第 11 条规定的超大型在线平台或超大型在线搜索引擎的提供者的联络点；

（b）说明相关事实、本条例的有关规定以及发出请求的数字服务协调员怀疑相应超大型在线平台或超大型在线搜索引擎的提供者违反了本条例的原因，包括说明表明涉嫌违反条例的行为具有系统性的事实；以及，

（c）发送请求的数字服务协调员认为相关的任何其他信息，包括在适当情况下主动收集的信息。

【译者解读：第 65 条规定了欧盟委员会调查超大型在线平台履行义务的情况的权力。其可以主动发起调查，也可以应数字服务协调员的

请求开展调查。】

第 66 条　欧盟委员会启动程序与调查中的合作

1. 欧盟委员会可根据第 73 条和第 74 条对其怀疑违反本条例任何规定的超大型在线平台或超大型在线搜索引擎的提供者的相关行为启动程序，以便其可能通过决定。

2. 如果欧盟委员会决定根据本条第 1 款启动程序，其应通过第 85 条所述的信息共享系统通知所有数字服务协调员和数字服务监督委员会，以及有关的超大型在线平台或超大型在线搜索引擎的提供者。

数字服务协调员在接到启动诉讼程序的通知后，应没有不当拖延地将其所掌握的关于涉嫌违反条例行为的任何信息传递给委员会。

欧盟委员会根据本条第 1 款启动的程序，应即解除数字服务协调员或任何适用的主管当局根据第 56 条第 4 款规定的监管和执行本条例的权力。

3. 在行使本条例规定的调查权时，欧盟委员会可要求与涉嫌违反条例行为有关的任何数字服务协调员，包括场所所在地的数字服务协调员提供单独的或联合的支持。收到这种请求的数字服务协调员，以及在数字服务协调员参与的情况下，任何其他的主管当局，应真诚且及时地与委员会合作，其并有权根据相应请求，对位于相应成员国境内的超大型在线平台或超大型在线搜索引擎的提供者行使第 51 条第 1 款所述的调查权，并对其信息、人员和场所进行调查。

4. 欧盟委员会应向场所所在地的数字服务协调员和数字服务监督委员会提供关于行使第 67 条至第 72 条所述权力的所有相关信息，以及第 79 条第 1 款所述的初步调查结果。数字服务监督委员会应在根据第 79 条第 2 款规定的期限内向欧盟委员会提交其对这些初步调查结果的意见。欧盟委员会应在其决定中充分考虑数字服务监督委员会的任何意见。

【译者解读：第 66 条明确规定了欧盟委员会享有执行本法的权力。这是为了解决之前《通用数据保护条例》执行不力的问题。】

第 67 条 要求提供信息

1. 为执行本节规定的任务，欧盟委员会可以通过简易要求或决定，以要求有关的超大型在线平台或超大型在线搜索引擎的提供者，以及为与其行业、业务、技艺或职业有关的目的行事的任何其他自然人或法人，包括执行第 37 条和第 75 条第 2 款所述审计的组织，在合理期限内提供相应信息。

2. 在向超大型在线平台或有关超大型在线搜索引擎的提供者或本条第 1 款所述的其他人员发出简易的信息要求时，欧盟委员会应说明法律依据和要求的目的，具体说明需要哪些信息并规定提供信息的期限，以及第 74 条所规定的提供不正确、不完整或误导性信息的罚款。

3. 如果欧盟委员会通过决定要求有关的超大型在线平台或超大型在线搜索引擎的提供者或本条第 1 款所述的其他人员提供信息，其应说明相应要求的法律依据和目的，具体说明需要哪些信息并规定提供信息的期限。其还应指出第 74 条规定的罚款，并指出或施加第 76 条所规定的定期罚款。其应进一步指出由欧盟法院审查相应决定的权利。

4. 有关的超大型在线平台或超大型在线搜索引擎的提供者或第 1 款所述的其他人员或其代表，以及在其系法人、公司或企业的情况下，或在其没有法人资格，法律或其章程授权其他人员为其的情况下，应代表有关的超大型在线平台或超大型在线搜索引擎的提供者或第 1 款所述的其他人员而提供所要求的信息。经正当授权的律师可以代表其委托人提供信息。如果提供的信息不完整、不正确或有误导性，委托人仍应承担全部责任。

5. 应欧盟委员会的要求，数字服务协调员和其他主管当局应向欧盟委员会提供所有必要的信息，以执行本节规定的任务。

6. 欧盟委员会在发出本条第 1 款所述的简单要求或决定后，应通过第 85 条所述的信息共享系统将其副本发送给数字服务协调员，不得无故拖延。

【译者解读：第 67 条规定了欧盟委员会享有非常广泛的、要求超大型在线平台提供所需信息的权力。】

第 68 条 访谈和记录陈述的权力

1. 为执行本节规定的任务，欧盟委员会可与同意接受访谈的任何自然人或法人进行访谈，以收集与调查对象有关的、与涉嫌违反条例行为有关的信息。欧盟委员会应有权通过适当的技术手段记录相应访谈。

2. 如果第 1 款所指的访谈是在欧盟委员会以外的地点进行，欧盟委员会应通知访谈发生地的成员国的数字服务协调员。如果相应数字服务协调员提出要求，其官员可协助欧盟委员会授权的官员和其他陪同人员进行访谈。

【译者解读：第 68 条规定了欧盟委员会享有非常广泛的、在同意的前提下接受访谈并记录陈述的权力。】

第 69 条 进行检查的权力

1. 为执行本节规定的任务，欧盟委员会可以在有关的超大型在线平台或超大型在线搜索引擎的提供者或第 67 条第 1 款所指的其他人员的地点进行一切必要的检查。

2. 经欧盟委员会授权进行检查的官员和其他陪同人员应有权：

（a）进入有关的超大型在线平台或超大型在线搜索引擎的提供者或其他有关人员的任何地点、土地和运输工具；

（b）检查与提供有关服务有关的文书记录，无论这些文书记录是以何种媒介存储；

（c）以任何形式取得或获得相应文书记录的副本或摘要；

（d）要求超大型在线平台或超大型在线搜索引擎的提供者或其他有关人员提供关于其组织、运营、信息技术系统、算法、数据处理和商业实践的访问权限和解释，并记录或存档所提供的解释；

（e）在为检查所需的时间和范围内，封存用于与超大型在线平台或超大型在线搜索引擎的提供者或其他有关人员的行业、业务、技艺或职业有关的任何地点，以及文书记录；

（f）要求超大型在线平台或超大型在线搜索引擎的提供者或其他有关人员的任何代表或工作人员解释与检查主题和目的有关的事实或文件，并记录答复；以及，

（g）向任何此类代表或工作人员提出与检查的主题和目的的有关的问题，并记录答复。

3. 检查可以在欧盟委员会根据第 72 条第 2 款任命的审计员或专家的协助下进行，也可以在数字服务协调员或进行检查的成员国的其他主管成员国当局的协助下进行。

4. 如果与提供有关服务有关的所需文书记录的开示不完整，或对根据本条第 2 款提出的问题的回答不正确、不完整或有误导性，欧盟委员会授权进行检查的官员和其他陪同人员应在出示书面授权书的情况下行使其权力，说明检查的主题和目的以及第 74 条和第 76 条规定的惩罚措施。在检查之前，委员会应及时通知检查所在地点的成员国的数字服务协调员。

5. 在检查期间，欧盟委员会授权的官员和其他陪同人员、欧盟委员会任命的审计员和专家、数字服务协调员或进行检查的成员国的其他主管当局可要求超大型在线平台或超大型在线搜索引擎的提供者或其他有关人员就其组织、运作、信息技术系统、算法、数据处理和商业行为做出解释，并可向其主要人员提问。

6. 应当要求超大型在线平台或超大型在线搜索引擎的提供者或其他有关的自然人或法人接受委员会决定下令进行的检查。相应决定应说明检查的主题和目的，确定开始检查的日期，并说明第 74 条和第 76 条规定的处罚，以及要求欧盟法院审查相应决定的权利。欧盟委员会在做出相应决定之前，应咨询在其境内进行检查的成员国的数字服务协调员。

7. 由检查所在的成员国数字服务协调员授权或任命的官员和其他人员，在相应的数字服务协调员或欧盟委员会的要求下，应积极协助欧盟委员会授权的官员和其他陪同人员进行检查。为此，其应拥有第 2 款所列的权力。

8. 如果欧盟委员会授权的官员和其他陪同人员发现超大型在线平台或超大型在线搜索引擎的提供者或其他有关人员反对根据本条命令进行的检查，在其境内进行检查的成员国应根据相应官员或其他陪同人员的要求，并根据相应成员国的成员国法律，向相应官员或其他陪同人员提供必要的协助，包括根据相应的成员国法律酌情由主管执法当局采取强制措施，以便其能够进行检查。

9. 如果第8款规定的协助需要由成员国司法当局根据有关成员国的成员国法律进行授权，则应由相应成员国的数字服务协调员应委员会授权的官员和其他陪同人员的要求，而申请这种授权。相应授权也可以作为一种事前预防措施来申请。

10. 在申请第9款所述授权的情况下，受理案件的成员国司法当局应当核查欧盟委员会命令进行检查的决定是真诚的，而且鉴于检查的主题，其所计划的强制措施既非专断也不过度。在进行相应核查时，成员国司法当局可直接或通过有关成员国的数字服务协调员要求欧盟委员会做出详细解释，特别是关于欧盟委员会怀疑违反本条例的理由、关于涉嫌侵权行为的严重性以及关于超大型在线平台或超大型在线搜索引擎的提供者或其他有关人员涉及违法行为的性质。但是，成员国司法机关不得对检查的必要性提出质疑，也不得要求从委员会的案卷中获得信息。欧盟委员会决定的合法性只应受欧盟法院审查。

【译者解读：第69条规定了欧盟委员会享有非常广泛的、检查超大型在线平台的权力。本条第10款提及，尽管成员国司法当局有权简要核查并要求解释，但是，欧盟委员会的检查决定的合法性只受欧盟法院的审查。】

第70条　临时措施

1. 在可能导致根据第73条第1款通过不合规决定的程序中，如果由于服务接收者面临遭受严重损害的风险而存在急迫性，欧盟委员会可通过决定，在初步认定违反条例的基础上，命令对有关的超大型在线平台或超大型在线搜索引擎的提供者采取临时措施。

2. 根据第1款做出的决定应在指定的时间段内适用，并可以在必要和适当时延长。

【译者解读：第70条规定了欧盟委员会有根据初步结论要求超大型在线平台采取临时措施的权力。这可能是实践中最有力的执法措施。】

第 71 条 承诺

1. 如果在本节规定的程序中，有关超大型在线平台或超大型在线搜索引擎的提供者提出承诺，确保遵守本条例的有关规定，欧盟委员会可通过决定使相应承诺对有关超大型在线平台或超大型在线搜索引擎的提供者具有约束力，并宣布没有进一步行动的理由。

2. 欧盟委员会可应要求或自行决定重启程序：

（a）如果作为决定依据的任何事实发生了重大变化；

（b）有关的超大型在线平台或超大型在线搜索引擎的提供者的行为违背了其承诺；或者，

（c）如果相应决定是基于有关超大型在线平台或超大型在线搜索引擎的提供者或第 67 条第 1 款所指的其他人员提供的不完整、不正确或误导性的信息。

3. 如果欧盟委员会认为有关超大型在线平台或超大型在线搜索引擎的提供者提供的承诺无法确保有效遵守本条例的相关规定，则应在结束程序时做出拒绝相应承诺的合理决定。

【译者解读：第 71 条规定了欧盟委员会接受或拒绝接受超大型在线平台的整改承诺，并相应地停止程序、继续程序或重启程序的条件和方式。】

第 72 条 监测行动

1. 为执行本节规定的任务，欧盟委员会可采取必要的、监测超大型在线平台或超大型在线搜索引擎的提供者有效执行和遵守本条例的情况的行动。欧盟委员会可以命令其提供对其数据库和算法的访问权限和相关解释。相应行动可能包括，规定超大型在线平台或超大型在线搜索引擎的提供者有义务留存所有被认为是评估本条例规定的义务的执行和遵守情况所需的文件。

2. 根据第 1 款采取的行动可包括任命独立的外部专家和审计员，以及经有关当局同意，任命成员国主管当局的专家和审计员，以协助欧盟委员会监测本条例有关规定的有效执行和遵守情况，并向欧盟委员会提供具体的专门知识或知识。

【译者解读：第 72 条规定了欧盟委员会享有非常广泛的、监测超大型平台的义务履行情况的权力。这一权力包括前文的访问数据的权力，也包括开展审计的权力。】

第 73 条　不遵从

1. 如果欧盟委员会发现有关的超大型在线平台或超大型在线搜索引擎的提供者没有遵守以下一项或多项规定，则应通过不遵从决定：

（a）本条例的相关规定；

（b）根据第 70 条的命令采取的临时措施；或者，

（c）根据第 71 条做出的具有约束力的承诺。

2. 在根据第 1 款通过决定之前，欧盟委员会应将其初步调查结果通知有关的超大型在线平台或超大型在线搜索引擎的提供者。在初步调查结果中，欧盟委员会应解释其考虑采取的措施，或其认为有关的超大型在线平台或超大型在线搜索引擎的提供者应采取的措施，以便有效地应对初步调查的结果。

3. 在根据第 1 款通过的决定中，欧盟委员会应命令有关的超大型在线平台或超大型在线搜索引擎的提供者采取必要措施，确保在其中规定的合理期间内遵守根据第 1 款做出的决定，并提供有关相应提供者为遵守相应决定而意图采取的措施的信息。

4. 有关的超大型在线平台或超大型在线搜索引擎的提供者应向欧盟委员会说明其为确保在执行第 1 款的决定时遵守规定而采取的措施。

5. 如果欧盟委员会发现不符合第 1 款的条件，其应通过一项决定结束调查。相应决定应立即适用。

【译者解读：第 73 条详细规定了何时可以认定超大型在线平台未能遵从本法。】

第 74 条　罚款

1. 在第 73 条提及的决定中，欧盟委员会可对有关的超大型在线平台或超大型在线搜索引擎的提供者处以不超过其上一财政年度全球总营业额 6% 的罚款，如果欧盟委员会发现相应提供者故意地或过失地：

（a）违反了本条例的相关规定；

（b）未能遵从根据第 70 条命令采取临时措施的决定；或者，

（c）未能遵守根据第 71 条做出的具有约束力的决定的承诺。

2. 欧盟委员会可通过一项决定，对有关的超大型在线平台或超大型在线搜索引擎的提供者或第 67 条第 1 款所述的其他自然人或法人处以不超过上一财政年度年收入或全球营业额总额 1% 的罚款，如果其故意地或过失地：

（a）提供不正确、不完整或误导性的信息，以答复简易要求或根据第 67 条而决定的请求；

（b）未能在规定期限内以所决定的方式答复信息要求；

（c）未能在欧盟委员会规定的期限内纠正工作人员提供的不正确、不完整或误导性的信息，或未能提供或拒绝提供完整的信息；

（d）拒绝接受根据第 69 条进行的检查；

（e）未能遵从委员会根据第 72 条采取的措施；或者，

（f）未能遵守第 79 条第 4 款规定的查阅委员会卷宗的条件。

3. 在根据本条第 2 款通过决定之前，欧盟委员会应将其初步决定通知有关的超大型在线平台或超大型在线搜索引擎的提供者，或者第 67 条第 1 款所述的其他人员。

4. 在确定罚款金额时，欧盟委员会应考虑侵权行为的性质、严重程度、持续时间和屡次发生，对于根据第 2 款规定的罚款，应考虑其对程序造成的延误。

【译者解读：第 74 条规定了就未能遵从本法对超大型在线平台做出处罚的条件和范围。】

第 75 条　强化对救济措施的监管，以处理违反第三章第 5 节规定的义务的行为

1. 在根据第 73 条通过有关的超大型在线平台或超大型在线搜索引擎的提供者违反了第三章第 5 节的任何规定的决定时，欧盟委员会应利用本条规定的强化监管制度。如此行事时，其应最大限度地考虑数字服务监督委员会根据本条提出的任何意见。

2. 在第 73 条所述的决定中，欧盟委员会应要求有关的超大型在线平台或超大型在线搜索引擎的提供者在决定中规定的合理期限内制定，并向数字服务协调员、欧盟委员会和数字服务监督委员会通知一项行动计划，列出足以终止或救济违反条例行为的必要措施。这些措施应包括承诺根据第 37 条第 3 款和第 4 款对其他措施的执行情况进行独立审计，并应明确审计人员的身份，以及审计的方法、时间和后续行动。这些措施还可酌情包括对参加第 45 条规定的相关行为守则的承诺。

3. 在收到行动计划后的一个月内，数字服务监督委员会应将其对行动计划的意见告知欧盟委员会。在收到相应意见后的一个月内，欧盟委员会应决定行动计划列出的措施是否足以终止或救济违反条例的行为，并为其实施设定合理的期限。相应决定应考虑到遵守相关行为守则的可能的承诺。欧盟委员会随后应监管行动计划的实施。为此，有关的超大型在线平台或超大型在线搜索引擎的提供者应在审计报告完成后及时通知欧盟委员会，不得无故拖延，并应向欧盟委员会通报为执行行动计划而采取的最新步骤。在这种监管的必要情况下，欧盟委员会可以要求有关的超大型在线平台或超大型在线搜索引擎的提供者在其规定的合理期限内提供补充信息。

欧盟委员会应随时向数字服务监督委员会和数字服务协调员告知行动计划的执行情况及其监测情况。

4. 欧盟委员会可根据本条例，特别是第 76 条第 1 款（e）项和第 82 条第 1 款，在下列情况下采取必要的措施：

（a）有关的超大型在线平台或超大型在线搜索引擎的提供者未能在适用期限内提供任何行动计划、审计报告、必要的更新或任何必要的补充资料；

（b）欧盟委员会拒绝拟议的行动计划，因其认为计划中规定的措施不足以终止或救济违反条例的行为；或者，

（c）欧盟委员会根据审计报告、所提供的任何更新或补充信息或其所掌握的任何其他相关信息，认为行动计划的实施不足以终止或救济相应的违反条例的行为。

【译者解读：第 75 条规定了通过审计强化超大型在线平台监管的

条件、程序和方式。】

第 76 条　定期罚款

1. 欧盟委员会可通过一项决定，对超大型在线平台或有关超大型在线搜索引擎的提供者或酌情对第 67 条第 1 款所述的其他人员处以定期支付罚款，数额不超过上一财政年度平均每日收入或全球日营业额的 5%，从相应决定指定的日期开始起算，以迫使其：

（a）根据第 67 条要求提供信息的决定，提供正确和完整的信息；

（b）接受根据第 69 条的决定所命令的检查；

（c）遵守根据第 70 条第 1 款命令采取临时措施的决定；

（d）遵守根据第 71 条第 1 款做出的决定而具有法律约束力的承诺；或者，

（e）遵守根据第 73 条第 1 款做出的决定，包括在适用情况下，包含与第 75 条所述的行动计划有关的要求。

2. 如果有关的超大型在线平台或超大型在线搜索引擎的提供者或第 67 条第 1 款中提到的其他人员已经履行了定期支付罚款的义务，欧盟委员会可以将定期支付罚款的最终金额确定为低于原决定的金额。

【译者解读：第 76 条规定了对超大型在线平台或其他有关人员施加或调整定期罚款的条件和范围。】

第 77 条　施加处罚的时限

1. 第 74 条和第 76 条赋予欧盟委员会的权力，应以五年为其时限。

2. 时限应从违反条例行为发生之日起算。但是，如果是持续或屡次的违反条例的行为，则时限应从违反条例行为停止之日起算。

3. 欧盟委员会或数字服务协调员为调查或特定违反的条例行为或针对其启动程序而采取的任何行动均应中断施加罚款或定期支付罚款的时效。中断时限的行动特别应包括：

（a）欧盟委员会或数字服务协调员对提供信息的要求；

（b）检查；或者，

（c）欧盟委员会根据第 66 条第 1 款启动一项程序。

4. 每次中断都应重新开始计时。但是，施加罚款或定期支付罚金的时效最迟应在相当于时限期间两倍的时间过去，且欧盟委员会没有施加罚款或定期罚款以后结束。相应时限应根据第 5 款中止时限的期间延长。

5. 只要欧盟委员会的决定构成欧盟法院正在审理的诉讼的主体，即应中止实施罚款或定期支付罚款的时效。

【译者解读：第 77 条规定了施加处罚的时限一般为五年，并且详细规定了相应时限如何起算、中止、继续计算或重新计算。】

第 78 条 执行处罚的时限

1. 欧盟委员会执行根据第 74 条和第 76 条施加的决定的权力，应以五年为其时限。

2. 时限应从相应决定成为最终决定之日起算。

3. 执行处罚的时效期应中断：

（a）通过相应通知，决定调整原来的罚款或定期支付罚款的金额，或者拒绝调整的申请；或者，

（b）由欧盟委员会或应欧盟委员会要求行事的成员国采取旨在强制支付罚款或定期支付罚金的行动。

4. 每次中断都应重新开始计时。

5. 执行处罚的时效期限应在下列情况中止：

（a）允许支付的期限；或者

（b）根据欧盟法院的判决或成员国法院的判决，中止执行付款。

【译者解读：第 78 条规定了执行处罚的时限一般为五年，并且详细规定了相应时限如何起算、中止、继续计算或重新计算。】

第 79 条 陈述和查阅卷宗的权利

1. 在根据第 73 条第 1 款、第 74 条或第 76 条通过一项决定之前，欧盟委员会应给予有关的超大型在线平台或超大型在线搜索引擎的提供者或第 67 条第 1 款所述的其他人员就以下问题进行陈述的机会。

（a）欧盟委员会的初步调查结果，包括欧盟委员会已提出反对意见的任何事项；以及

（b）欧盟委员会考虑（a）项所述的初步调查结果，可能意图采取的措施。

2. 有关的超大型在线平台或超大型在线搜索引擎的提供者或第 67 条第 1 款所述的其他人员可以在欧盟委员会在其初步调查结果中规定的合理期限内，提交其对欧盟委员会初步调查结果的意见，相应期限不得少于 14 天。

3. 欧盟委员会应仅以有关各方能够发表意见的反对意见为基础做出决定。

4. 有关各方的辩护权应在程序中得到充分尊重。其应有权根据协商后的披露条件查阅欧盟委员会的卷宗，但须符合超大型在线平台或超大型在线搜索引擎的提供者或其他有关人员保护其商业秘密的合法利益。欧盟委员会应有权在各方意见不一致的情况下通过决定，规定此类披露条款。查阅欧盟委员会档案的权利不应扩大到欧盟委员会、数字服务监督委员会、数字服务协调员、其他主管当局或成员国其他公共当局的机密信息和内部文件。特别是，查阅权不应扩展到欧盟委员会与相应当局之间的通信。本款规定不应妨碍欧盟委员会披露和使用证明违反条例行为所需的信息。

5. 根据第 67、68 和 69 条收集的信息应仅用于本条例的目的。

【译者解读：第 79 条规定了超大型在线平台有做出陈述或查阅卷宗的权利，同时规定其具备保护其商业秘密的合法利益。】

第 80 条 公布决定

1. 欧盟委员会应公布其根据第 70 条第 1 款、第 71 条第 1 款和第 73 条至第 76 条通过的决定。相应公布应说明各方的名称和决定的主要内容，包括所施加的任何惩罚。

2. 相应公布应考虑有关的超大型在线平台或超大型在线搜索引擎的提供者、第 67 条第 1 款所述的任何其他人员以及任何第三方在保护其机密信息方面的权利和合法利益。

【译者解读：第 80 条规定了欧盟委员会公布其针对超大型在线平台或其他有关人员的决定的方式和考虑因素。】

第 81 条　欧盟法院的审查

根据《欧盟运作条约》第 261 条，欧盟法院拥有可以审查欧盟委员会施加罚款或定期支付罚款的决定的、不受限制的审查权。其可以取消、减少或增加所施加的罚款或定期罚款金额。

【译者解读：第 81 条重申了欧盟法院的广泛审查权。】

第 82 条　要求限制访问并与各国法院合作

1. 如果本节规定的、用以停止违反本条例的行为所有权力都已用尽，但违反行为仍然存续，并造成严重损害，且无法通过行使欧盟或成员国法律规定的其他权力以避免，则欧盟委员会可请求有关的超大型在线平台或超大型在线搜索引擎的提供者的数字服务协调员根据第 51 条第 3 款采取行动。

在向数字服务协调员提出这种要求之前，欧盟委员会应邀请有关各方在不少于 14 个工作日的时间内提交书面意见，说明其意图要求采取的措施，并确定其预期的一个或多个被请求人。

2. 如果本条例的一致适用如此需要，欧盟委员会可主动向第 51 条第 3 款所指的主管司法当局提交书面意见。经有关司法当局许可，其也可以提出口头意见。

仅为准备其意见的目的，欧盟委员会可要求相应司法当局向其转递或确保转递评估案件所需的任何文件。

3. 当成员国法院对欧盟委员会根据本条例通过的决定所涉及的事项做出裁决时，相应成员国法院不得做出与欧盟委员会的决定相抵触的任何决定。成员国法院也应避免做出可能与欧盟委员会在其根据本条例启动的程序中所考虑的决定相冲突的决定。为此，成员国法院可以评估是否有必要中止其程序。这不妨碍《欧盟条约》第 267 条。

【译者解读：第 82 条进一步明确了欧盟委员会请求采取临时措施

的程序和方式。】

第 83 条 与欧盟委员会干预有关的实施细则

关于本节所述的欧盟委员会干预，欧盟委员会可以通过关于以下实践安排的实施细则：

（a）根据第 69 条和第 72 条进行的程序；

（b）第 79 条规定的陈述；以及，

（c）第 79 条规定的信息的协商披露。

在根据本条第 1 款通过任何措施之前，欧盟委员会应公布其草案，并邀请所有有关各方在草案规定的期限内提交意见，相应期限不得少于一个月。相应实施细则应根据第 88 条所述的咨询程序予以通过。

【译者解读：第 83 条为欧盟委员会未来具体化其是否、如何实施干预留下了空间。】

第五节 关于执行的通用条款
第 84 条 职业秘密

在不影响本章所述信息的交流和使用的情况下，欧盟委员会、数字服务监督委员会、成员国主管当局及其各自的官员、受雇者及在其监督下工作的其他人员，以及任何其他参与的自然人或法人，包括根据第 72 条第 2 款任命的审计员和专家，不得披露其根据本条例获得或交流的、属于职业保密义务范围的信息。

【译者解读：第 84 条重申了执行中的参与各方都负有相应的职业保密义务。】

第 85 条 信息共享系统

1. 欧盟委员会应建立和维持一个可靠和安全的信息共享系统，以支持数字服务协调员、欧盟委员会和数字服务监督委员会之间的沟通。其他主管当局可在必要时获准访问相应系统，以执行根据本条例赋予其的任务。

2. 数字服务协调员、欧盟委员会和数字服务监督委员会应使用信息共享系统以处理根据本条例进行的所有通信。

3. 欧盟委员会应通过实施细则，为信息共享系统的运行及其与其他相关系统的互操作性规定实际的和业务的安排。相应实施细则应按照第88条所述的咨询程序通过。

【译者解读：第85条规定应当在欧盟和成员国监管机关间建立可靠和安全的信息共享系统。】

第86条 代表

1. 在不影响（EU）2020/1828号指令或成员国法律规定的任何其他类型的代表权的情况下，中介服务的接收者应至少有权委托一个机构、组织或协会代表其行使本条例所赋予的权利，但相应机构、组织或协会应满足以下所有条件：

（a）其在非营利基础上运作；

（b）其系根据一个成员国的法律而适当组成；以及，

（c）其法定目标包括确保本条例得到遵守的合法利益。

2. 在线平台的提供者应采取必要的技术和组织措施，以确保本条第1款所述的机构、组织或协会代表服务接收者通过第20条第1款所述的机制提交的投诉没有不当拖延地得到优先处理和决定。

【译者解读：第86条规定了中介服务接收者委托代表代行权利的方式和条件。】

第六节 授权法案和实施细则
第87条 行使授权

1. 在符合本条规定的条件下，授予欧盟委员会通过授权法案的权力。

2. 自2022年11月16日起，为期五年，应授予欧盟委员会第24、33、37、40和43条所述的授权。欧盟委员会应最晚在五年期满的九个月前起草一份关于授权的报告。除非欧盟议会或理事会在每一期间结束前的三个月内反对延长，否则授权应默示地延长相同的期间。

3. 第 24、33、37、40 和 43 条所述的授权可在任何时候由欧盟议会或理事会予以撤销。撤销的决定应终止相应决定所述的授权。其应在《欧盟官方公报》公布的次日或其间述及的更晚日期生效。相应决定不应妨碍任何已经生效的授权行为的效力。

4. 在通过授权法案之前，欧盟委员会应根据 2016 年 4 月 13 日《关于更好地制定法律的机构间协定中规定的原则》，咨询每一成员国所指定的专家。

5. 欧盟委员会应在通过一项授权法案后立即将其同时通知欧盟议会和理事会。

6. 根据第 24、33、37、40 和 43 条通过的授权法案，只有在欧盟议会或理事会在相应法案通知欧盟议会和理事会后的三个月内没有表示反对，或在相应期限届满前，欧盟议会和理事会都通知欧盟委员会其不会反对的情况下才可生效。相应期限应根据欧盟议会或理事会的拟议而延长三个月。

【译者解读：第 87 条规定了对欧盟委员会的授权时限和范围。】

第 88 条　委员会程序

1. 欧盟委员会应得到特定委员会（"数字服务委员会"）的协助。相应委员会应属于（EU）182/2011 号条例意义上的委员会。

2. 引致本款时，应适用（EU）182/2011 号条例第 4 条。

【译者解读：第 88 条规定了数字服务委员会的性质和协助义务。】

第五章　其余规定

第 89 条　对 2000/31/EC 号指令的修正

1. 删除 2000/31/EC 号指令的第 12 条至第 15 条。

2. 对 2000/31/EC 号指令第 12 条至第 15 条的引致应分别理解为对本条例第 4、5、6 和 8 条的引致。

【译者解读：第 89 条解决了一些法律技术的问题。】

第 90 条　对（EU）2020/1828 号指令的修正

在（EU）2020/1828 号指令的附件一中增加一点：

"（68）欧盟议会和理事会 2022 年 10 月 19 日关于单一数字服务市场和修订 2000/31/EC 号指令（《数字服务法》）的条例（EU）2022/2065（OJ L 277，27.10.2022，第 1 页）。"

【译者解读：第 90 条解决了一个法律技术的问题。】

第 91 条　评估

1. 欧盟委员会应在 2027 年 2 月 18 日前评估，并向欧盟议会、理事会和欧洲经济和社会委员会报告本条例对中小型企业发展和经济增长的潜在影响。

欧盟委员会应在 2025 年 11 月 17 日前评估，并向欧盟议会、理事会和欧洲经济和社会委员会报告以下情况：

（a）第 33 条的适用，包括本条例第三章第 5 节规定的义务所涉及的中介服务提供者的范围；以及，

（b）本条例与其他法律，特别是第 2 条第 3 款和第 4 款中提到的法律的互动。

2. 在 2027 年 11 月 17 日之前，以及此后的每五年，欧盟委员会应评估本条例，并向欧盟议会、理事会和欧洲经济和社会委员会报告。

相应报告将特别讨论：

（a）适用第 1 款第 2 段的（a）和（b）项；

（b）本条例对中介服务的内部市场的深化和有效运作的贡献，特别是在跨境提供数字服务方面的贡献；

（c）第 13、16、20、21、45 和 46 条的适用；

（d）对小型和微型企业的义务范围；

（e）监管和执行机制的有效性；以及，

（f）对尊重言论和信息自由权的影响。

3. 在适当情况下，第 1 款和第 2 款所述的报告应附有对修正本条

例的建议。

4. 欧盟委员会应在本条第 2 款所述的报告中，对数字服务协调员根据第 55 条第 1 款向欧盟委员会和数字服务监督委员会提供的、有关其活动的年报进行评估和报告。

5. 出于第 2 款的目的，成员国和数字服务监督委员会应根据欧盟委员会的要求发送资料。

6. 在进行第 2 款所述的评估时，欧盟委员会应考虑欧盟议会、理事会和其他有关当局或机构的立场和调查结果，并应特别注意中小型企业和新进入竞争者的立场。

7. 在 2027 年 2 月 18 日之前，在与数字服务监督委员会协商后，同时考虑本条例开始适用的年份的情况，欧盟委员会应对数字服务监督委员会的运作和第 43 条的适用情况进行评估，并向欧盟议会、理事会和欧洲经济和社会委员会报告。在评估结果的基础上，并最大限度地考虑数字服务监督委员会的意见，相应报告应酌情附带一份关于修订本条例中关于数字服务委员会的结构的建议。

【译者解读：第 91 条规定了评估本法的频率和范围。】

第 92 条　对超大型在线平台或超大型在线搜索引擎提供者的预先适用

从第 33 条第 6 款所述的、向有关提供者发出通知后的四个月起，如果相应日期早于 2024 年 2 月 17 日，本条例应适用于根据第 33 条第 4 款指定的超大型在线平台或超大型在线搜索引擎的提供者。

【译者解读：第 92 条规定了对超大型在线平台或超大型在线搜索引擎提供者的预先适用。】

第 93 条　生效与适用

1. 本条例应在其在《欧盟官方公报》上公布后的第二十天生效。

2. 本条例应自 2024 年 2 月 17 日起适用。

然而，第 24 条第 2 款、第 3 款和第 6 款、第 33 条第 3 款至第 6 款、第 37 条第 7 款、第 40 条第 13 款、第 43 条以及第四章第 4、5 和 6

节将从 2022 年 11 月 16 日起适用。

【译者解读：第 93 条是标准的生效和适用条款。需要注意的是有关透明度报告、数据提供、审计和监管费的部分条款将会提前适用，一方面是和第 92 条衔接，另一方面也是为了后续顺利地适用其他条款。】

本条例的全部内容都具有约束力，并直接适用于所有成员国。

2022 年 10 月 19 日订于斯特拉斯堡。

欧盟议会　　理事会

主席　　　　主席

R. METSOLA　M. BEK

第三编
数字市场法

第一章 导读

一 《数字市场法》的意义

当前，诸如网络市场、社交网络、网络搜索引擎等网络中间服务已经广泛渗透进用户的日常生活。这些数字中间服务增加了消费者的选择，也提高了产业效率和竞争力。然而，在这些服务中占据大部分产值份额的却是少量被称为"守门人"的大型网络平台。守门人是连接企业用户和终端用户的网关，对数字市场的准入有着重要影响力和实质控制力，有可能对欧盟内部市场的公平性和有效竞争造成负面影响，进而降低数字产业的生产效率，最终损害消费者的利益。因此，规制守门人，保护用户的正当权益，对欧洲数字经济的健康发展有着重要的意义。然而，欧盟成员国内既有的竞争法律制度或措施并不能完全解决该问题，并且由于存在成员国监管方案分散不一的风险，从而造成欧盟内部市场的碎片化①，最终增加企业因遵守不同成员国监管要求的合规成本。因此，从欧盟层面出台针对守门人的统一法案——《数字市场法》就成为了必然。

另一方面，在强化平台责任日益成为新的国际趋势的背景下，《数字市场法》和《数字服务法》两项法案的最终出台，可视为欧盟在此方面的与时俱进，也是对其过去缺乏平台责任立法的积极补充。

---

① 参见黄婉仪《保护隐私与反垄断并举，解读欧盟〈数字服务法〉〈数字市场法〉草案》，载《21 世纪经济报道》2021 年 2 月 19 日，链接：https：//m. 21jingji. com/article/20210219/herald/9e4e83a9252139654f0b9c30f14680e6_ zaker. html，2023 年 9 月 1 日。

在"布鲁塞尔效应"①（其他国家企业为了进入欧盟市场而必须遵守欧盟相关规则，从而使欧盟规则发生国际影响力）的作用下，欧盟的此类法案对全球相关规则的制定具有较强的引领意义。欧盟委员会由此提供了一个在全球倡导平台责任、推动平台增加透明度和公开性的契机。这将对我国数字领域相关制度的建立产生一定的影响。近几年，从《关于平台经济领域的反垄断指南》《网络交易监督管理办法》等规章的出台，到反垄断执法机构针对阿里等平台企业的密集"亮剑"，都体现了我国对平台企业的垄断问题的重视态度和处理决心。考虑到目前我国与欧盟就这一问题的类似态度，以及欧盟的"守门人"制度、"事前监管"等可取之处，有必要对《数字市场法》的内容进行深入理解和借鉴，针对存在较大社会风险的网络平台建立起强有力的监管机制，积极探索数字领域反垄断监管的未来路径。

二　《数字市场法》分节简介

（一）"鉴于"条款

欧盟立法中的"鉴于"条款，又称"叙述性条款"，是立法者就法案的背景、目的、目标、意图等作出的陈述性说明②。《数字市场法》中的"鉴于"条款一共有109项内容。第1—12项主要对条例的缘由、必要性等内容进行了叙述。条例的缘由主要在于：以网络平台为主的数字服务在内部市场发挥着日益重要的作用，然而核心平台服务提供商却能够利用平台的规模经济、网络效应、锁定效应等特征实施不公平的行为并显著削弱核心平台服务的有效竞争，最终在服务的价格和质量、用户的自由选择、市场创新等方面产生损害。条例的必要性主要体现在TFEU第101条和第102条的适用范围有限，以及成员国分散的监管方案容易造成内部市场的碎片化，因此，应该在欧盟层面建立一套统一的

---

① See Bradford, Anu, *The Brussels Effect*: *How the European Union Rules the World*, Oxford University Press, 2020.

② See European commission "2.2. Preamble（citations and recitals）", https：//publications. europa. eu/code/en/en-120200. htm, 2023 – 09 – 01.

强制性规则。

第 13—26 项主要对守门人的认定问题进行了说明。其中，第 12—14 项解释了构成核心平台服务的标准，即某项数字服务使用的广泛性和普遍性以及在连接企业用户和终端用户方面的重要性，并指出了其特征和种类。第 15 项提醒仅仅因前述标准认定为核心平台服务的事实并不必然导致内部市场有效竞争和公平性的降低，而只有当某项核心平台服务构成重要的网关，并且由享有或者即将享有稳固和持久地位的企业运营该项服务时，才有可能引发人们对内部市场发展不利的担忧。接着，第 16—25 项则主要陈述了认定守门人的定量门槛。比如："网关"的认定需要考虑核心平台服务提供者在欧盟内享有达到或超过一定门槛的营业额和至少在三个成员国提供该服务，以及使用平台的企业用户数和月活跃终端用户数的实质部分；当提供者在至少三年内已在至少三个成员国中提供了核心平台服务，则其很有可能在运营中形成或预期形成稳固而持久的地位。需要注意的是，门槛条件受到市场和技术发展的影响，需要适时调整。此外，即使核心平台服务提供者未满足所有定量门槛，但在市场调查的基础上，它仍有可能被认定为守门人。

第 27—65 项主要对守门人义务的相关事项进行了说明。守门人的义务应仅限于为解决守门人不公平行为和提高核心平台服务有效竞争所必需的范围之内。只要守门人的行为落入义务规定的适用范围，无论其行为以何种形式出现，也不论其行为的性质如何，守门人都必须严格遵守义务规定。但是，在欧盟委员会给守门人施加义务时，应考虑核心平台服务的特点及可能规避的风险，并遵循比例原则和尊重相关企业和第三方的基本权利。由于核心平台服务易变的技术性质，需要定期审查守门人的状态。法案规定的义务也需要适时更新，因此，有必要保证欧盟委员会与守门人之间的监管对话，用以调整需要具体实施的义务。而当守门人在提供广告服务、云计算服务、网络搜索引擎等服务之时，还需要遵守一些特别的义务规定。

第 66—89 项主要叙述了欧盟委员会权力、守门人权利等方面的内容。比如：守门人中止履行义务的情形、出于公共安全等原因而不适用特定义务的情形、额外行为补救措施和结构性补救措施适用的情形、强制执行义务的方式、欧盟委员会调查、现场检查、获取必要信息、通过授权立法补充义务等方面的权力、守门人在相关程序中享有的陈述权和查阅卷宗权等。

第90—109项主要涉及条例的实施和执行问题。欧盟委员会是唯一有权执行条例的机关，需要与成员国相关当局展开合作和协调，以执行条例的规定。考虑到相关技术或商业模式的发展，欧盟委员会应该定期评估条例，以确定是否需要对条例修订。

（二）第一章 主题、调整范围和定义

本章一共有2条。第1条规定了条例的主题和调整范围，以及与欧盟其他条例、指令和成员国国内法律间的协调。第2条是条例中所用的定义，包括："守门人""核心平台服务""数字产业""软件应用商店""身份识别服务""终端用户""企业用户""数据""控制""交互性""画像"等。

（三）第二章 守门人

本章是条例的重要内容，包括第3条和第4条。第3条规定的是守门人的认定，其下包括10段内容。第1段列出了认定守门人的三项客观标准：对内部市场有重大影响（很强的经济地位）、是连接企业用户与终端用户的重要网关（很强的中间地位）、在运营中享有或即将享有稳固和持久的地位（长期稳定）。第2段分别明确了满足前述三项客观标准的具体门槛值。第3段规定了核心平台服务企业在满足门槛条件之后应向欧盟委员会报告的义务，而后者需要根据第4段的规定，将符合条件的核心平台服务企业认定为守门人。第5段允许核心平台服务企业在有充分论据的情况下，可在报告中提出其不满足守门人之条件。第6段和第7段规定了欧盟委员会有权采取授权立法，以确定定量门槛的方法来补充条例，并可通过更新附件中规定的方法和指标清单来修订条例。第8段设定了欧盟委员会在核心平台服务提供者未满足门槛条件时，但仍然能将其认定为守门人所要考虑的因素。第9段规定的是，欧盟委员会在认定守门人时，应列出相关核心平台服务。第10段则明确了守门人在根据第9段规定将核心平台服务列入清单后的六个月内，遵

守相关的义务规定。

第 4 条是关于审查守门人之状态的规定。主要内容包括可以重新考虑认定为守门人的情形，和应当定期审查守门人是否还符合认定标准。

（四）第三章 守门人限制竞争性或不公平的行为

本章是条例的关键一章，共有 11 条（第 5—15 条）。第 5 条规定了守门人应当遵守的、与核心平台服务相关的自决执行的义务，一共包括 9 项具体义务：（1）不得不当使用和结合个人数据；（2）应允许企业用户通过第三方网络中间服务以不同价格向终端用户提供同样的产品或服务；（3）应允许企业用户向终端用户免费传达和推广要约，以及同该终端用户签约，无论双方是否以此为目的使用守门人的核心平台服务；（4）应允许终端用户使用企业用户的软件应用程序，且当其不使用守门人的核心平台服务时，也可获得该项目；（5）不得直接或间接阻止或限制企业用户及终端用户向任何相关机构提出守门人不遵守相关联盟及国家法律的问题；（6）不得要求企业用户使用由核心平台服务提供技术服务的身份识别服务、网络浏览器引擎、支付服务；（7）不得要求企业用户或终端用户订阅或注册其他核心平台服务，以此作为使用任何一项核心平台服务的条件；（8）应广告商的要求，向其免费提供每一项相关广告服务所支付的价格、费用和报酬信息；（9）应出版商的要求，向其免费提供每一项相关广告服务所支付的价格、费用和报酬信息。

第 6 条是有关进一步详细规定的守门人的义务，一共有 12 项具体内容：（1）不得使用企业用户基于核心平台服务而生成的非公开可用的数据；（2）允许终端用户卸载任何在核心平台服务中预装的软件应用；（3）允许安装和有效使用第三方应用软件或应用软件商店，能够使用守门人的操作系统与之进行交互性操作，且允许该软件或商店可以非核心平台服务的方式被访问；（4）不得在排名服务中进行自我优待；（5）允许终端用户利用守门人操作系统切换或订阅不同软件应用；（6）允许企业用户和辅助服务提供者能够与守门人辅助服务所接入、使用的操作系统、硬件或软件实现连接和互相操作；（7）应根据广告商和出版商的要求，向其免费提供性能测量工具以及核查广告库存的必要信息；（8）应确保企业用户或终端用户活动中所生成数据的可携带性；（9）应向企业用户或企业用户授权的第三方，免费提供有效、高质量的聚合或非聚合数据，以确保其能够持续且实时地访问和使用相关数据；（10）应根据第三方网络搜索引擎提供者的要求，以公平、合理和非歧视的条件，向其提供终端用户在守门人网络搜索引擎上免费和付费搜索数据；（11）应以公平、合理和非歧视的条件向企业用户开放认定决定中的软件应用商店、网络搜索引擎等服务；（12）不得对终止提供核心平台服务设定不相称的一般条件，应确保终止条件的执行不会遇到不适当的困难。

第7条是有关守门人在不以号码为基础的人际通信服务交互中的义务。第8条规定了怎样使守门人前述义务合规的措施。第9条和第10条分别规定了特殊情况下守门人可以中止某项义务的条件和基于公共利益理由的义务豁免。本章的其他条款规定了守门人报告的义务（第11条）、守门人义务的更新机制（第12条）、反规避（第13条）、经营者集中的报告义务（第14条）、审计义务（第15条）。

（五）第四章　市场调查

本章规定了开展市场调查的规则，一共有4条，分别是启动市场调查的程序要求（第16条）、认定守门人的调查（第17条）、系统性不合规调查（第18条）、对新服务和新实践的调查（第19条）。

（六）第五章　调查、执行和监督权力

本章包含有关条例实施、执行和监督的规定，一共有24条。第20条规定了启动有关诉讼活动的程序要求。欧盟委员会在市场调查中可以灵活采取不同措施，包括：要求提供信息（第21条）、进行约谈和发表声明（第22条）、进行检查（第23条）、采取临时措施（第24条）、通过实施细则赋予守门人的承诺具有约束力（第25条），并监督其是否违反本条例（第26条）。第三方可向成员国的主管机关或欧盟委员会报告守门人执行条例规定的情况（第27条）。守门人应该设立独立的合规官，负责履行合规职能（第28条）。如果发

生违规的情况，欧盟委员会可以发布认定违规的决定（第29条）。如果欧盟委员会发现守门人故意或疏忽违规，可对守护门人处以其上一财政年度全球总营业额10%乃至20%的罚款（第30条），也可以对企业及企业联盟处以不超过上一财政年度全球日均营业额5%的定期支付罚款（第31条）。第32条和第33条分别规定了处罚时效和执行处罚的时效。本章的其他条款主要规定了相对人的程序保障和欧盟委员会与其他机关的协作事宜，包括守门人或有关企业的陈述权和查阅卷宗权（第34条）、欧盟委员会提交年度报告的职责（第35条）、信息收集的合目的性（第36条）、欧盟委员会与相关成员国机关的合作和协作（第38—39条）、高级别小组（第40条）、成员国的市场调查申请（第41条）。本章的最后两条（第42条和第43条）涉及消费者的集体诉讼和对举报行为的规定。

（七）第六章 最终条款

本章是条例的附则条款，包括欧盟委员会应当公布其所作的决定（第44条）、欧盟法院对罚款和定期支付罚款应享有无限管辖权（第45条）、实施细则（第46条）、指导原则（第47条）、标准化（第48条）和授权立法（第49条）的规定、委员会程序（第50条）、修订条款（第51、52条）、审查条款（第38条）以及条例的生效日期和适用日期（第54条）。

三　部分重点或前沿议题

（一）数字经济时代反垄断规制原理、规则的重构

传统的反垄断规制原理是工业经济时代的产物，主要通过价格信号的框架，来分析少数大型企业操作市场或企业合谋打击竞争对手导致的市场失灵，进而得出严重损害市场参与者和广大消费者利益的结论，以此作为监管介入的正当性理由。然而，传统的反垄断规制原理已难以适应数字平台经济的诸多特点。作为数字经济时代的新型组织形式——平台，以数据生产要素为核心，通过各类算法设计与操作创造多元动态的市场价值，产生了平台、数据、算法三维结构的市场竞

争新格局①。由于具备网络效应、双边市场、边际成本递减等特征，平台得以连接众多用户，并利用杠杆效应将其力量延伸至其他市场，在横向与纵向市场实施排他性行为，建立其自有的生态系统。这使得平台在价格趋向为零的情况下仍然可以造成市场的竞争损害。数字平台经济与工业经济的区别之大，更甚于后者与农业经济的区别。在此种背景之下，传统理论中的"相关市场"边界模糊、"市场支配地位"认定困难。因此，迫切需要对根植于工业经济背景的传统反垄断规制进行原理、规则、分析框架方面的重构或更新。唯有如此，反垄断规制才能起到促进数字平台经济发展的作用。

（二）"守门人"制度

《数字市场法》法案正式将"守门人"纳入监管体系之中，并制定了专门的规则，这在世界范围内尚不多见。事实上，对于到底哪些平台企业应该被视为"守门人"，以及守门人应该遵守什么样的义务等问题，仍然存在很多争议。如前所述，欧盟委员会为"守门人"设定了三项客观标准，并给每项标准设置了一定的门槛值。但是，仍然有意见认为该定义宽泛，没有列出"守门人"具体的名单。而"过去三年在欧盟年营业额等于或超过75亿欧元""欧盟月活终端用户超4500万"等门槛值却似有明确所指的嫌疑。亚马逊、谷歌等公司曾对DMA提案提出过抗议，认为提案既不明确适用主体又存在涉嫌歧视个别公司的缺陷②。其次，法案设定了"守门人"诸多的特定义务，比如：禁止阻碍终端用户卸载预装软件应用、禁止限制终端用户切换和订阅不同的软件应用等。但是对于反垄断的一般事项，比如：收购审查、事后拆分等，法案却未提及。或许，这正是欧盟"另辟蹊径"，制度创新的体现所在。此外，事前监管虽然是该法案的一大亮点，有利于事先将守门人不公平行为的结构性有害影响降至最低，但是却有可能剥夺相关企业的正当程序，比如，法案中缺少守门人对其强加义务的效率抗辩规定。因

---

① 参见杨东、臧俊恒《数字平台的反垄断规制》，载《武汉大学学报》（哲学社会科学版）2021年第2期。

② 见《欧盟冒进立法反垄断，存"双标"嫌疑》，载《酸辣财经》2020年12月25日，链接：https://baijiahao.baidu.com/s? id = 1687051302766159418&wfr = spider&for = pc，2023年9月1日。

此，对于如何规范"守门人"不公平竞争的行为从而保证市场的有效竞争和公平性，仍然是一个需要认真考虑并在实践中进一步摸索的问题。

（三）混合规制路径的可行性

根据《数字市场法》法案的内容来看，其代表着一种混合规制模式，即竞争法＋反不正当竞争法模式。一方面，法案的目标是消除数字领域所存在的"守门人"滥用市场支配地位所形成的不公平竞争，保证内部市场的有效竞争，这与一般竞争法的目标相似。其次，守门人的一些义务规定以及因影响其经济生存能力的事由而申请中止履行义务等方面，也是竞争法常有的内容。另一方面，法案中规定的守门人义务中，又有一些与反不正当竞争法相关的内容。比如：个人数据的保护、允许终端用户卸载预装软件、广告服务中的价格透明等，这些涉及消费者权益保护的内容多是反不正当竞争法的常见因素。由此引发的问题是，在习惯了竞争法和反不正当竞争法分立模式的一些欧洲国家（比如：德国），这样的混合规制模式能否得到有效的适用。在采取分立模式的国家，反垄断和反不正当竞争的执法机构、适用程序等都有所不同，倘若没有做好衔接、协调工作，有可能会造成适用的困难，尤其是法案中所列的不正当竞争行为原本就可通过行政执法与司法诉讼外加罚款的方式实现。

四　结语和展望

《数字市场法》试图为欧盟数字产业的蓬勃发展创造一个公平竞争的环境，彰显了欧盟在数字领域内反垄断的决心，标志着欧盟从之前的被动监管走向事前监管的积极转变。随着《数字市场法》的生效，它将步入关键的实施阶段，并在 2023 年 5 月 3 日起在欧盟全境开始适用。至迟到 2023 年 7 月 3 日，如果潜在的守门人的核心平台服务达到了《数字市场法》规定的门槛，他们将必须报告欧盟委员会。

各个欧盟成员国特别关注该法案与本国相关领域法规和理念的衔接。比如，德国第十一次修订《反限制竞争法》的目的之一即是为

《数字市场法》的施行做好准备，并通过赋予联邦卡特尔局一定范围的辅助执法权的方式，以期弥补欧盟委员会单独掌控《数字市场法》执法权的弊端①。欧盟内部对监管覆盖面尚未完全达成共识，也曾有相当部分议员对法案对欧洲数字经济自由开放性的影响持怀疑态度②。而在企业层面，大型网络平台企业曾质疑：在后疫情时代，明确规定其责任、限制其垄断竞争可能会减缓经济复苏。很多中小型初创企业却要求对前者施加更多的义务。

2020年《数字市场法》的提案公布之后，学术界和咨询机构曾对其发表了评论，并提供了修改完善意见。Rupprecht Podszun 教授等认为③，提案尚需完善的地方有三点：第一，提案中守门人的义务似乎是随机从实践中提炼出的结果，缺乏原则性的指导意见，因此，他们建议设立三条原则，即市场有效竞争原则、中间服务公正原则、市场主体自主决定原则；第二，提案中设立的执行程序太过依赖于欧盟委员会，他们建议建立更广泛的、包含有私主体、独立机构和成员国等多方参与的执行框架；第三，提案中更新义务程序耗时较长（24个月的市场调查），守门人的行为在调查期间仍然在持续危害市场，因此，他们建议设立一条规则：当守门人的商业行为违反了前述三原则时，允许欧盟委员会采取临时措施中止守门人的该行为直到市场调查结束。欧盟委员会的联合研究中心设立的经济专家小组也提出了一些完善建议④。比如：在守门人认定的标准方面，专家小组认为可以将"用户多栖选择的程

---

① 翟巍：《德国〈反限制竞争法〉第十一次修订部长级草案述评》，《竞争政策研究》2023 年第 1 期。

② 参见赵子飞、董一凡《欧盟数字新规战略解析及欧美数字竞合前景》，《中国信息安全》2021 年第 1 期。

③ See Podszun, Rupprecht and Bongartz, Philipp and Langenstein, Sarah, Proposals on How to Improve the Digital Markets Act（February 18, 2021）. Available at SSRN: https://ssrn.com/abstract =3788571 or http://dx.doi.org/10.2139/ssrn.3788571, 2023 – 09 – 01.

④ See Cabral, Luis M. B. and Haucap, Justus and Parker, Geoffrey and Petropoulos, Georgios and Valletti, Tommaso M. and Van Alstyne, Marshall W., The EU Digital Markets Act: A Report from a Panel of Economic Experts（February 9, 2021）. Cabral, L., Haucap, J., Parker, G., Petropoulos, G., Valletti, T., and Van Alstyne, M., The EU Digital Markets Act, Publications Office of the European Union, Luxembourg, 2021, ISBN 978 – 92 – 76 – 29788 – 8, doi: 10.2760/139337, JRC122910., Boston University Questrom School of Business Research Paper No. 3783436, Available at SSRN: https://ssrn.com/abstract =3783436, 2023 – 09 – 01.

度和成本"增加进守门人认定的标准中；在守门人义务的设置方面，考虑到提案中缺少守门人效率抗辩的规定，可以考虑对守门人的行为设立黑名单（禁止性行为，极端情况下才允许有例外）和灰名单（原则上视为反竞争行为，但在个案中经守门人证明其行为的效率正当性之后能被接受），在这种设置下，守门人的自我优待行为应被归入黑名单，而守门人的捆绑搭售行为应被归入灰名单；在合并和收购政策方面，考虑到传统的合并政策（建立在定义明确的产业和定义明确的主体和市场份额基础之上）在数字经济时代的不适应性，专家小组认为提案应该增加适应数字经济的合并政策的规定（目前仅规定了守门人告知合并计划的义务）；在执行方面，专家小组针对提案第 24 条第 2 项之规定，建议可以采取轮值审计队伍来开展行为试验来评估平台的算法和数据的使用；此外，专家小组还指出了提案未提供关于"公正"的准确定义和评估方法。欧洲数据保护专员公署（EDPS）则从衔接协调《一般数据保护条例》的角度出发，就终端用户的数据保护、易于访问的"同意管理"界面、数据携带的范围、最小互操作要求等方面提出了完善建议。[1]应该看到，即使是对两年前的提案，各方对其多持肯定态度，尤其是提案中的关于守门人认定的客观标准、守门人自动遵守的义务（能够避免传统竞争法下认定垄断需要先界定相关市场的麻烦）和与数字市场迅速发展而匹配的高效率程序设置等方面，被认为是提案的亮点，都是未来应该坚持的重点。

从最后通过的《数字市场法》正式法案的条文来看，欧盟对学界和产业界的意见和建议进行了不同程度的吸收，比如：正式设立了"黑名单"（守门人自决义务）和"灰名单"（守门人进一步详细规定的义务）、增加了"高级别小组"的设立，将提案中更新义务时限缩短至 18 个月等。至此，虽不是完美无缺（比如：仍然缺少对守门人义务的原则性、体系化的规定），但《数字市场法》已臻于完善。

欧盟以外的国家对《数字市场法》法案也予以了特别关注。由于该法案剑指主要是来自美国的国际互联网巨头在欧盟数字市场的反竞争实践，美国担心该法案可能加剧美欧在数字领域内的分歧。就我国而

---

[1]　See European Data Protection Supervisor, Opinion 2/2021 on the Proposal for a Digital Markets Act, 10 February 2021.

言，2021 年施行的《个人信息保护法》第 58 条引入了"守门人条款"，但该条款局限于个人信息保护范畴，难以实质性解决守门人数据垄断现象①。2022 年新修的《反垄断法》虽然专门增加了针对数字市场的反垄断条款，但仍显原则、抽象。《数字市场法》对我国数字时代的反垄断命题具有重要的启示意义。如何设立多重的反垄断价值目标以符合数字经济时代的特征；如何突破传统"相关市场"和"市场支配地位"的前置限制，以重构反垄断分析框架，进行制度创新；如何设立以"守门人"规则为标志的数据监管体系；尤其是在反垄断领域采取事前规制的模式，《数字市场法》在这些方面无疑给我国提供了现成的参考借鉴范本。

---

① 周汉华：《〈个人信息保护法〉"守门人条款"解析》，《法律科学》（西北政法大学学报）2022 年第 5 期。

第二章 译文和解读

**欧洲议会和理事会关于数字领域的可竞争和
公平市场条例，以及对指令（欧盟）20191937 和
（欧盟）20201828 的修订** *

欧洲议会和欧盟理事会，

考虑到《欧洲联盟运作条约》，特别是其第114 条，

考虑到欧盟委员会的提议，

在向各国议会转交立法草案后，

考虑到欧洲经济和社会委员会的意见（1），

考虑到地区委员会的意见（2），

按照普通立法程序行事（3），

鉴于：

（1）总的来说，数字服务，特别是在线平台，在经济中发挥着越来越重要的作用，尤其是在欧盟市场中；数字服务通过让企业接触到全欧盟的用户、促进跨境贸易以及为大量欧盟公司开辟全新的商业机会，来让欧盟消费者受益。

（2）同时，在这些数字服务中，核心平台服务具备能为企业提供多项服务的特征。此类特征的一个例子就是巨型规模经济，这通常是由于增加企业用户或终端用户的边际成本几乎为零。核心平台服务的其他特征包括

---

* 法律原文链接：https：//eur-lex. europa. eu/legal-content/EN/TXT/？ uri = CELEX% 3A32
022R1925&qid =1697526210824

非常强的网络效应、具备经由多边服务而将众多企业用户与终端用户连接起来的能力、企业用户和终端用户的高度依赖性、锁定效应、终端用户基于相同目的而在多栖选择上的匮乏、垂直集成和数据驱动优势。所有这些特点，再加上提供核心平台服务的企业的不公平行为，可能会严重削弱核心平台服务可竞争性，并影响提供此类服务的企业与其企业用户和终端用户之间商业关系的公平性。在实践中，这会迅速减少企业用户和终端用户的自由选择，并可能产生深远的影响；因此可以赋予这些服务提供者所谓的"守门人"的位置。同时，应认识到，就本条例而言，以从事非商业目的的服务（如合作项目）不应被视为核心平台服务。

（3）根据本条例，少数能提供核心平台服务且具备强大经济实力的大型企业已经出现，它们有资格被认定为守门人。一般而言，他们具备通过其服务将众多企业用户与大量终端用户连接起来的能力，这种能力又进而使他们得以充分利用其优势，比如，将现有业务领域中掌握的大量数据运用到新领域。某些大型企业控制了数字经济中的整个平台生态系统，使得已有的或新的市场运营商在与他们竞争时存在结构上的极大困难，无论这些市场运营商有多高的创新能力或效率。由于存在较高的市场准入或退出门槛（包括企业在退出时无法或难以弥补的高额投资成本），和在数字经济中诸如数据等关键生产要素的缺失或减少，内部市场的有效竞争显著降低。因此，基础市场运行不畅或即将无法运行的可能性增加。

（4）上述特征可能导致守门人与企业用户和终端用户之间的议价能力严重失衡，从而导致提供核心平台服务的守门人对其企业用户和终端用户实施不公平行为，设立不公平的条件，损害数字领域的价格、质量、公平竞争、可选择性、市场创新性。

（5）由此可见，市场进程通常无法确保有关核心平台服务的公平经济结果。虽然《欧洲联盟运行条约》（TFEU）第101条和第102条可以适用于守门人的行为，但其范围仅限于一些市场支配的情况，例如对特定市场的支配地位和反竞争行为；且这些条款是事后执行，需要执法机关在个案基础上对复杂的事实问题开展大量的调查。此外，现行的欧盟法律还未能解决或无法有效解决因守门人行为不一定是竞争法条款中的调整对象而对内部市场有效运行带来的挑战。

（6）守门人对内部市场具有重大影响，它为众多企业用户提供了网关，用以连接欧盟各地以及不同市场上的终端用户。成员国立法者和部门监管者已经采取行动，用以消除不公平行为对内部市场以及核心平台服务格外脆弱的可竞争性的不利影响，这种影响既包括社会层面的，也包括经济层面的。在国家层面已经采用或提议一些监管方案，用以解决不公平行为和处理数字服务可竞争性，或者是解决前述的某一方面。这些已经产生了的不同监管解决方案，导致了内部市场的碎片化，从而提高了因遵守不同成员国监管要求而增加合规成本的风险。

（7）因此，本条例的目的是通过制定规则来促进内部市场的正常运行，以确保数字领域市场的可竞争性和公平性，特别是针对守门人核心平台服务面向的企业用户和终端用户。守门人核心平台服务的企业用户和终端用户应在整个欧盟境内获得适当的监管保护，以防止守门人的不公平行为；从而促进欧盟内部的跨境业务，改善内部市场的正常运行，并解决本条例所涉的特定领域内已有的或可能出现的碎片化问题。此外，尽管守门人往往倾向于采用全球化或至少是泛欧的商业模式和算法结构，但它们可以采用（且在某些情况下已经采用了）不同成员国的不同商业条件和惯例，这会使得守门人提供的核心平台服务用户之间竞争条件的差异，不利于内部市场的一体化。

（8）通过使不同成员国法律趋同，可以排除在内部市场内自由提供和接受服务（包括零售服务）的障碍。因此，应该在欧盟层面建立一套有针对性的统一法律义务，以确保守门人所在的内部数字市场的可竞争性和公平性，以惠及整个欧盟经济，并最终惠及欧盟的消费者。

（9）只有阻止成员国适用与本条例调整范围和目标相同的国家规则，才能有效避免内部市场的碎片化。这并不排除本条例调整的守门人适用其他国家规则的可能性，只要这些规则追求《欧洲联盟运行条约》中规定的其他合法的公共利益目标，或追求欧洲法院判例法所认可的首要公共利益。

（10）同时，由于本条例旨在补充竞争法的执行，因此，它应在不违背这些条款的前提下予以适用：《欧洲联盟运行条约》第101条和第102条、相应的国家竞争规则、基于对市场地位和行为个性化评估的单方行为有关的其他国家竞争规则，包括其实际或潜在的影响以及被禁止行为的明确范围，并允许企业可能对所涉行为提出效率和客观性方面的正当理由、有关并购控制的国家规则。然而，这些规则的适用并不影响根据本条例对守门人施加的义务及其在内部市场中统一和有效的实施。

（11）《欧洲联盟运行条约》第 101 条和第 102 条以及有关反竞争的多边和单边行为以及并购控制的相应国家竞争规则的目标是保护市场免于扭曲竞争。本条例的目标与竞争法中所追求的目标相辅相成，但有别于后者在任何特定市场上保护不扭曲竞争的目标。本条例的目标是确保并保持守门人所在市场的可竞争性和公平性，并使市场竞争免受守门人行为的实际、可能或推定的影响。因此，本条例旨在保护与前述规则所保护的不同的法律利益，并且应在不影响前述规则适用的情况下适用。

（12）本条例的适用也不应影响其他欧盟法中规定本条例所涉的、提供某些服务方面的规则，特别是欧洲议会和理事会（EU）2016/679号条例①、（EU）2019/1150 号条例②、数字服务统一市场条例、2002/58/EC 号指令③、2005/29/EC 号指令④、2010/13/EU 号⑤、欧洲议会和理事会（EU）2015/2366 号⑥、（EU）2019/790 号⑦、（EU）2019/882

---

① 欧洲议会和理事会于 2016 年 4 月 27 日颁布的第（EU）2016/679 号条例，关于在处理个人数据和此类数据的自由流动方面保护自然人，并废除第 95／46／EC 号指令（通用数据保护法规）（文本与欧洲经济共同体相关），OJ L 119, 4.5.2016，第 1 页。

② 欧洲议会和理事会于 2019 年 6 月 20 日颁布的第（EU）2019/1150 号条例，旨在促进网络中间服务的企业用户的公平和透明（文本与欧洲经济共同体相关），OJ L 186, 11.7.2019，第 57 页。

③ 欧洲议会和理事会于 2002 年 7 月 12 日发布的指令 2002/58／EC 号，涉及电子通信行业中的个人数据处理和隐私保护（《隐私和电子通信指令》）（OJ L 201, 31.7.2002），第 37 页。

④ 2005 年 5 月 11 日欧洲议会和理事会关于内部市场中不公平的企业对消费者商业行为的第 2005/29/EC 号指令，并修订了理事会第 84/450/EEC 号指令、第 97/7/EC 号指令，欧洲议会和理事会的 98/27/EC 号和 2002/65/EC 号以及欧洲议会和欧洲理事会的第 2006/2004 号条例（"不公平商业惯例指令"）（OJ L 149, 11.6.2005，第 22 页）。

⑤ 2010 年 3 月 10 日欧洲议会和理事会关于协调成员国法律、法规或管理行为中有关提供视听媒体服务的某些规定的第 2010/13/EU 号指令（《视听媒体服务指令》）（OJ L 95, 15.4.2010，第 1 页）。

⑥ 欧洲议会和理事会 2015 年 11 月 25 日关于内部市场支付服务的指令（EU）2015/2366，修改了指令 2002/65／EC 号，2009/110／EC 号和 2013/36／EU 号和 1093/2010 号，并废除指令 2007/64／EC 号（OJ L337, 23.12.2015，第 35 页）。

⑦ 2019 年 4 月 17 日欧洲议会和理事会关于数字单一市场版权和相关权利的指令（EU）2019/790 号，并修订指令 96/9/EC 号和 2001/29/EC 号（OJ L 130, 17.5.2019，第 92 页）。

号指令①和理事会 93/13/EEC 号指令②，以及旨在执行或实施那些欧盟立法的成员国规则。

（13）与其他数字服务相比，数字领域的弱竞争性和不公平行为在某些数字服务中更为常见和明显。对于广泛且普遍使用的数字服务而言尤为如此；这些数字服务大多为企业用户和终端用户之间的中间服务，具有这些特征：巨大规模经济、超强的网络效应、具备通过网络多边性将众多企业用户与终端用户连接的能力、锁定效应、多栖选择的缺乏、垂直整合。通常，只有一家或很少的大型企业提供这些数字服务，并充当能够深远影响企业用户和终端用户的守门人。特别是，它们具备以单方面不利的方式为其企业用户和终端用户轻松设置商业条件和条款的能力。因此，本条例只关注那些企业用户和终端用户使用最广泛的数字服务。从内部市场的角度来看，这些数字服务对可竞争性弱和守门人的不公平行为的担忧更为明显和紧迫。

（14）特别地，网络中间服务、网络搜索引擎、操作系统、线上社交网络、视频共享平台服务、不以号码为基础的人际通信服务、云计算服务、虚拟助理、网页浏览器和包括广告中介服务在内的网络广告服务都具有影响众多终端用户和企业用户的能力，这将形成不公平商业行为的风险。因此，它们应被纳入核心平台服务的定义中，并属于本条例的调整范围。网络中间服务也可能存在于金融服务领域，它们可以是中间服务或用于提供欧洲议会和理事会指令（EU）2015/1535③号附件Ⅱ中未详尽列出的服务。就本条例而言，核心平台服务的定义应是技术中立，并应理解为包括通过各种方式或设备提供的服务，如联网电视或车载嵌入式数字服务。在某些情况下，"终端用户"的概念应涵盖传统上视为企业用户的用户；但在特定情况下，该概念不包括使用核心平台服务向其他终端用户提供商品或服务的企业，例如出于自己目的而依赖云计算服务的企业。

---

① 2019 年 4 月 17 日欧洲议会和理事会关于产品和服务无障碍要求的指令（EU）2019/882 号（OJ L 151，7.6.2019，第 70 页）。

② 1993 年 4 月 5 日关于消费者合同中不公平条款的理事会指令 93/13/EEC 号（OJ L 95，21.4.1993，第 29 页）。

③ 欧洲议会和理事会于 2015 年 9 月 9 日发布的（EU）2015/1535 号指令，规定了在技术法规和信息社会服务规则领域提供信息的程序，OJ L 241，1.7.2015，第 1 页。

（15）某项数字服务有资格成为核心平台服务的事实本身并不会引起人们对内部市场有效竞争和守门人不公平行为的足够严重的担忧。只有当某项核心平台服务构成重要的网关，并且由对内部市场有重要影响且拥有稳固和持久地位的企业运营时，或者由在不久的将来可以预见拥有该地位的企业运营时，这样的担忧才会出现。因此，本条例中规定的统一规则仅应适用于根据这三个客观标准认定的企业，并且应仅适用于单独构成连接企业用户和终端用户重要网关的核心平台服务。事实上，提供核心平台服务的企业不仅是企业用户和终端用户之间的中间商，也是终端用户之间的中间商，例如：号码独立的人际沟通服务。这一事实不应排除得出这样的结论：该企业是或可能是企业用户连接终端用户的重要网关。

（16）为了确保本条例能有效地适用于最有可能符合上述客观要求的提供核心平台服务的企业，且削弱降低竞争性的不正当行为最为普遍和影响最大，欧盟委员会应该有权力直接认定符合某些定量门槛的核心平台服务企业为守门人。在任何情况下，该类企业应遵循始于本条例生效之日的快速认定程序。

（17）一家企业在欧盟内享有巨大的营业额，并至少在三个成员国提供核心平台服务的事实，将构成有说服力的指标：该企业在内部市场上有重大影响。或者，核心平台服务企业在至少三个成员国具有巨大市值或具有相当的公允市场价值，也是一项相同指标。因此，当提供核心平台服务的企业在至少三个成员国提供其服务时，且其在欧盟实现的集团营业额等于或超过特定、较高的门槛或其集团的市值等于或超过某个较高的绝对值时，该企业应被推定为对内部市场产生重大影响。对于未公开上市的核心平台服务企业，应参考等值的公允市场价值。欧盟委员会应运用其权力采取授权立法的方式以制定一种客观的方法来计算该价值。

在欧盟的高营业额与欧盟内核心平台服务用户数量门槛，能够反映出核心平台服务企业具有相对强大的用户货币化的能力。高额的市值和与其相应的欧盟内的用户数量门槛，能够相对地反映出核心平台服务企业近期内用户货币化的重大潜力。这种货币化的潜力转而能够基本反映相关企业的网关地位。这两个指标还能反映相关核心平台服务企业的金融能力，包括它们利用融资渠道巩固自己地位的能力。例如，当核心平台服务企业利用高级融资渠道收购其他企业时。这种金融能力已被证明会对市场创新产生潜在的负面影响。尽管核心平台服务企业当时的营业额可能相对较低，但其市值也可反映其预期的位置以及其对内部市场的影响。市值可以根据在一个适当时期内欧盟最大的公开上市企业的平均市值的水平来确定。

（18）如上一财政年度的市值等于或高于门槛水平，就可以推定提供核心平台服务的企业对内部市场具有重大影响，核心平台服务企业的持续市值在三年及以上达到或超过门槛水平，应被视为对前述推定的进一步强化。

（19）相比之下，在确定将某一核心平台服务企业视为对内部市场产生重大影响时，可能存在许多与市值有关、需要进行深入评估的因素。比如：在前几个财务年度中，核心平台服务提供商的市值显著低于门槛水平，且其在观察期内的市值波动率与整个股票市场波动率不成比例，或者其市值轨迹与快速且单向的市场增长趋势不一致。

（20）拥有大量依赖核心平台服务以连接大量月活跃终端用户的企业用户，使得提供该服务的企业得以影响大部分企业用户的运营，则原则上表明该企业是一个重要的网关。相应数量水平的设定应参考代表整个欧盟人口的终端用户数以及使用核心平台服务的所有企业数的实质百分比。活跃终端用户和企业用户数量的识别和计算方式应能充分代表相关特定核心平台服务的作用和范围。为了给守门人提供法律确定性，确定每个核心平台服务的活跃终端用户和企业用户数量的要素应在本条例附件中列出。这些要素可能会受到技术和其他发展的影响。因此，欧盟委员会应有权采用授权立法来修订本条例，以更新用于确定活跃终端用户和活跃企业用户数量的方法和指标清单。

（21）当提供核心平台服务的企业未面临有效竞争时，它在运营中会形成或者预期形成稳固而持久的地位。情况很可能如此：至少在三年内，该企业已在至少三个成员国中为众多企业用户和终端用户提供核心平台服务。

（22）前述门槛条件可能会受到市场和技术发展的影响。因此，欧盟委员会应有权采取授权立法的方式，来确定某一企业是否达到定量门槛的方法，并在必要时根据市场和技术发展定期进行调整。此类授权不得修改本条例中规定的数量门槛。

（23）特殊情况下，某提供核心平台服务的企业应该能够反驳关于该企业对内部市场具有重大影响的推定，表明尽管其符合本条例所规定的数量门槛，但其不符合守门人的认定要求。企业应当承担证明符合定量门槛的推定不适用于该企业的举证责任。在对所产生的证据和论据的评估中，欧盟委员会应仅考虑与定量标准直接相关的因素，即：提供核心平台服务的企业对内部市场的收入或市值以外的影响，如其绝对规模以及其开展经营的成员国数量；商业用户和终端用户数量超过门槛的实际程度，以及以各核心平台服务总体活动规模考量的企业核心平台服务的重要性；达到门槛值的年限。

如果与认定守门人无关，基于经济原因寻求进行市场定义或以证明核心平台服务企业的特定类型行为能产生效率的任何理由都应被弃用。如果提交的论据不能明显对推定提出质疑而未能得到充分证实，欧盟委员会应该有可能在指定的 45 个工作日内驳回这些论点。如果核心平台服务企业因未配合欧盟委员会采取的调查措施，阻碍调查，则委员会应能够依靠与定量门槛有关的现有信息来做出决定。

（24）还需要对那些未能满足所有定量门槛但依旧扮演守门人角色的核心平台服务企业进行评估。这种评估应该以总体客观要求为依据，包括企业是否在内部市场具有重大影响、是否为企业用户连接终端用户承担重要的网关作用、是否因其稳固而持久的地位而受益或者可以预见在近期实现这种受益。当提供核心平台服务的企业是中型、小型或微型企业时，评估应仔细考虑此类企业是否能够极大地破坏核心平台服务的可竞争性，因为本条例主要针对具有相当经济实力的大型企业，而不是中小型或微型企业。

（25）前述评估只能在考虑定量门槛的情况下根据市场调查进行。欧盟委员会在评估中应追求以下目标：保持和促进创新水平、数字产品和服务的质量、价格公平和具有竞争力的程度、提供给企业或终端用户的产品或服务的质量或其自由选择的程度是否或依旧处于高水准。下列核心平台服务企业相关的特有要素将被考虑：巨大规模或范围经济、超强的网络效应、数据驱动优势、通过服务的多边性将众多企业用户与众多终端用户连接起来的能力、锁定效应、多栖选择的缺乏、集团化公司结构或垂直整合。另外，非常高的市值、非常高的股权价值与利润之比率或源自单个核心平台服务的终端用户的极高营业额都可能暗示着此类企业的杠杆潜力或市场向有利于该类企业的方向的倾斜。市值和高相对增长率都是用来认定预期将会取得稳固和持久地位的核心平台服务企业的特别相关的动态参数。如果核心平台服务企业因未遵守欧盟委员会采取的调查措施而严重阻碍了调查，委员会应该能够从现有事实中得出不利的推断，从而做出决定。

（26）规则的特定子集应适用于提供核心平台服务且预计将在近期享有稳固、持久地位的企业。核心平台服务具有相同的特定功能使其易于形成此种地位：一旦某一核心平台服务企业在规模或中间能力方面获得了较之竞争对手或潜在挑战者相比一定的优势，其地位可能会变得不可战胜，并且可能会在不久的将来变得持久和稳固。企业可能尝试使用本条例中规制的一些不公平条件和行为，发展自身的市场地位并成为守门人；在这种情况下，在其市场地位不可逆转之前进行干预是适当的。

（27）但是，这种早期干预应仅限于施加必要和适当的义务，以确保所涉及的服务保持有效竞争，并避免不公平条件和行为产生的限定风险。阻止有关核心平台服务的企业在其运营中享有稳固而持久的地位的义务能够更直接地达成此目的，例如：防止杠杆化经营的义务和促进交换和多栖选择的义务。为符合比例原则，欧盟委员会应仅适用为实现本条例的目标所必需和相称的义务，并应定期审查是否应维持、取消或调整此类义务。

（28）仅适用于实现本条例目标所需和相称的义务应允许欧盟委员会能及时有效地进行干预，同时充分尊重所审议措施是否符合比例原则。它还应向实际或潜在的市场参与者保证有关服务的有效竞争和公平性。

（29）对于认定决定中列出的每项核心平台服务，守门人应遵守本条例中规定的义务。在可能的情况下，这些义务的适用应考虑到守门人的企业集团地位。此外，欧盟委员会应该可以通过决定对守门人采取强制措施。这些强制措施应以有效的方式进行制订，应考虑核心平台服务的特点及可能规避的风险，并遵循比例原则和尊重相关企业和第三方的基本权利。

（30）核心平台服务的瞬息万变和复杂的技术性质，使得定期审查守门人（包括在不久将来在其经营中享有持久和稳固地位的守门人）的状态成为必然。为了向包括守门人在内的所有市场主体提供确定的、可适用的法律义务，有必要对此类定期审查设立期限。至少每三年进行一次此类定期的审查也很重要。此外，必须说明的是，并非提供核心平台服务的企业被认定为守门人所依据事实的每一次变化，都需要通过认定决定进行修正。只有当事实的变化会导致评估结果的变化时，才有必要进行修正；是否需要修正，应建立在对事实和情况的个案评估之上。

（31）为了保障守门人提供的核心平台服务的有效竞争和公平性，有必要以明确无误的方式就这些服务设定一系列协调一致的规则。通过这些规则，可以解决守门人行为带来的不利影响的风险，从而维护相关服务的商业环境、用户以及最终整个社会的利益。当考虑到数字行业的特点，这些义务与被视为损害有效竞争或不公平或兼而有之的行为和对企业用户和终端用户具有特别负面的直接影响的行为是相对应的。本条例规定的义务应能够具体考虑到所提供核心平台服务的性质，不仅应确保认定决定中列出的核心平台服务的有效竞争和公平性，还应确保其他数字产品和服务（这些数字产品和服务通常与核心平台服务被一起提供或被用来支持核心平台服务）在守门人充分利用其网关地位的市场中也具备有效竞争和公平性。

（32）就本条例而言，"有效竞争"应被理解为企业是否有能力去有效地克服障碍，进入相关市场并扩大经营规模，并以其产品和服务的优点与守门人的相关产品进行竞争。数字行业核心平台服务的特点，如网络效应、强大的规模经济和数据收益，限制了这些服务和相关产业生态的有效竞争。如此弱的有效竞争降低了守门人及其企业用户、竞争者和客户创新和改进产品和服务的动力，从而对更广泛的网络平台经济的创新潜力产生了负面影响。如果某核心平台服务有多个守门人，则数字行业服务的有效竞争也会受到限制。因此，本条例禁止守门人某些可能增加进入或扩张壁垒的行为，并对守门人施加某些义务以降低这些障碍。这些义务还应解决以下情况：守门人的地位非常稳固，以至于平台间的竞争在短期内没有效果，因而需要创造或增加平台内部的竞争。

（33）就本条例而言，"不公平"应是在守门人获得了不成比例优势的情形下，其企业用户的权利和义务之间的不平衡。市场参与者，包括核心平台服务的企业用户和与核心平台服务一起提供或支持此类服务的替代供应商，应有能力充分获取其创新或其他努力带来的利益。由于守门人的网关地位和优越的议价能力，它可能作出不允许其他人充分获取其自身贡献的利益的举动，并单方面为使用其核心平台服务或与核心平台服务一起提供的服务或支持其核心平台服务的行为设定不平等的条件。这种不平等并没有因为守门人向特定用户群免费提供特定服务而被排除，还可能包括排除或歧视企业用户，特别是如果后者与守门人提供的服务有竞争关系。因此，本条例应对守门人施加义务以规制此类行为。

（34）有效竞争和公平性是紧密联系的。如果某项服务缺乏有效竞争或有效竞争力较弱，可能会使守门人作出不公平的行为。同样，守门人不公平的行为也会减少企业用户或他人竞争守门人地位的可能性。因此，本条例中的特定义务可能涉及这两个因素。

（35）因此，考虑到维护公共秩序、保护隐私和打击欺诈和误导性商业行为的需要，本条例中规定的义务对于解决已确定的公共政策问题是必要的，因为目前没有其他可替代的、限制性较小的措施可以有效地实现同样的结果。

（36）当终端用户使用第三方网站和软件应用程序时，守门人通常直接收集他们的个人数据，以提供网络广告服务。第三方还向守门人提供其终端用户的个人数据，以便在其核心平台服务中使用守门人提供的某些服务，例如自定义受众。为了提供网络广告服务，使用核心平台服务处理来自第三方的个人数据为守门人在数据积累方面提供了潜在优势，从而提高了进入门槛；这是因为守门人处理来自第三方的个人数据的数量远远多于其他企业。类似的优势来自以下行为：（i）将从核心平台服务收集的终端用户个人数据与从其他服务收集的数据相结合；（ii）将来自核心平台服务的个人数据交叉使用到由守门人单独提供的其他服务中，尤其是交叉使用到未与相关核心平台服务一起提供或不支持相关核心平台的服务，反之亦然；或（iii）将终端用户登录到守门人的不同服务以合并个人数据。为了确保守门人不会不公平地破坏核心平台服务的有效竞争，守门人应提供个性化程度较低但效果相当的替代方案，使终端用户能够自由选择是否要接受此类数据处理和登录行为，而不以终端用户同意某些功能为使用核心平台服务的前提条件。这不应影响守门人处理个人数据或将终端用户登录到某一服务，根据（EU）2016/679 第 6（1）条第（c）、（d）和（e）目的法律规定，而非该条例第 6（1）条第（b）和（f）目。

（37）与经终端用户同意而提供的服务相比，个性化程度较低的替代方案所提供的服务不应有所不同或降低质量，除非质量下降是守门人无法处理此类个人数据或将终端用户登录到某服务的直接后果。未表示同意不应该难于表示同意。当守门人请求同意时，应主动向终端用户提供用户友好的解决方案，以明确、清晰和直接的方式提供、修改或撤销同意。特别是，终端用户应通过明确肯定的行动或声明表示同意，这种同意是由终端用户自由作出的、明确的、知情的、无误的同意表示，正如（EU）2016/679 号条例中的定义。在表示同意时，并且仅在适用的情况下，终端用户应被告知：不表示同意可能会导致个性化程度降低，但是核心平台服务将保持不变，且不会阻碍任何功能的使用。在例外情况下，如果无法直接同意守门人的核心平台服务，终端用户应能够向使用该核心平台服务的各个第三方服务表示同意，从而允许守门人以提供网络广告服务的目的处理其个人数据。

最后，撤回同意应该和表示同意一样容易。守门人不应以欺骗、操纵或其他实质上能够扭曲或损害终端用户作出自由同意能力的方式，来设计、组织或操作其在线界面。特别是，不应允许守门人在一年内，多次提示已在最初作出未同意或撤回同意的终端用户对处于同样处理目的的行为作出同意。本条例不影响（EU）2016/679 号条例，包括其执行框架；该框架仍然完全适用于数据主体就侵犯其在该条例下的权利提出的任何索赔。

（38）儿童的个人数据应得到特别保护，尤其是在将其个人数据用于商业通信或用户画像时。保护儿童上网是欧盟的一项重要目标，应体现在相关欧盟法律中。在这方面，应适当考虑对数字服务单一市场的监管规定。本条例中的任何规定均不免除守门人适用欧盟法律中规定的保护儿童的义务。

（39）在某些情况下，例如通过适用合同条款和条件，守门人可以限制企业用户使用其网络中间服务以便在更有利的条件下向终端用户提供产品或服务，包括：价格、通过其他网络中间服务或直接网络销售渠道。如果此类限制与第三方网络中间服务相关，则会限制跨平台的有效竞争，这继而限制了终端用户对于其他可替代网络中间服务的选择。如果此类限制涉及直接网络销售渠道，则会不公平地限制企业用户使用此类渠道的自由。为了确保使用守门人网络中间服务的企业用户可以自由选择可替代的网络中间服务或直接网络销售渠道，并可以向终端用户提供其产品或服务时适用差异化的条件，则守门人不应限制企业用户选择包括价格在内的差异化商业条件。这种限制应适用于任何具有同等效果的措施，例如：提高佣金费率或下架企业用户的报价。

（40）为了防止企业用户对守门人的核心平台服务的依赖性进一步增强，同时也为了促进多栖选择，应该允许这些守门人的企业用户自由推广和选择他们认为最适合分销的渠道，来和企业用户已经通过守门人提供的核心平台服务或其他渠道获取的终端用户进行交互。这应适用于报价推广活动，包括通过企业用户的软件应用，各种形式的通信交流以及企业用户与终端用户之间合同的订立。被获得的终端用户是已与企业用户建立了商业关系，且，如适用的话，守门人已经由于促使了企业用户对终端用户的初始获取而直接或间接地获得了企业用户的报酬。此类商业关系可以是付费或免费的，如免费试用或免费服务等级，并且可以通过守门人的核心平台服务或任何其他渠道建立。相反，终端用户也应可以自由选择此类企业用户的报价，并可以通过守门人的核心平台服务（如果适用）或企业用户的直接分销渠道或企业用户可能使用的其他间接分销渠道与他们签订合同。

（41）终端用户获取守门人核心平台服务以外的内容、订阅、功能或其他项目的能力不应受到削弱或限制。特别是，应避免守门人通过其核心平台服务上运行的软件应用程序限制终端用户访问和使用此类服务。例如，在某一软件应用、软件应用商店或虚拟助手之外购买的网络内容的订阅者，不应仅仅由于其外部购买行为而被守门人阻止在其核心平台服务的软件应用上访问此类网络内容。

（42）为了维护公平的商业环境并保护数字产业的有效竞争，企业用户和终端用户（包括举报人）对守门人不公平行为提出关切的权利需要得到重视保护，以使他们能就守门人未遵守欧盟或成员国法律的任何问题向任何有关的行政部门或其他公共当局（包括国家法院）提出。例如，企业用户或终端用户可能希望投诉不同类型的不公平行为，如歧视性的访问条件，不合理地关闭企业用户账户或产品下架理由不明确。因此，以任何方式阻止或阻碍那些用户提出疑虑或寻求补救的行为应被禁止，如通过协议中的保密条款或其他书面条款设立限制。这项禁令不应损害企业用户和守门人在其协议中规定使用某些条款的权利，包括使用合法的投诉处理机制，以及根据相应的欧盟和成员国法律使用替代性争议解决机制或遵守特定法院的管辖权。这也不应影响守门人在打击网络非法内容中所发挥的作用。

（43）与守门人相关核心平台服务一起提供或为其提供支持的某些服务，如身份识别服务、网络浏览器引擎、支付服务或支持支付服务供应的技术服务（如应用程序内购买的支付系统），对于企业用户开展业务并优化服务至关重要。特别是，每个浏览器都构建在网页浏览器引擎上，该引擎负责浏览器的关键功能，如速度、可靠性和网页兼容性。当守门人运行和使用网页浏览器引擎时，他们能够确定一个不仅适用于自身的网页浏览器，也适用于竞争对手的网页浏览器的功能和标准，并反过来适用于网页软件应用程序。因此，守门人不应利用其地位要求对其依赖的企业用户使用与其核心服务一起提供的或支持其核心服务的任何服务作为这些企业用户所提供服务或产品的一部分。为了避免守门人将其与核心平台服务一起提供或支持的服务间接强加给企业用户，当企业用户使用守门人的核心平台服务向终端用户提供服务之时，还应禁止守门人强制要求终端用户使用此类服务。该禁令旨在保护企业用户选择守门人核心平台服务之替代服务的自由，但不应被解释为企业用户有义务向其终端用户提供此类替代服务。

（44）要求企业用户或终端用户订阅或注册在认定决定中所列或符合本条例中规定的活跃终端用户和企业用户门槛值的任何其他守门人核心平台服务之行为，作为使用、访问、登录或注册核心平台服务的条件，为守门人提供了一种获取和锁定其核心平台服务新企业用户和终端用户的手段。该手段可通过以下方式实现：确保企业用户至少应以接收第二项核心平台服务为目的的注册或创建账号，否则不能访问某项核心平台服务，这种行为也使守门人在数据积累方面具有潜在优势。因此，这种行为可能会提高准入门槛，应予以禁止。

（45）守门人向企业用户（包括广告商和发布者）提供网络广告服务的条件通常是不透明且模糊的。这种不透明在一定程度上与一些平台的行为有关，但也与现代程序化广告的极度复杂性有关。新的隐私法规出台后，该行业的透明性变得更低。这通常导致广告商和发布者缺乏关于他们所购广告服务条件的信息和知识，并且削弱了他们在提供网络广告服务的企业之间转换的能力。此外，此种条件下的网络广告的费用可能会比在一个更公平、更透明和更具竞争性的平台环境下更高。这些更高的成本很可能反映在终端用户依靠网络广告服务为许多日常产品和服务支付的价格上。因此，透明性义务应要求守门人在收到请求时向网络广告服务对象的广告商和发布者提供免费信息，使双方都能了解作为相关广告价值链一部分而提供的每种不同网络广告服务的价格。

根据要求，应向广告商提供有关单个广告的价格和费用信息，且在拥有广告展示清单的发布者同意的情况下向发布者提供其收到的报酬。每天提供该信息将允许广告商接收足够详细的信息，该信息是比较使用守门人网络广告服务的成本与使用替代企业网络广告服务成本所必需的。当一些发布者未同意与广告商共享相关信息时，守门人应向该广告商提供关于这些发布者就相关广告收到的每日平均报酬的信息。分享有关提供网络广告服务的相关信息的相同义务和原则也应适用于发布者进行请求的情形。由于守门人可以使用不同的定价模型向广告商和发布者提供网络广告服务，例如曝光量计费、观看计费或任何其他标准，守门人还应提供计算每个价格和报酬的方法。

（46）在某些情况下，守门人作为提供核心平台服务的企业担任着双重角色：一方面，向其企业用户提供核心平台服务以及可能的、与核心平台服务一并提供或为其提供支持的其他服务；另一方面，还要与面向相同的终端用户提供相同或类似的服务或产品方面的企业用户竞争或试图竞争。在这种情况下，守门人可以利用其双重角色将企业用户在使用核心平台服务及其与该服务一并提供或为该服务支持的服务时所生成或提供的数据，用于其自身服务或产品。企业用户的数据也包括其终端用户的活动中生成或提供的任何数据。例如，守门人为企业用户提供网络市场或软件应用商店，同时也作为网络零售商或软件应用商向这些企业用户提供服务。为防止守门人从其双重角色中获得不公平的利益，应确保它们不使用聚合或非聚合数据，这些数据可能包括不能公开提供类似服务的企业用户的匿名数据和个人数据。此义务应整体上适用于守门人，包括但不限于其与核心平台服务企业用户竞争的业务部门。

（47）企业用户还能从核心平台服务提供商处购买网络广告服务，以向终端用户提供商品和服务。在这种情况下，数据可能不是在核心平台服务中生成的，而是由企业用户将数据提供给核心平台服务，或者是基于其相关核心平台服务的运行中生成的。在某些情况下，提供广告的核心平台服务具有双重角色，即网络广告服务的提供商和与企业用户竞争的服务商。因此，为了提供与核心平台服务有关的网络广告服务，禁止具备双重角色的守门人使用企业用户数据的义务也应适用于使用核心平台服务时已从企业收到的数据。

（48）就云计算服务而言，不使用企业用户数据的义务应延伸至守门人的企业用户在使用守门人的云计算服务时提供或生成的数据，或通过允许云计算服务的终端用户访问软件应用商店时提供或生成的数据。此义务不应影响守门人使用聚合数据以提供与其核心平台服务一并提供或者支持其核心平台服务的其他服务，比如数据分析服务，但须遵守欧盟2016/679号条例和2002/58/EC号指令以及本条例中与该服务有关的义务。

（49）守门人可以使用不同的方式在其操作系统、虚拟助手或网络浏览器上偏袒自身或第三方的服务或产品，从而妨害终端用户通过第三方获得的相同或相似的服务。例如，当某些软件应用程序或服务由守门人预先安装时，可能会出现这种情况。为了使终端用户能够自由选择，守门人不应阻止终端用户在其操作系统上卸载任何软件应用程序。只有当此类软件应用程序对操作系统或设备的功能至关重要时，守门人方可限制此类卸载。当操作系统、虚拟助手和网页浏览器的默认设置有利于守门人自己的软件应用程序和服务时，守门人还应允许终端用户能轻松更改这些默认设置。这包括在用户首次使用在认定决定中列举的网络搜索引擎、虚拟助手或网络浏览器时弹出选择画面屏幕，当守门人的操作系统将终端用户引导至网络搜索引擎、虚拟助手或网络浏览器之时，以及当虚拟助手或守门人的网页浏览器将用户引导至认定决定中所列的网络搜索引擎之时，允许终端用户能选择替代默认服务。

（50）守门人为分发软件应用设置的规则在某些情况下会限制终端用户在向守门人的硬件或操作系统上安装和有效使用第三方软件应用或软件应用商店的能力，并限制终端用户访问该守门人的核心平台服务之外的软件应用程序或软件应用商店的能力。这样的约束会限制软件应用开发人员使用替代分销渠道的能力，以及终端用户在来自不同分销渠道的不同软件应用程序之间进行选择的能力，这是不公平的，而且容易削弱核心平台服务的有效竞争，因此应予以禁止。为了确保有效竞争，守门人还应允许第三方软件应用程序或软件应用程序商店提示终端用户决定该服务是否应成为默认服务，并使该更改易于执行。

为了确保第三方软件应用或软件应用商店不会危害守门人提供的硬件或操作系统的完整性，如果守门人证明相称的技术措施或合同措施是必要和合理的，且没有限制性更少的手段来保护硬件或操作系统的完整性，则其可以实施该措施来实现该目标。硬件或操作系统的完整性应包括需要实施和维护的任何设计选项，通过确保相关硬件或操作系统的安全控制不受损害，保护硬件或操作体系免受未经授权的访问。此外，为了确保第三方软件应用程序或软件应用商店不会破坏终端用户的安全，除了默认设置之外，守门人还应能够实施严格必要且合乎比例的措施和设置，使终端用户能够有效地保护与第三方软件应用或软件应用商店相关的安全，前提是守门人证明此类措施和设置是严格必要和合理的，并且没有限制性更小的手段能用来实现该目标。守门人应被禁止将此类措施设为默认设置或预先安装设置。

（51）守门人通常是垂直整合的，并通过自己的核心平台服务或通过对其控制的企业用户向终端用户提供某些产品或服务，这经常导致利益冲突。这包括守门人通过网络搜索引擎提供自己的网络中间服务的情况。当在核心平台服务上提供这些产品或服务时，守门人可以在排名、相关索引和爬取方面为自己的产品保留比在其核心平台服务中运行的第三方的产品或服务更好的位置。例如，这可能发生在产品或服务（包括其他核心平台服务）上，它们在网络搜索引擎搜索的结果中排名，或者它们部分或全部嵌入网络搜索引擎结果中，这些结果是专门针对某个主题的结果组，与网络搜索引擎的结果一起显示，这些结果被终端用户视为或用作网络搜索引擎所特有或附加的服务。

其他实例则是通过以下方式来体现的：通过软件应用商店推送的软件应用、通过视频共享平台传播的视频、在线上社交网络服务的新闻推送中突出显示的产品或服务、在搜索结果中排名或在网络市场上显示的产品或服务、通过虚拟助手提供的产品或服务。甚至在查询之后、排序之前，守门人就可为其保留更好的位置，比如在爬取和索引期间。例如，在爬取过程中，作为新内容和更新内容的发现过程，以及索引过程（需要存储和组织爬取过程期间发现的内容），守门人可以支持自己的内容而非第三方的内容。在这些情况下，守门人具有双重角色：作为第三方企业的中间人和作为直接提供产品或服务的企业。因此，这些守门人具有直接破坏核心平台服务上产品或服务的有效竞争的能力，从而损害不受守门人控制的企业用户的利益。

（52）在这种情况下，无论是通过法律、商业或技术手段，还是通过其控制的企业用户，守门人不应在核心平台服务的排名以及相关索引和爬取中实施任何行为以获得区别对待或优惠待遇以支持其提供的产品或服务。为了确保这项义务的有效性，守门人还应确保适用于这种排名的条件通常也是公平和透明的。在这种情况下，排名应涵盖所有相对突出的形式，包括显示、评级、链接或语音结果，还应包括核心平台服务向终端用户呈现或传达仅有一个结果的情形。为确保这项义务被有效遵守且不能被规避，它还应适用于任何可能对排名中的区别待遇或优惠待遇产生同等影响的措施。根据（EU）2019/1150 号条例第 5 条通过的指南也应促进该义务的实施和执行。

（53）守门人不应该通过从技术上或其他方式阻止或限制终端用户自由选择在不同软件应用和服务之间进行切换或订阅的自由选择。这将允许更多的企业提供服务，从而从根本上为终端用户提供更多的选择。因此，无论守门人是否是访问此类软件应用程序或服务的硬件制造商，守门人应确保终端用户的自由选择，并且不应制造人为的技术障碍使得终端用户的切换不能或无效。以下行为的本身并不构成切换的障碍：仅仅通过预安装的方式向终端用户提供某一产品或服务；或改进向终端用户提供产品或服务（例如：更低的价格或更高的质量）。

（54）守门人能限制终端用户访问网络内容和服务（包括软件应用程序）的能力。因此，应建立规则以确保终端用户访问开放式互联网的权利不会因守门人的行为而受到损害。守门人还能从技术上限制终端用户在不同的网络接入服务提供商之间进行切换的能力，特别是通过对硬件或操作系统的控制的方式。这扭曲了网络接入服务的公平竞争环境，并最终损害终端用户。因此，应确保守门人不会不适当地限制终端用户选择其网络接入服务提供商。

（55）守门人能提供服务或硬件，例如可穿戴设备，其访问经由操作系统或虚拟助手访问或控制的设备的硬件或软件功能，以便向终端用户提供特定功能。在这种情况下，在竞争的服务或硬件提供商中，例如可穿戴设备的提供商，需要与相同的硬件或软件功能具有同等有效的交互性，并且为了交互性之目的与其连接，以便能够向终端用户提供具有竞争力的服务或产品。

（56）守门人还具有操作系统研发者和设备制造商的双重角色，包括此类设备可能具有的任何技术功能。例如，作为设备制造商的守门人能限制对该设备中某些功能的访问，比如近场通信技术、安全元件和处理器、认证机制和用于操作这些技术的软件，这要求守门人以及任何潜在第三方服务商一同有效提供或支持核心平台服务的服务。

（57）如果这种双重角色会阻止替代服务和硬件提供商在同等条件下访问同一操作系统、硬件或守门人提供自己补充或支持服务或硬件时可用或使用的软件功能，这可能严重损害此类替代提供商的创新以及终端用户的选择。因此，应要求守门人免费确保与同一操作系统、硬件或在提供自己补充或支持服务或硬件时可用或使用的软件功能的有效交互性，以及出于交互性的目的对前述操作系统、硬件或软件功能的访问。为了有效地开发和提供可与守门人提供服务进行交互的功能，软件应用程序对与相关核心平台服务一并提供的服务或者支持该核心平台的服务也同样需要这种访问。这些义务的目的是允许竞争的第三方通过界面或类似的解决方案对相应的功能进行互连，就像守门人自己的服务或硬件一样有效。

（58）守门人向企业用户（包括广告商和发布者）提供网络广告服

务的条件通常是不透明的。这通常导致广告商和发布者缺乏有关某一广告效果的信息。为了进一步提高认定决定中所列网络广告服务以及与同一企业的其他核心平台服务完全集成的网络广告服务的公平性、透明度和有效竞争，守门人应根据要求向广告商和发布者以及两者授权的第三方提供免费访问其绩效测评工具和为广告商、授权第三方（如代表发布者公司的代理机构）所需的数据（包括聚合和非聚合数据），以及发布者对相关网络广告服务进行独立验证所必需的数据（包括聚合和非聚合数据）。

（59）在提供核心平台服务和其他数字服务的同时，守门人受益于对它们收集的大量数据的访问。为确保守门人不会通过限制切换或多栖选择削弱核心平台服务的有效竞争，以及动态数字行业的创新潜力，终端用户以及被某些终端用户授权的第三方应该被授权有效且即时访问其在使用守门人的相关核心平台服务时提供或生成的数据。数据应以终端用户或终端用户授权转移数据的相关第三方可立即进行有效访问和使用的格式接收。守门人还应通过适当和高质量的技术措施，如应用程序编程界面，确保终端用户或其授权的第三方能够连续、实时地自由转移数据。这也应适用于有效实现这种可移植性所需的不同聚合级别的任何其他数据。为免生疑问，根据本条例，守门人有义务确保数据的可移植性，这是对欧盟 2016/679 号条例规定的数据可携带权的补充。促进用户的切换或多栖选择进而增加终端用户的自由选择，并激励守门人和企业用户进行创新。

（60）使用守门人提供的核心平台服务的企业用户和该企业用户的终端用户提供并生成了大量数据。为了确保企业用户可以访问由此生成的相关数据，守门人应当依其请求提供有效且免费访问此类数据的权限。此类访问权限也应授予与企业用户签约的第三方，它们充当企业用户对此数据的处理者。这种访问权限应该包括访问由同一企业用户和其同一终端用户在同一守门人提供的其他服务的情景中提供或生成的数据，包括与核心平台服务一并提供的或者支持该核心平台服务的服务，这与相关请求有着密不可分的联系。为此，守门人不应使用任何合同条款或其他限制措施来阻止企业用户访问相关数据，并且应在遵循 2016/679 号条例和 2002/58/EC 号指令的情况下，使企业用户能够获得其终端用户对此类数据访问和检索的同意。守门人还应通过适当的技术措施，例如为小批量企业用户提供高质量的应用程序编程界面或集成工具，确保对此类数据的持续和实时访问。

（61）网络搜索引擎对其各自的企业用户和终端用户的价值随着此类用户总量的增加而增加。提供网络搜索引擎的企业收集并存储聚合的数据集，其中包含有关用户搜索的内容以及用户如何与提供的结果进行交互的信息。提供网络搜索引擎的企业从在其自己的网络搜索引擎上进行的搜索以及在其下游商业伙伴的平台上进行的搜索（如适用）中收集这些数据。守门人对此类排名、查询、点击和查看数据的访问构成了进入和扩展的重大壁垒，从而削弱了网络搜索引擎服务的有效竞争。因此，守门人应被要求以公平、合理和非歧视的条件，向其他提供此类服务的企业提供访问消费者在网络搜索引擎上免费和付费搜索生成的排名、查询、点击和查看数据的权限，以便这些第三方企业可以优化其服务并与相关的核心平台服务竞争。此类访问权限也应授予与网络搜索引擎提供商签约的第三方，它们充当该搜索引擎的数据处理者。在提供对其搜索数据的访问权限时，守门人应确保对终端用户的个人数据的保护，包括通过适当的方式防止可能的重新识别风险，例如匿名化此类个人数据，但不会实质上降低数据的质量或有用性。如果个人数据被不可逆转地更改，使得信息与已识别或可识别的自然人无关，或者个人数据以数据主体不可识别或不再可识别的方式匿名，则相关数据将被匿名。

（62）对于认定决定中列出的软件应用商店、网络搜索引擎和线上社交网络服务，守门人应发布和适用公平、合理和无歧视的一般访问条件。这些一般条件应规定建立一个基于欧盟的替代性争端解决机制，该机制对企业用户来说应是容易获得、公正、独立和免费的，也不影响企业用户成本且是一个旨在防止企业用户滥用争端解决机制的相称措施。争端解决机制不应损害企业用户根据欧盟和成员国法律向司法当局寻求救济的权利。特别是，允许访问软件应用商店的守门人是寻求连接终端用户的企业用户的重要网关。鉴于这些守门人与其软件应用商店的企业用户之间议价能力的不平衡，这些守门人不应强加包括定价条件在内的不公平或导致不合理差别待遇的一般条件。

如果定价或其他一般访问条件给企业用户强加了不平衡的权利和义

务，或给守门人带来与其向企业用户提供的服务不相称的优势，或导致企业用户在提供与守门人相同或类似的服务时处于劣势，则应被视为不公平。以下基准可作为确定一般访问条件公平性的标准：其他软件应用商店供应商对相同或类似服务收取的价格或施加的条件；收费或由软件应用商店提供商针对不同的相关或类似服务或对不同类型的终端用户施加的条件；软件应用商店提供商在不同地理区域为相同服务收取的价格或施加的条件；软件应用商店提供商为守门人向其自身提供的相同服务收取的价格或施加的条件。这项义务不能确立访问权，也不应影响软件应用商店、网络搜索引擎和线上社交网络服务提供商在打击非法和有害内容方面承担所要求的责任的能力，依照关于数字服务单一市场的条例之规定。

（63）守门人可能会限制企业用户和终端用户取消订阅他们之前订阅的核心平台服务的能力。因此，应制定规则，以避免出现守门人损害企业用户和终端用户自由选择其使用的核心平台服务的权利的情形。为了保障企业用户和终端用户的自由选择，守门人不应该使企业用户或终端用户进行取消订阅核心平台服务的操作变得困难或复杂化。关闭账户或取消订阅不应比开立账户或订阅同一服务更为复杂。守门人在终止与终端用户或企业用户的合同时不应要求额外费用。守门人应确保终止合同的条件始终是相称的，并且终端用户能在无不当困难的情况下行使之，例如，在终止原因、通知期限或终止形式方面。这不影响根据欧盟法律适用的成员国立法，该法律规定了终端用户终止核心平台服务提供条件的权利和义务。

（64）交互性的缺乏使得提供不以号码为基础的人际通信服务的守门人能够受益于强大的网络效应，这将削弱有效竞争。此外，无论终端用户是否"多栖"，守门人通常会不以号码为基础的人际通信服务，作为其平台生态系统的一部分，这进一步提高了此类服务替代提供商的准入门槛，并增加了终端用户切换的成本。因此，在不影响欧洲议会和理事会第 2018/1972 号指令[①]的情况下，特别是在不影响其第 61 条规定的条件和程序的情况下，守门人应免费并根据要求，确保其向自己的终端

---

① 欧洲议会和理事会 2018 年 12 月 11 日关于制定《欧洲电子通信法案》的第 2018/1972 号指令（欧盟）（OJ L 321，17.12.2018，第 36 页）。

用户和此类服务的第三方提供商提供的与不以号码为基础的人际通信服务的某些基本功能的交互性。

守门人应确保与不以号码为基础的人际通信服务的第三方提供商的交互性，后者向欧盟中的终端用户和企业用户提供或打算提供该项服务。为了促进这种交互性的实际实施，相关的守门人应发布参考报价，列出其与不以号码为基础的人际通信服务交互的技术细节和一般条款和条件。如果适用，欧盟委员会可以咨询欧洲电子通信监管机构，以确定守门人打算实施或已经实施的参考报价中公布的技术细节和一般条款和条件是否遵守该义务。

在所有情况下，守门人和请求提供商都应确保交互性不会破坏符合本条例和适用的欧盟法律中规定的高水准的安全和数据保护义务，特别是（EU）第 2016/679 号条例和第 2002/58/EC 号指令。根据本条例和其他欧盟法律，特别是（EU）第 2016/679 号条例之规定，与交互性相关的义务应不影响向不以号码为基础的人际通信服务的守门人和请求提供商的终端用户提供的信息和选择。

（65）为了确保本条例规定的义务的有效履行，同时还要确保将这些义务限制在确保有效竞争和处理守门人不公平行为的有害影响所必需的范围之内，有必要清楚地定义和界定这些义务，以使守门人能够充分遵守这些规定，同时完全遵守适用的法律，特别是（EU）第 2016/679 号条例和第 2002/58/EC 号指令以及关于消费者保护、网络安全、产品安全和无障碍要求的立法，包括欧洲议会和理事会第 2019/882 号指令和第 2016/2102 号指令①。守门人应确保从设计上符合本条例的规定。因此，它们应尽可能将必要的措施纳入使用的技术设计之中。

在某些情况下，对欧盟委员会可能是合适的：在与有关守门人进行对话，并在第三方发表意见后，进一步确定有关守门人应采取的一些措施，以便能有效履行已明确义务，或在规避的情况下，履行所有义务。特别是，如果义务的实施可能受到单一核心平台服务内服务变化的影响，则应可能对此类义务的规定进行细化。为此，守门人应该可以要求欧盟委员会参与一个程序，后者可以据此进一步规定一些相关守门人为

---

① 2016 年 10 月 26 日欧洲议会和理事会关于公共部门机构网站和移动应用程序无障碍性的指令（欧盟）2016/2102（OJ L 327，2.12.2016，第 1 页）。

了有效履行这些义务而应该采取的措施。

欧盟委员会应酌情决定是否和何时提供此类进一步规定，同时尊重平等待遇原则、比例原则和良好管理的原则。在这方面，欧盟委员会应提供其评估的主要理由，包括一切执法优先事项。该程序不应用于破坏本条例的有效性。此外，这一程序不影响欧盟委员会通过确定守门人不遵守本条例中规定任何义务的决定的权力，包括处以罚款或定期支付罚款的可能性。欧盟委员会应能够重新启动程序，包括在具体措施被证明无效的情况下。由于决定通过的无效规定而进行的重新启动，应使欧盟委员会能够前瞻性地修改规定。欧盟委员会还应能够确定一个合理的时间期限，在该期限内如果具体措施被证明无效，可以重新启动程序。

（66）作为确保比例原则的附加因素，应给予守门人一个机会，在守门人无法控制的特殊情况下，按必要程度请求中止一项特定义务。例如，不可预见的外部冲击暂时打消了终端用户对相关核心平台服务的很大一部分需求，在此情况下，守门人需表明：当遵守一项特定义务时危害了其在欧盟内运营的经济生存能力。欧盟委员会应确认中止的特殊情形，并定期审查，以评估给予中止的条件是否仍然可行。

（67）在特殊情况下，基于欧盟法律和欧洲法院解释的有关公共卫生或公共安全的有限理由，欧盟委员会应能够决定某项具体义务不适用于特定的核心平台服务。如果对这类公共利益造成损害，且可能表明在特定例外情况下，执行某项义务对整个社会的成本过高，因而不相称。在适当情况下，欧盟委员会应能够通过评估有限且理由正当的中止或豁免是否合理来促进合规。在不损害对公平和有效竞争的预期事前影响下，应确保本条例中义务的比例性。如果授予此类豁免，欧盟委员会应每年审查其决定。

（68）在遵守本条例规定的义务的时间框架内，守门人应通过强制性报告，告知欧盟委员会它们打算实施或已经实施的措施，以确保有效遵守这些义务，包括与遵守（EU）第 2016/679 号条例有关的措施，在与遵守本条例规定的义务相关的范围内，应允许委员会履行其在本条例下的职责。此外，应公开提供此类信息的清晰、可理解的非机密摘要，同时考虑到守门人在保护其商业秘密和其他机密信息方面的合法利益。该非保密出版物应使第三方能够评估守门人是否遵守本条例规定的义务。这种报告不应妨碍欧盟委员会在报告之后的任何时候采取的任何执法行动。欧盟委员会应在网上发布非机密摘要报告的链接，以及本条例规定的信息义务下所有的其他公共信息，以确保受众尤其是中小企业以可用和全面的方式获取此类信息。

（69）只有在对具体行为的性质和影响进行彻底调查后，才能更新守门人的义务，在深入调查后，这些行为可能会被新认定为不公平或限制有效竞争，与本条例中规定的不公平行为的方式相同，但有可能超出当前义务的范围。欧盟委员会应能够发起调查，以确定是否需要主动或在至少三个成员国提出合理要求后更新现有义务。在提出这种合理请求时，成员国应能够提供关于新推出的产品、服务、软件或功能的信息，这些信息会引起对有效竞争或公平性的关注，无论是在现有核心平台服务的背景下还是在其他方面实施。在市场调查后，如果欧盟委员会认为有必要修改本条例的基本要素，如纳入与本条例所调整的相同有效竞争或公平性问题不同的新义务，委员会应提出修订本条例的建议。

（70）鉴于守门人的巨大经济实力，对于守门人来说重要的是有效履行义务，而不是规避义务。为此，有关规则应适用于守门人的任何行为，无论其形式如何，也无论其是否具有合同、商业、技术或任何其他性质，只要该行为与本条例规定义务之一所涉及的行为类型相一致。守门人不应实施有损本条例规定的禁令和义务之有效性的行为。此类行为包括守门人使用的设计、以非中立方式呈现终端用户选择，或使用用户界面或其一部分的结构、功能或操作方式颠覆或损害用户自主性、决策或选择。此外，守门人不应被允许从事本条例规定的任何破坏交互性的行为，例如使用不合理的技术保护措施、歧视性服务条款、非法主张应用程序编程界面的版权或提供误导性信息。守门人应不被允许通过人为分割、分开、再分、分裂或分离其核心平台服务来规避其认定，以规避本条例中规定的数量门槛值。

（71）为确保审查守门人状态的有效性，以及调整由守门人提供的核心平台服务清单的可能性，守门人应在实施之前将其对提供核心平台服务或者数字领域的任何其他服务或能收集数据的其他服务的企业的所有预期收购，告知欧盟委员会。此类信息不仅服务于个别守门人地位的审查过程，而且还将用于监控数字领域更广泛的竞争趋势，因此可以成为本条例规定的市场调查背景下考虑的有用因素。此外，委员会应将此类信息告知成员国，考虑到将这些信息用于国家合并控制目的的可能性，并且在某些情况下，成员国主管当局为合并控制之目的有可能将此类收购提交给委员会。委员会还应每年公布由守门人提供的收购清单。为确保此类信息在本条例规定的不同目的下具有必要的透明度和有用性，守门人应至少提供以下信息：与集中有关的企业、其欧盟和全球年营业额、其活动领域（包括与集中直接相关的活动）、交易价值或其估计，以及集中的摘要，包括其性质和原理，以及与业务有关的成员国名单。

（72）终端用户的数据保护和隐私利益与评估观察到的守门人从终端用户收集和积累大量数据的行为的潜在负面影响有关。确保守门人采用的画像行为具有足够的透明度，包括但不限于（EU）第 2016/679 号条例第 4 条第（4）目所指的画像，有助于促进核心平台服务的有效竞争。鉴于潜在的市场进入者或初创企业无法以相同的范围、深度和相似的规模访问数据，通过对守门人施加外部压力以防止深度的消费者画像成为行业标准。增强的透明度应使提供核心平台服务的其他企业通过使用高级隐私保障来更好地区分自己。

为了确保此透明度义务最低级别的有效性，守门人应至少提供一份独立审计的、关于如何进行画像分析的说明，包括是否依赖符合（EU）第 2016/679 号条例规定的个人数据和用户活动产生的数据、所采用的处理方法、画像的预期目的和最终目的、画像的持续时间、此类画像对守门人服务的影响、有效促使终端用户意识到此类画像的相关用途而采取的步骤，以及寻求终端用户同意或向其提供拒绝或撤回同意的可能性的步骤。欧盟委员会应将审计后的说明转交给欧洲数据保护委员会，以告知其欧盟数据保护规则的执行情况。欧盟委员会有权根据欧洲议会和理事会第 182/2011 号条例①和第 2018/1725 号条例②，与欧洲数据保护监督员、欧洲数据保护委员会、社会组织和专家一同协商，制定经审计

---

① 2011 年 2 月 16 日欧洲议会和理事会第 182/2011 号条例（EU）规定了成员国委员会行使执行权力的控制机制的规则和一般原则（OJ L 55, 28. 2. 2011，第 13 页）。

② 2018 年 10 月 23 日欧洲议会和理事会关于在欧盟机构、团体、办事处和代理机构处理个人数据方面保护自然人以及关于此类数据自由流动的第 2018/1725 号条例（EU），并废除第 45/2001 号条例（EC）和第 1247/2002/EC 号决定（OJ L 295, 21. 11. 2018，第 39 页）。

说明的方法和程序。

（73）为了确保全面和持久地实现本条例的目标，欧盟委员会应能够评估以下情况：是否在不符合本条例规定的定量门槛的情况下，将提供核心平台服务的企业认定为守门人；守门人系统性的违规行为是否需要施加额外的补救措施；数字领域内更多的服务是否需要被添加进核心平台服务的清单；类似不公平和限制数字市场有效竞争的额外行为是否需要被调查。这种评估应基于在适当的时间范围内进行的市场调查，通过采用明确的程序和截止日期，以支持本条例对数字领域有效竞争和公平性的事前影响，并提供必要程度的法律上的确定性。

（74）欧盟委员会应能够在市场调查后发现，提供核心平台服务的某企业符合所有被认定为守门人的首要定性标准。然后，该企业应该原则上遵守所有本条例规定的相关义务。但是，对于被欧盟委员会认定为在不久的将来预计享有稳固和持久地位的守门人，欧盟委员会只应施加必要和适当的义务，以防止有关的守门人在其经营中获得此种地位。对于这类出现的守门人，欧盟委员会应考虑到这种地位原则上是暂时性的，因此，应在某个特定时刻决定这种提供核心平台服务的企业是否应承担全部的守门人义务，因为它已经获得了稳固和持久的地位，或者认定条件最终没有得到满足的情况下，应放弃所有先前施加的义务。

（75）欧盟委员会应调查并评估是否有必要采取额外的行为补救措施，或在适当情况下采取结构性补救措施，以确保守门人不会因系统性地不遵守本条例所规定的一项或多项义务而阻碍本条例的目标。在这种情况下，欧盟委员会在8年的期限里针对守门人发布了至少三项不符合规定的决定，这可能涉及本条例中规定的不同核心平台服务和不同义务，如果守门人保持、扩大或进一步加强了其在内部市场的影响，其企业用户和终端用户对守门人核心平台服务的经济依赖性或其地位的巩固。尽管委员会采取了执法行动，某守门人应被视为保持、扩大或增强了其地位，当它仍然保持或进一步巩固或加强了其作为企业用户连接终端用户的网关的重要性。

在此种情况下，欧盟委员会应有权，在适当考虑到比例原则的情况下，实施任何救济措施，无论是行为救济还是结构救济。在此种背景下，委员会应有权在有限的时间期限内，在为了保持或恢复因系统性合规行为而受到影响的公平性和有效竞争而采取适当和必要的救济措施的程度范围内，禁止守门人集中于那些核心平台服务或数字领域其他服务或能收集受系统性不合规行为影响的数据的服务。

为了使第三方能够有效参与，并有可能在适用救济措施之前对其进行测试，委员会应公布一份详细的非保密性案件摘要和将要采取的措施。委员会应当能够重新启动程序，包括在具体的救济措施被证明无效的情况下。因决定通过的无效救济措施而重新启动，应使委员会能够前瞻性地修正救济措施。委员会还应能够确定一个合理的期限，如果救济措施被证明无效，在该期限内可以重新启动程序。

（76）在对系统性违规行为进行调查的过程中，如果守门人向欧盟委员会作出承诺，如果委员会发现这些承诺能确保守门人有效遵守本条例规定的义务，则其应该能够通过一项决定，使这些承诺对相关守门人具有约束力。该决定应表明委员会不再有理由对正在调查的系统性违规行为采取行动。在评估守门人作出的承诺是否足以确保有效遵守本条例规定的义务时，委员会应被允许考虑对守门人进行测试，以证明其所作承诺在实践中的有效性。委员会应核实承诺决定得到充分尊重并达到其目标，并应有权在发现承诺无效的情况下重新作出决定。

（77）数字领域的服务以及与这些服务相关的行为可能会发生很大程度的快速变化。为了确保本条例与时俱进，并对守门人所提问题形成有效而全面的监管回应，必须对核心平台服务清单以及本条例规定的义务进行定期审查。这对于确保识别出可能限制核心平台服务的有效竞争或不公平的行为尤为重要。鉴于数字领域的动态变化性质，定期进行审查很重要，但是为了确保监管条件的法律确定性，任何审查都应在合理和适当的时间范围内进行。市场调查还应确保欧盟委员会有坚实的证据基础，可以据此评估欧盟委员会是否应提议修改本条例，以审查、扩大或进一步细化核心平台服务的清单。市场调查应同样确保欧盟委员会具有坚实的证据基础，可以据此评估欧盟委员会是否应提议修改本条例所规定的义务，还是应采用授权立法的方式来更新此类义务。

（78）对于本条例规定的义务未涵盖的守门人行为，欧盟委员会应有可能对新服务和新实践进行市场调查，以认定本条例中规定的义务是否应通过本条例中此类授权行为所规定的授权范围内的授权行为予以补充，或提出修订本条例的建议。这不影响委员会在适当情况下根据《欧盟运行条约》第 101 条或第 102 条启动程序的可能性。此类程序应根据理事会 No. 1/2003 号条例①（EC）执行。在因竞争受到严重和不可弥补损害的风险而出现紧急情况时，委员会应考虑根据理事会 No. 1/2003 号条例第 8 条采取临时措施。

（79）如果守门人从事不公平的行为或限制了本条例已认定的核心平台服务的有效竞争，但本条例规定的义务未明确涵盖这些行为的，则欧盟委员会应能够通过授权立法来更新本条例。通过授权立法进行的此类更新应遵循相同的调查标准，因此应经进行市场调查。欧盟委员会还应采用预先定义的标准识别此类行为。该法律标准应确保守门人在任何时候根据本条例可能面临的义务类型具有充分的可预测性。

（80）为了确保有效执行和遵守本条例，欧盟委员会应拥有强大的调查和执行权力，使其能够调查、执行和监管本条例中制定的规则，同时确保在执行程序中对基本陈述权和基本文件获取权的尊重。欧盟委员会还应出于市场调查之目的，包括为更新和审查本条例之目的，处置这些调查权力。

（81）欧盟委员会应有权要求获得本条例所必需的信息。尤其是，欧盟委员会应有权访问任何相关文件、数据、数据库、算法以及开启和进行调查的必要信息，并监督对本条例规定的义务的遵守情况，无论谁拥有此类信息，也无论其形式或格式、存储介质或存储位置如何。

（82）欧盟委员会应能够直接要求企业或行业协会提供任何相关证据、数据和信息。此外，为本条例之目的，欧盟委员会应能够从成员国内的主管当局，或从任何自然人或法人处要求任何相关信息。在遵守欧盟委员会的决定时，企业有义务回答事实问题并提供文件。

（83）欧盟委员会还应有权对任何企业或企业协会进行检查，并约谈可能掌握有用信息的任何人，并记录其所作的陈述。

（84）临时措施可以是一个重要工具，以确保在调查进行期间，正

---

① 2002 年 12 月 16 日关于执行《条约》第 81 条和第 82 条规定的竞争规则的理事会第 1/2003 号条例（欧共体）（OJ L 1，4.1.2003，第 1 页）。

在调查的侵权行为不会对守门人的企业用户或终端用户造成严重和无法弥补的损害。这一工具对于避免欧盟委员会在诉讼程序结束时作出决定来扭转的一个艰难事态发展而言非常重要。因此，委员会应有权在鉴于可能通过违规决定而启动的诉讼程序中下令采取临时措施。这一权力应适用于委员会初步认定守门人违反义务的情况，以及守门人的企业用户或终端用户存在严重和不可弥补损害的风险的情况。临时措施只应适用于一段特定的时期，要么以委员会诉讼程序的结束为终止，要么适用于一个在必要和适当的情况下可以延长的固定时期。

（85）欧盟委员会应能够采取必要的行动，以监督本条例规定的义务的有效履行和遵守。此类行动应包括委员会有能力任命独立的外部专家和审计员来协助其开展此过程，包括在适用的情况下从数据或消费者保护当局等成员国主管当局获得协助。在任命审计员时，委员会应确保充分的轮换。

（86）遵守本条例规定的义务应通过罚款和定期支付罚款的方式来执行。为此，根据比例原则和"一事不再理"原则，对于不遵守义务和违反程序规则的行为，还应规定适当数额的罚款和定期支付罚款，并规定有适当的时效。欧盟委员会和有关国家当局应协调其执法工作，以确保这些原则得到尊重。特别是，委员会应考虑到在与违反其他欧盟规则或成员国规则有关的诉讼中通过最终决定对同一法人因相同事实而施加的任何罚款和处罚，以确保所施加的总罚款和处罚与所犯侵权行为的严重性相匹配。

（87）为了确保有效追回因企业协会所犯的侵权行为而对其处以的罚款，有必要规定欧盟委员会可能要求该企业协会成员在企业不具有偿付能力的情况下支付罚款的条件。

（88）在根据本条例进行的程序中，欧盟委员会应赋予有关企业陈述权，并应向公众公布所作出的决定。在确保获得良好管理权、查阅卷宗权和陈述权的同时，必须保护机密信息。此外，在尊重信息的机密性的同时，欧盟委员会应确保为作出决定而依据的任何信息的披露程度，使决定的收件人能够理解导致作出该决定的事实和考虑因素。还必须确保委员会仅将根据本条例收集的信息用于本条例之目的，除非另有明确规定。最后，在某些条件下，如果满足相关条件，则某些业务记录

（例如律师与其客户之间的通讯）可能被视为机密。

（89）在编写非机密摘要以供出版时，为了有效地使有利害关系的第三方能够提供意见，欧盟委员会应适当考虑企业在保护其商业秘密和其他机密信息方面的合法利益。

（90）连贯、有效和互补地执行适用于守门人的现有法律文件，需要欧盟委员会与在其职权范围内的成员国国家当局之间的合作和协调。委员会和国家当局应合作并协调其必要的行动，以执行适用于本条例项下的守门人的现有法律文件，并尊重《欧洲联盟条约》第4条规定的真诚合作原则。国家当局对委员会的支持应包括向委员会提供其掌握的所有必要信息，或应委员会要求协助委员会行使其权力，以便委员会能够更好地履行本条例规定的职责。

（91）欧盟委员会是唯一有权执行本条例的机关。为了支持委员会，成员国应能够授权其执行竞争规则的国家主管当局，对承担本条例规定义务的守门人可能的不遵守行为进行调查。这一点尤其重要，当在从一开始就无法确定守门人的行为是否违反本条例、国家主管当局有权执行的竞争规则，或在两者情况都出现时。鉴于委员会是作为本条例规定的启动调查任何不遵守情况的程序的唯一执行者，执行竞争规则的国家主管当局应向委员会报告其对承担本条例规定义务的守门人可能的不遵守行为的调查结果。

委员会应有充分的自由裁量权决定是否启动此类程序。为了避免本条例下的重复调查，相关成员国主管当局应在对承担本条例规定义务的守门人可能的不遵守行为采取第一项调查措施之前通知委员会。成员国主管当局在执行针对守门人的国家竞争规则时，包括在设定罚款方面，也应与委员会密切合作和协调。为此，它们应在基于国家竞争规则对守门人提起诉讼时，以及在此类诉讼中对守门人施加义务之前，通知委员会。为避免重复，根据（EC）第1/2003号条例第11条（如适用）的规定，决定草案的信息应可作为本条例下的通知。

（92）为了保障本条例的统一适用和执行，重要的是确保成员国国家当局，包括其国家法院，拥有所有必要的信息，以确保其决定不会与委员会根据本条例通过的决定相抵触。允许国家法院请求委员会向它们发送有关本条例适用问题的信息或意见。同时，委员会应能够向国家法院提交口头或书面意见。这不影响国家法院根据《欧盟运行条约》第267条要求作出初步裁决的能力。

（93）为了确保在执行本条例和适用于守门人的其他部门规章时的一致性和有效互补性，欧盟委员会应参考一个专门的高级别小组的专业知识。该高级别小组还可以在与本条例的实施或执行有关的一般事项上，通过咨询、专门知识和建议（如适用）的方式向委员会提供协助。高级别小组应由相关欧洲机构和机构群组成，其组成应确保高水平的专业知识和地域平衡。高级别小组成员应定期向其所代表的机构和机构群报告其在小组范围内执行的任务，并就此与它们协商。

（94）由于欧洲法院将根据《欧盟运行条约》第261条对欧盟委员会根据本条例作出的决定进行审查，欧洲法院应在罚款和惩罚支付方面拥有无限制的管辖权。

（95）欧盟委员会可以制定指南，以就本条例的不同方面提供进一步的指导，或协助提供核心平台服务的企业履行本条例规定的义务。此类指导应基于，特别是委员会通过监管本条例遵守情况而获得的经验。根据本条例发布任何指南是委员会的特权，由委员会自行裁量，不应被视为确保相关企业或企业协会遵守本条例规定义务的构成要素。

（96）可通过使用技术标准来促进某些守门人义务的履行，例如与数据访问、数据可移植性或交互性相关的义务。在这方面，欧盟委员会在适当和必要的情况下，可以要求欧洲标准化机构制定该类标准。

（97）为了确保守门人所处整个欧盟数字领域市场的有效竞争和公平性，应将根据《欧盟运行条约》第290条规定的通过法案的权力授权给欧盟委员会，使其用于修改以下规则：确定是否符合满足守门人的活跃终端用户和活跃企业用户数量门槛值的方法，该方法包含在本条例的附件中；用于进一步规定附加要素的方法，该方法未被包含在决定是否满足认定守门人的数量门槛值的附件中；以及用于补充本条例规定的现有义务，在此种情形之下：委员会基于市场调查，已确定有必要更新义务，以解决限制核心平台服务的有效竞争性的行为或不公平的行为，且所考虑的更新属于本条例中此类授权行为的授权范围。

（98）在根据本条例通过授权立法时，特别重要的一点是，欧盟委员会在其准备工作期间应进行适当的咨询，包括专家级的咨询，这些咨询是按照 2016 年 4 月 13 日的《关于更好地制定法律的机构间协定》①中规定的原则进行的。特别是，为确保平等参与授权立法的准备，欧洲议会和理事会应与成员国专家同时收到所有文件，并且其专家可以有系统地参加涉及授权立法准备的委员会专家组会议。

（99）为了确保本条例的统一实施条件，应授予欧盟委员会实施权力，以规定由守门人执行的措施，以便有效遵守本条例规定的义务；以全部或部分中止对某守门人施加的特定义务；以全部或部分豁免某守门人的特定义务；以规定守门人规避本条例规定的义务时应执行的措施；以完成认定守门人的市场调查；以在系统不遵守的情况下采取补救措施；以命令针对守门人采取临时措施；以使守门人受其承诺约束；以列出对不遵守情况的调查结果；以确定定期罚款的最终金额；以确定守门人发送的通知、信息提交、合理请求和监管报告的形式、内容和其他细节；以制定操作和技术安排，为了实施交互性以及用于分析消费者画像的技术的经审计后的说明的方法和程序；以规定诉讼的实际安排、期限的延长、诉讼期间行使权利、披露条款以及委员会与成员国当局之间的合作与协调。这些权力应根据欧盟（EU）第 182/2011 号条例之规定行使。

（100）审查程序应被用于通过一项为欧盟委员会与成员国之间合作和协调的实际安排的实施行为。咨询程序应被用于本条例所设想的其他实施行为。这是具有合理性的，因为其他的实施行为涉及本条例中规定的程序的实际操作方面，如各种程序步骤的形式、内容和其他细节；涉及不同程序步骤的实际安排，如延长程序期限或陈述权；以及涉及针对某守门人的个别实施决定。

（101）根据欧盟（EU）第 182/2011 号条例，每个成员国应在咨询委员会中有代表，并决定其代表团的组成。此类代表团，除其他外，可包括成员国主管当局的专家，他们拥有就提交给咨询委员会的某具体问题的相关专业知识。

---

① 欧洲议会、欧盟理事会和欧洲改善法律制定委员会之间的机构间协定（OJ L 123, 12.5.2016，第 1 页）。

（102）举报人可以向主管当局提供新的信息，这有助于主管当局发现违反本条例的行为，并使其能够实施处罚。应确保有足够的安排，使举报人能够提醒主管当局注意实际或潜在的违反本条例的行为，并保护举报人免受报复。为此，本条例应该规定：欧洲议会和理事会的第2019/1937 号指令①适用于报告违反本条例的行为，并适用于保护举报此类违规行为的人员。

（103）为了增强法律确定性，根据本条例，（EU）第2019/1937号指令对违反本条例的举报的适用性以及对举报此类违规行为的人员的保护应被反映在该指令中。因此，（EU）第2019/1937 号指令的附件应被相应修订。成员国应确保该修订被反映在根据指令（EU）第2019/1937 号通过的转化措施中，尽管采取国家转化措施并不是该指令适用于举报违反本条例的行为以及自本条例适用之日起保护举报人的条件。

（104）消费者应有权根据欧洲议会和理事会的（EU）第2020/1828 号指令②，通过代表诉讼，行使其与本条例规定的守门人义务相关的权利。为此，本条例应规定：（EU）第2020/1828 号指令适用于针对守门人违反本条例规定而提起的损害或能够损害消费者集体利益的代表诉讼。因此，该指令的附件应被相应修订。成员国应确保：该修订应被反映在根据（EU）第2020/1828 号指令通过的转化措施中，尽管在这方面采取国家转化措施不是该指令适用于这些代表诉讼的条件。（EU）第2020/1828 号指令适用于针对守门人违反本条例中损害或能够损害消费者集体利益的规定而提起的代表诉讼，应自成员国以转化该指令的法律、法规和行政规定适用之日起生效，或自本条例适用之日起生效，以较晚者为准。

（105）欧盟委员会应定期评估本条例，并密切监测其对网络平台经济中商业关系的有效竞争和公平性的影响，特别是考虑到相关技术或商业发展，以确定是否需要进行修订。该评估应包括定期审查核心平台

---

① 2019 年 10 月 23 日欧洲议会和理事会关于保护举报违反欧盟法律的人的第 2019/1937 号指令（欧盟）（OJ L 305，26.11.2019，第 17 页）。

② 2020 年 11 月 25 日欧洲议会和理事会关于保护消费者集体利益的代表诉讼的欧盟第 2020/1828 号指令，并废除第 2009/22/EC 号指令（OJ L 409，4.12.2020，第 1 页）。

服务清单和对守门人的义务及其执行情况，以确保整个欧盟的数字市场具备有效竞争和公平性。在这种背景下，委员会还应评估关于不以号码为基础的电子通信服务的交互性的义务范围。为了广泛了解数字领域的发展情况，该评估应考虑到成员国和相关利益相关方的经验。在这方面，委员会还可以考虑网络平台经济观察站提供给它的意见和报告，该观察站是由委员会 2018 年 4 月 26 日第 C（2018）2393 号决定首次建立的。评估后，委员会应采取适当措施。委员会在评估和审查本条例规定的行为和义务时，应保持对共同权利和价值观的高度保护和尊重，特别是平等和不歧视。

（106）在不影响预算程序的情况下，应通过现有金融工具，向欧盟委员会分配充足的人力、财力和技术资源，以确保其能够有效履行其职责和在执行本条例方面行使其权力。

（107）由于成员国无法充分实现本条例的目标，即确保整个数字领域的有效竞争和公平性，特别是核心平台服务，以促进创新、高质量的数字产品和服务、公平和有竞争力的价格以及数字领域终端用户的高质量和选择，但是，由于守门人的商业模式和运营以及其运营的规模和效果，该目标可以在欧盟一级被更好地实现，欧盟可以根据《欧洲联盟条约》第 5 条中规定的辅助原则采取措施。根据该条规定的比例原则，本条例不得超出实现该目标所需的范围。

（108）根据欧盟第 2018/1725 号条例第 42 条，欧洲数据保护监管机构被咨询，并于 2021 年 2 月 10 日[①]发表了意见。

（109）本条例尊重基本权利，遵守《欧洲联盟基本权利宪章》承认的原则，特别是其中第 16、47 和 50 条。因此，本条例的解释和适用应尊重这些权利和原则，

已经通过该条例：

第一章 主题、调整范围和定义

第 1 条 主题和调整范围

1. 本条例的目的是通过为存在守门人的欧盟数字领域市场制定统一规则，确保所有企业享有可竞争性和公平的市场，从而促进内部市场

---

① OJ C 147，26. 4. 2021，第 4 页。

的正常运行，维护企业用户和终端用户的利益。

2. 本条例适用于守门人向在欧盟中创立的企业用户或在欧盟中创立或位于欧盟中的终端用户提供的核心平台服务，无论守门人的成立地或住所地位于何处，也不论适用于提供该服务的其他法律如何规定。

【译者解读：第 1、2 款开宗明义，指出本法案的立法目的在于规范"守门人"在欧盟市场内的商业行为。此处，"守门人"指的是在数字领域市场，也就是我们所说的互联网行业中占有市场支配地位的大型企业。规范这些守门人的行为，可以更好地促进欧洲数字领域市场的良性竞争，向中小型企业提供发展的机会，并保护普通平台用户的权益。特别地，第 2 款指出守门人包括设立在欧盟境内与欧盟境外的巨型企业，只要它在欧盟境内提供服务，就属于本法案所调整的对象。】

3. 本条例不适用于以下有关市场：

（a）（EU）2018/1972 号指令第 2 条（1）目中定义的电子通信网络；

（b）（EU）2018/1972 号指令中第 2 条（4）目中定义的电子通信服务，但与不以号码为基础的人际通信服务相关的除外。

【译者解读：本款（a）项中的"电子通信网络"指的是如卫星网络、电力电缆、路由设备等可用于传输信号的基础设施或传输方法。本款（b）项中的"电子通信服务"指的是基于电子通信网络所提供的有偿服务，包括联网服务、个人通信服务等。而"不以号码为基础的人际通信服务"指的是通过手机号码、座机号码之外的方式实现通信的服务，如微信等社交软件所提供的服务。】

4. 就（EU）2018/1972 号指令中的第 2 条（5）目定义的"人际通信服务"而言，本条例不影响根据该指令第 61 条赋予国家监管机构和其他主管部门的权力和职责。

5. 为了避免内部市场的分裂，成员国不得为了确保可竞争的和公平的市场而通过法律、法规或行政措施向守门人施加进一步的义务。本条例不妨碍成员国就本条例规定范围之外的事项，对包括提供核心平台服务企业在内的企业施加义务；只要这些义务符合欧盟法律的规定，且不是由于相关企业具有本条例意义上的守门人地位而产生的。

6. 本条例不妨碍《欧洲联盟运行条约》第 101 条和第 102 条的适用以及以下各项的适用：

（a）禁止反竞争协议、企业集团的决定、协同行为和滥用支配地位的国家竞争法规；

（b）禁止其他形式的单边行为的成员国竞争规则，只要这些规则适用于守门人以外的企业或相当于对守门人施加额外义务；

（c）139/2004（23）/EC 号指令①和有关管控并购的成员国规则。

7. 成员国主管部门不得作出与欧盟委员会根据本条例通过的决定相抵触的决定。欧盟委员会和成员国应在第 37 条和第 38 条所确立原则的基础上，在其执法行动中密切合作、协调一致。

【译者解读：依据本条第 4—7 款，本条例不影响（EU）2018/1972 号指令中第 69 条所规定的国家监管机构和其他主管部门对"人际通信服务"的监管；不影响《欧盟运行条约》第 101 条、第 102 条以及成员国内有关反垄断、禁止单边行为以及并购监管等相关法律的适用。各成员国应当配合实施本法案。】

第 2 条　定义

就本条例而言，以下定义会被适用：

（1）"守门人"是指根据第 3 条认定的提供核心平台服务的企业；

（2）"核心平台服务"是指以下任何一种服务：

（a）网络中间服务；

（b）网络搜索引擎；

（c）线上社交网络服务；

（d）视频共享平台服务；

（e）不以号码为基础的人际通信服务；

---

① 2004 年 1 月 20 日颁布的关于控制企业之间集中度的第 139/2004 号理事会条例（《EC 合并条例》）（OJ L 24，29.1.2004，第 1 页）。

（f）操作系统；

（g）网页浏览器；

（h）虚拟助手；

（i）云计算服务；

（j）提供（a）至（i）所列的任何核心平台服务的企业所提供的网络广告服务，包括任何广告网络、广告交易所和任何其他广告中介服务。

（3）"信息社会服务"是指欧盟第 2015/1535 号指令第 1 条第 1 款（b）目所指的任何服务；

（4）"数字领域"是指依靠或通过信息社会服务来提供产品和服务的领域；

（5）"网络中间服务"是指（EU）2019/1150 号条例第 2 条（2）点所定义的网络中间服务；

（6）"网络搜索引擎"是指（EU）2019/1150 号条例第 2 条（5）点所定义的网络搜索引擎；

（7）"线上社交网络服务"是指终端用户可以跨多种设备相互连接和交流、共享内容、发现其他用户和内容（尤其是通过聊天、发帖、发布视频和推荐）的平台；

（8）"视频共享平台服务"是指欧盟第 2010/13 号指令第 1 条第 1 款（aa）目中定义的视频共享平台服务；

（9）"不以号码为基础的人际通信服务"是指欧盟第 2018/1972 号指令第 2 条第（7）点所定义的不以号码为基础的人际通信服务；

（10）"操作系统"是指控制硬件或软件的基本功能并使软件应用程序在其上运行的系统软件；

（11）"网页浏览器"是指一种软件应用程序，使终端用户能够访问并与连接到互联网等网络的服务器上存储的网络内容进行交互，包括独立的网络浏览器以及集成或嵌入式软件或其他类似的软件；

（12）"虚拟助手"是指能够处理需求、任务或问题（包括基于音频、视觉资料、书面输入、手势或动作的需求、任务和问题）的软件，根据这些需求、任务或者问题，它能够提供对其他服务的访问或控制连接的物理设备；

（13）"云计算服务"是指欧洲议会和理事会①的 2016/1148 号指令第 4 条（19）目所定义的云计算服务；

（14）"软件应用商店"是指一种网络中间服务，它以软件应用作为中间产品或服务；

（15）"软件应用"是指能在操作系统上运行的任何数字产品或服务；

（16）"支付服务"是指欧盟第 2015/2366 号指令第 4 条（3）目所定义的支付服务；

（17）"支持支付服务的技术服务"是指欧盟第 2015/2366 号指令第 4 条（j）点所指的服务；

（18）"应用内购买的支付系统"是指一种软件应用程序、服务或用户界面，用于购买数字内容或数字服务，包括获取内容、订阅、产品特征或功能，以及涉及此类购买的支付行为；

（19）"身份识别服务"是指一种与核心平台服务一并提供的服务或支持该核心平台服务的服务，它可以对终端用户或企业用户的身份进行任何类型的识别；

（20）"终端用户"是指使用核心平台服务且不是企业用户的任何自然人或法人；

（21）"企业用户"是指以商业或专业的能力，使用核心平台服务或通过核心平台服务为终端用户提供产品或服务的自然人或法人；

（22）"排名"是指通过网络中间服务、线上社交网络服务、视频共享平台服务或虚拟助手提供的商品或服务的相对突出程度，或通过网络搜索引擎或分别由网络中间服务提供企业、线上社交网络服务提供企业、搜索引擎服务提供企业、虚拟助手提供企业、网络搜索引擎提供企业呈现、组织或传达的搜索结果的相关性；无论为此呈现、组织或传达任何形式的技术手段，也无论是否只有一个结果被呈现或传达；

（23）"搜索结果"是指响应搜索查询并与搜索查询相关的任何格式的任何信息，包括文本、图形、声音或其他输出信息，无论其反馈的信息是付费结果还是非付费结果，是直接回答还是相关的任何产品、服

---

① 欧洲议会和理事会于 2016 年 7 月 6 日发布的（EU）2016/1148 号指令，涉及在欧盟范围内提高网络和信息系统安全性的通用标准（OJ L 194，19.7.2016，第 1 页）。

务或信息，抑或是二者的共同显示或相互嵌入；

（24）"数据"是指行为、事实或信息的任何数字表示以及此类行为、事实或信息的任何汇编，包括以声音、视觉或视听记录的形式；

（25）"个人数据"是指（EU）2016/679号条例第4条（1）目所定义的个人数据；

（26）"非个人数据"是指个人数据以外的其他数据；

（27）"企业"是指从事经济活动的实体，无论其法律地位和融资方式如何；包括通过以直接或间接方式控制一个企业而组成一个集团的所有关联企业或相关企业；

（28）"控制"是指对某一企业施加决定性影响的可能性，其含义依据欧盟委员会第139/2004/EC号条例第3条第2款之规定；

（29）"交互性"是指通过接口界面或其他解决方案交换信息并相互使用已交换信息的能力，以便硬件或软件的所有部分与其他硬件和软件以及用户以其预期的方式协同运行；

（30）"营业额"是指欧盟委员会第139/2004/EC号条例第5条第1款规定范围内的企业所得金额；

（31）"画像"是指（EU）2016/679号条例第4条（4）目中定义的画像；

（32）"同意"是指（EU）2016/679号条例第4条（11）目中定义的同意；

（33）"国家法院"是指《欧洲联盟运行条约》第267条所指的成员国法院或法庭。

【译者解读：第2条规定了核心平台服务的具体类型，包括以下10项：网络中间服务、网络搜索引擎、线上社交网络服务、视频共享平台服务、不以号码为基础的人际通信服务、操作系统、云计算服务、广告服务、网络浏览器、虚拟助手。此外，本条对法案所涉及的相关专业术语作出了定义与解释。译者将对其做更为通俗化、生活化的描述，其中：

第3款中的"信息社会服务"是指涉及"远程""通过电子手段""依据服务目标方所提具体要求"等的相关行业，包括社交媒体、电子商务、实时通信、APP 商店等众多行业。

第 5 款中的"网络中间服务"是"信息社会服务"的其中一种，它为商家和消费者提供交易平台，或促成交易。例如：淘宝、亚马逊、美团等平台。

第 6 款中的"网络搜索引擎"是指可以向用户输出任一查询结果的信息服务。例如：百度、谷歌等。

第 8 款中的"视频共享平台服务"是指电视广播服务或可供点播的视听媒体服务。

第 16 款中的"支付服务"包括现金的存入、提取，执行借记、交易、信贷的服务，提供账户信息的服务等。

第 17 款中的"支持支付服务的技术服务"是指支付技术服务提供商提供的服务，包括数据处理和存储、信任和隐私保护服务、数据和实体认证、信息技术（IT）和通信网络提供，提供和维护用于支付服务的终端和设备等。

第 25 款中的"个人数据"是指与已识别或可识别的自然人（"数据主体"）相关的任何信息；特别是通过参考标识符（如姓名、识别号、位置数据、在线标识符）或特定于该自然人的身体、生理、遗传、心理、经济、文化或社会身份的一个或多个因素。

第 28 款中的"控制"是指通过权利、合同或任何其他手段对企业施加决定性影响的可能性，特别是通过：一是企业全部或部分资产的所有权或使用权；二是对企业机构的组成、投票或决定具有决定性影响的权利或合同。

第 30 款中的"营业额"是指扣除销售回扣、增值税和其他与营业额直接相关的税费后，相关企业在上一财政年度从属于企业正常活动范围内的产品销售和服务提供中获得的金额。

第 31 款中的"画像"是指通过任何形式的个人数据自动处理方式，所建立的用户个人画像；处理方式包括使用个人数据评估与自然人相关的某些个人方面，特别是分析或预测与自然人的工作表现、经济状况、健康、个人偏好、兴趣、可靠性、行为、位置或行动相关的方面。

第 32 款中的"同意"是指数据主体（用户）通过声明或明确的肯定行动表示同意处理与其相关的个人数据的任何自由、具体、知情和明

确的意愿表示。】

第二章　守门人

第 3 条　守门人的认定

1. 在下列情况下，某一企业应被认定为守门人：

（a）它对欧盟内部市场有重大影响；

（b）它所提供的核心平台服务是连接企业用户与终端用户的重要网关；和

（c）它在其业务领域中享有稳固而持久的地位，或者可以预见，它将在不久的将来享有这一地位。

2. 某一企业应被推定满足第 1 款中的相应要求：

（a）其在过去三个财政年度内，每年实现的欧盟内年营业额均大于等于 75 亿欧元或者其平均市值或等价公平市场价值在上一个财政年度至少达到 750 亿欧元，并在至少三个成员国中提供相同的核心平台服务；

（b）根据附件中的方法或指标认定和计算，其提供的核心平台服务在上一财政年有至少 4500 万个月活跃终端用户（设立或位于欧盟）和至少 1 万个年度活跃企业用户（设立于欧盟）；

在过去三个财政年度中，每一年都达到了本款第（b）目中的门槛值。

【译者解读：第 1、2 款具体规定了对守门人的界定标准，直接标准（定性标准）包括市场影响、所提供的核心平台服务的网关地位和市场地位；推定标准（定量标准）包括企业营业额、市值以及活跃用户数量。

与欧洲竞争规则不同——企业即便没有支配地位也能被归类为守门人。同时，定性标准的（c）项中表明，核心平台服务提供者不仅应在其运营中享有稳固和持久的地位，而且在可预见的未来享有这样的地位时，都应被指定为守门人。这体现出委员会能够在市场出现倾斜之前进行干预，因此可以说本法案从禁止滥用转向了禁止支配。

而从推定标准（定量标准）中可以得出，在守门人的认定中，对于营业额、市值，以及月活跃终端用户有相当高的标准；目前符合这些定量标准的主要企业有苹果、微软、亚马逊、谷歌、脸书等。显而易见的是，这些企业都是来自美国的互联网巨头，因此也有观点认为本法案的一大目的也在于遏止美国科技巨头在欧洲互联网行业的"统治"地位。】

3. 如果提供核心平台服务的企业满足第 2 款中的所有门槛值，则应立即在两个月内向欧盟委员会发出通知，并向其提供第 2 款中所要求的相关信息。该通知应包括第 2 款中确定的、企业满足第 2 款（b）目所述每个核心平台服务标准的相关信息。若企业已因先前提供的满足第 2 款中（b）目和（c）目的核心平台服务被指定为守门人，则该企业在其所提供的新的核心平台服务达到相应标准时，亦应在达到标准后的两个月内通知委员会。

如果提供核心平台服务的企业未能根据本条第 1 项通知委员会，并且未能在委员会根据第 21 条要求提供信息所规定的期限内向委员会提供根据本条第 4 款指定相关企业为守门人所要求的所有相关信息，委员会仍有权根据委员会可获得的信息，认定该企业为守门人。

如果提供核心平台服务的企业符合本款第 2 项规定的信息请求，或是在该项所述截止期届满后提供信息的，委员会应适用第 4 款规定的程序。

4. 欧盟委员会应在收到第 3 款所述完整信息后的 45 个工作日内，立即认定一家提供核心平台服务并符合第 2 款所述所有门槛值的企业为守门人。

【译者解读：第 3、4 款明确了守门人的认定程序，包括规定了其中企业一方在时限内通知委员会并提交相应信息的义务，和欧盟委员会及时认定守门人的义务。】

5. 提供核心平台服务的企业可在其通知中提出充分证实的论据，以证明在特殊情况下，尽管其满足第 2 款中的所有门槛值，但由于相关核心平台服务运营的情况，其不能满足第 1 款所列的要求。

如果欧盟委员会认为，提供核心平台服务的企业根据本款第1项提交的论点没有得到充分证实，因为这些论点并没有明显质疑本条第2款所述的推定，委员会可以在第4款所述时限内驳回这些论据，而不适用第17条第3款规定的程序。

如果提供核心平台服务的企业确实提出了足以质疑本条第2款所述推定的充分论据，委员会可在不考虑本款第1项规定的基础上，在本条第4款所述时限内启动第17条第3款规定的程序。

如果委员会得出结论，认为提供核心平台服务的企业无法证明其提供的相关核心平台服务不满足本条第1款的要求，应根据第17条第3款规定的程序认定该企业为守门人。

【译者解读：本款是认定守门人时，满足定量标准的企业的一个例外情形，即该企业仅满足定量标准而不满足定性标准时应向委员会通告；该企业承担举证责任，而最终决定权在委员会手中。】

6. 欧盟委员会有权根据第49条采取授权立法，通过确定某一企业是否满足本条第2款规定的门槛值的方法来补充本法案，并在必要时根据市场和技术发展定期调整该方法。

7. 欧盟委员会有权根据第49条采取授权立法，通过更新附件中规定的方法和指标清单来修订本法案。

【译者解读：第6、7款给予欧盟委员会在未来修订本法案的权力，并规定了修订方式。这种修订的依据在于市场、技术的发展。】

8. 欧盟委员会应根据第17条规定的程序，认定提供核心平台服务且满足本条第1款的各项要求，但不满足本条第2款的各项门槛值的企业为守门人。

为此，委员会应考虑以下部分或全部要素，只要这些要素与提供核心平台服务的企业相关：

（a）该企业的规模，包括营业额和市值，运营和地位；

（b）使用核心平台服务连接终端用户的企业用户数和终端用户数；

（c）网络效应和数据驱动优势，特别是在企业访问和收集个人和非个人数据或分析能力方面；

（d）企业从中受益的规模和范围影响，包括数据方面的影响，以及在相关情况下其在欧盟外的活动的影响；

（e）企业用户或终端用户锁定，包括转换成本和降低企业用户和终端用户切换或多宿主的行为偏好；

（f）该企业的集团公司结构或垂直整合，例如，使该企业能够交叉补贴、合并来自不同来源的数据或利用其地位；或

（g）其他结构性业务或服务特征。

在根据本款进行评估时，委员会应考虑与第2项所列要素相关的可预见发展，包括涉及提供核心平台服务或数字领域中的任何其他服务或实现数据收集的其他企业的任何计划考虑要素。

如果未达到第2款规定的定量门槛的核心平台服务的企业以明显方式不遵守欧盟委员会命令的调查措施，并且在要求该企业在合理的时限内遵守该措施和提交观测资料后仍然不遵守，委员会可根据其掌握的事实将该企业认定为守门人。

【译者解读：本款明确了委员会在认定守门人时需考量的其他八个指标，同时要求委员会考虑相关要素可预见性的发展，以起到预防性规范的作用。且，当企业不配合守门人的认定时，委员会有权依据事实主动认定企业为守门人。】

9. 对于根据第4款或第8款被认定为守门人的各企业，欧盟委员会应在认定决定中列出在该企业范围内提供的相关核心平台服务；并且此类核心平台服务自身是成为第1款（b）目所述的企业用户连接终端用户的重要网关。

10. 在核心平台服务根据本条第9款认定决定列出后的六个月内，守门人应遵守第5、6和7条规定的义务。

第4条　审查守门人之状态

1. 出于下列原因之一，欧盟委员会可以根据要求或自行重新考虑，

修改或撤销根据第 3 条通过的认定决定：

（a）该认定决定所依据的任何事实发生了重大变化；

（b）该认定决定是基于企业提供的不完整、不正确或具有误导性的信息。

2. 欧盟委员会应定期（至少每 3 年）审查守门人是否继续满足第 3 条第 1 款规定的要求。该审查还应检查是否需要修改第 3 条第 1 款（b）目所述的核心平台服务清单，该清单是企业用户连接终端用户的重要网关。这些审查不得中止守门人的义务。

委员会还应至少每年审查提供核心平台服务的新企业是否满足这些要求。

如果委员会根据第 1 项所述的审查，发现认定提供核心平台服务的企业为守门人所依据的事实发生了变化，委员会应通过一项决定，以确认、修改或撤销该认定决定。

3. 欧盟委员会应持续发布和更新其需要遵守第 3 章规定的义务的守门人清单和核心平台服务清单。

【译者解读：本条的主要内容在于要求欧盟委员会持续审查相关企业：对已经成为守门人的企业，应当至少每三年审查其是否依然符合守门人的定性标准以及相关的核心平台服务；对提供核心平台业务但还未成为守门人的企业，应当每一年审查其是否符合守门人的标准。此外，委员会具有持续发布并更新守门人清单和核心平台服务清单的义务。】

第三章　守门人限制竞争性或不公平的行为
第 5 条　守门人的义务

1. 守门人应遵守本条中规定的所有义务，以及根据第 3 条第 9 款作出的认定决定中列出的每个核心平台服务相关的所有义务。

2. 守门人不得实施以下行为：

（a）为提供网络广告服务之目的，处理使用第三方服务的终端用户的个人数据（该第三方使用守门人的核心平台服务）；

（b）将来自相关核心平台服务的个人数据与来自任何其他核心平台服务或来自守门人提供的任何其他服务的个人信息或来自第三方服务

的个人数据相结合；

（c）将来自相关核心平台服务的个人数据交叉使用在由守门人单独提供的其他服务中，包括其他核心平台服务，反之亦然；和

（d）为了整合个人数据，将终端用户登录到守门人的其他服务，除非终端用户已被告知明确的选择，并根据（EU）2016/679 号条例第4 条（11）目和第 7 条的规定授予同意。

如果终端用户拒绝或撤销了上述规定中的授予同意，则守门人不得在一年内重复为同一目的向终端用户请求同意。

本款不影响守门人适用（EU）2016/679 号条例第 6 条第 1 款（c）、（d）和（e）目的可能性。

【译者解读：第 2 款针对用户的数据处理作出了规定：守门人不得在未授权情况下从第三方平台收集个人数据；不得在未授权情况下处理个人数据；不得在除核心平台服务外的其他守门人服务中交叉使用相关个人数据；不得将自身各个核心平台服务中统一用户的数据混用、合并。】

3. 守门人不得阻止企业用户通过第三方网络中间服务或其自身的网络销售渠道，以不同于守门人网络中间服务的价格或条件向终端用户提供相同的产品或服务。

4. 守门人应允许企业用户免费向通过其核心平台服务或其他渠道获得的终端用户交流及推广要约（包括在不同条件下的要约），并与这些终端用户签订合同，无论他们是否为此目的使用守门人的核心平台服务。

5. 守门人应允许终端用户通过其核心平台服务，使用企业用户的软件应用程序来访问和使用内容、订阅、功能或其他项目，且允许终端用户在不使用守门人的核心平台服务的情况下从相关企业用户处获取这些项目。

【译者解读：第 3—5 款针对平台的互操作性作出了规定：平台应允许用户安装和使用第三方应用软件，并保证守门人操作系统与之进行

交互操作；不得在技术上限制终端用户利用守门人操作系统在不同的软件应用和服务之间切换和订阅的能力；应允许企业用户通过第三方网络中间服务向终端用户提供同样的产品或服务等。

例如：苹果公司应允许其用户从 AppStore（苹果专属的应用商店）之外的第三方应用商店中下载软件，且保证这些通过外部渠道下载的 APP 在苹果设备中能够正常使用。】

6. 守门人不得通过直接或间接的方式，阻止或限制企业用户或终端用户向任何相关公共机构（包括国家法院），提出守门人不符合相关欧盟或成员国法律的相关行为。这不损害企业用户和守门人在其协议中约定使用合法的投诉处理机制条款的权利。

7. 在企业用户或终端用户使用守门人提供的核心平台服务的情况下，守门人不得强制要求用户使用、提供、互操作守门人的身份识别服务、网络浏览器引擎、支付服务或支持提供支付服务的技术服务（如应用内购买的支付系统）。

8. 守门人不得要求企业用户或终端用户订阅或注册第 3 条第 9 款中列出的任何其他核心平台服务，或符合第 3 条第 2 款（b）目中的门槛值的其他核心平台服务，并以此作为能够使用、访问、登录或注册任何该守门人根据该条款所列出的核心平台服务之条件。

【译者解读：第 6—8 款针对平台的自我优待行为作出了规定：守门人不得阻止用户针对守门人的不正当行为，向有关部门以及国家法院举报、反映情况、提起诉讼等；不得强制要求用户在使用一种核心平台服务时，必须使用或注册守门人产业内的另一核心平台服务。

例如：阿里巴巴公司不得在用户注册淘宝（阿里巴巴公司所提供的网络中间服务）时，强制要求用户注册支付宝（阿里巴巴公司所提供的支付服务），否则不能使用淘宝；阿里巴巴公司不得要求用户在使用淘宝进行购物时，只能使用支付宝来进行付款，应当允许来自第三方的支付服务，如微信支付（腾讯公司所提供的支付服务）等。】

9. 应广告商的要求，守门人应每天免费向提供网络广告服务的广告商或广告商授权的第三方，提供有关广告商投放的每个广告的信息，包括：

（a）该广告商为守门人提供的每项相关网络广告服务所支付的价格和费用，包括任何扣除和附加费；

（b）发布者收到的报酬，包括任何扣除和附加费，但须经发布者同意；和

（c）计算每项价格、费用和报酬的指标。

如果发布者不同意分享本项（b）目所述的有关收到报酬的信息，则守门人应免费向每个广告商提供该发布者收到的日平均报酬信息，包括相关广告的任何扣除和附加费。

10. 应发布者的要求，守门人应免费向提供网络广告服务的所有发布者或发布者授权的第三方，提供关于发布者库存中显示的每个广告的信息，包括：

（a）该发布者就守门人提供的每项相关网络广告服务收到的报酬和支付的费用，包括任何扣除额和附加费；

（b）广告商支付的价格，包括任何扣除和附加费，但须经广告商同意；和

（c）计算每项价格、费用和报酬的指标。

如果广告商不同意分享信息，则守门人应免费向每个发布者提供该广告商为相关广告支付的日均价格信息，包括任何扣除额和附加费。

【译者解读：第9、10款针对广告商/广告发布者的透明性作出了规定：守门人应根据广告商/广告发布者的要求，在另一方许可的情况下免费向其提供每一项相关广告服务所支付的价格、费用和报酬信息；若另一方拒绝公开相关信息，则守门人应免费提供相关信息的市场平均价格。】

第6条　依据第8条，可能进一步详细规定的守门人的义务

1. 守门人应遵守本条中规定的所有义务，以及根据第3条第9款作出的认定决定中列出的每个核心平台服务相关的所有义务。

2. 守门人在与企业用户竞争时，不得使用这些企业用户在使用相

关核心平台服务，或与相关核心平台一起提供或支持相关核心平台的服务时生成或提供的任何非公开数据，包括由这些企业用户的客户生成或提供的数据。

就第 1 项而言，非公开的数据应包括企业用户生成的任何聚合和非聚合数据，这些数据可以在相关核心平台服务或与守门人相关核心平台一起提供或支持该服务的服务时，从企业用户或其客户的商业活动中推断或收集，包括点击、搜索、查看和语音数据。

【译者解读：本款内容是对第 5 条第 2 款中关于守门人处理用户数据义务的进一步补充，即守门人不得使用企业用户的非公开数据来与企业用户竞争；这些数据包括企业用户及其客户的数据，也包括企业用户及其客户在商业活动和日常运营中产生的数据。】

3. 守门人应允许并在技术上使终端用户能轻松地在守门人的操作系统上卸载任何软件应用程序；但当卸载的软件应用为操作系统或设备的运行所必需的，并且在技术上不能由第三方独立提供之时，不影响守门人限制此类卸载的可能性。

守门人应允许并在技术上使终端用户能轻松更改守门人的操作系统、虚拟助手和网页浏览器上的默认设置，该默认设置是用于引导或操纵终端用户使用由守门人提供的产品或服务的。这包括在终端用户首次使用第 3 条第 9 款规定的认定决定中列出的守门人的网络搜索引擎、虚拟助手或网络浏览器时，提示终端用户从主要可用服务提供商列表中选择使用守门人操作系统默认引导或指导的网络搜索引擎、虚拟助手或网页浏览器，以及使用守门人的虚拟助手和网页浏览器默认引导或指导的网络搜索引擎。

4. 守门人应允许并在技术上使用户能够安装和有效使用守门人的操作系统或与其交互的第三方软件应用程序或软件应用商店，并允许用户通过该守门人的相关核心平台服务以外的其他方式访问这些软件应用程序和软件应用商店。在任何情况下，守门人不得阻止下载后的第三方软件应用程序或软件应用程序商店提示终端用户决定是否要将它们设置为默认值。守门人应在技术上使终端用户轻松地将下载后的软件应用程序或软件应用程序商店设置为默认值。

在严格必要和符合比例原则的范围内，不应禁止守门人阻止采取措施以确保第三方软件应用程序或软件应用商店不会危及由守门人提供的硬件或操作系统的完整性；但守门人必须证明采取措施的正当性。

此外，在严格必要和符合比例原则的范围内，不应禁止守门人阻止应用除默认设置之外的措施和设置，使终端用户能够有效保护与第三方软件应用或软件应用商店相关的安全；但守门人必须证明除默认设置以外的此类措施和设置的正当性。

5. 在排名及相关信息的索引和抓取方面，守门人不得对自己的服务和产品提供比第三方的类似服务或产品更优惠的待遇。守门人应对此类排名适用透明、公平和非歧视性条件。

6. 守门人不得在技术上或其他方面限制终端用户在使用守门人核心平台服务访问的不同软件应用程序和服务之间切换和订阅的能力，包括不得限制终端用户选择互联网接入服务提供商的权利。

7. 守门人应允许服务提供商和硬件提供商像对待守门人提供的服务或硬件那样，与第3条第9款的认定决定中所列操作系统或虚拟助手访问或控制的相同硬件和软件功能进行免费的、有效的交互。此外，守门人应允许企业用户和其他服务提供商（与核心平台服务一起提供服务的或支持核心平台服务的辅助性服务的），像对待守门人提供的此类服务那样，与操作系统、硬件或软件功能进行免费的、有效的交互，无论这些功能是否是操作系统的一部分。

在严格必要和符合比例原则的范围内，不应禁止守门人采取措施以确保上述交互性不会损害守门人提供的操作系统、虚拟助手、硬件或软件功能的完整性；但守门人必须证明此类措施的正当性。

【译者解读：第3—7款是对第5条中守门人有关平台自我优待行为的义务的进一步补充。首先，守门人不得限制用户卸载软件、安装第三方软件、设置软件的默认值、切换核心平台服务等，但应以应用程序的安全性、可使用性为首要价值取向；其次，守门人不得将自家企业的服务和产品在搜索结果中给予更高的优先级，也就是守门人不得操纵排名；最后，守门人在不损害自身服务的前提下，应当允许第三方与自己

的软件和硬件进行有效的、免费的交互。】

8. 应广告商和发布者的要求，守门人应向它们以及它们授权的第三方免费提供守门人的绩效测量工具，以及广告商和发布者独立核查广告库存所需的数据，包括聚合和非聚合数据。此类数据的提供，应使得广告商和发布者能够运行它们自己的验证和测量工具，以评估由守门人提供的核心平台服务的性能。

【译者解读：本款规定守门人有向广告商、广告发布者及其授权第三方提供广告库数据与绩效测量工具，以便它们评估守门人的服务性能。】

9. 应终端用户和其授权的第三方的要求，守门人应免费向它们提供由终端用户提供的或终端用户在使用相关核心平台服务活动中所生成的数据的可移植性，包括免费提供可以有效协助此类数据进行移植的工具，也包括提供对此类数据的持续和实时访问。

10. 守门人应根据企业用户和经企业用户授权的第三方的要求，免费向它们提供对聚合和非聚合数据（包括个人数据）有效、高质量、连续和实时的访问和使用；这些数据是在使用相关核心平台服务或与核心平台服务一并提供或支持该服务的情形下，由那些企业用户或参与这些企业用户提供的产品或服务的终端用户提供或生成的。就个人数据而言，仅当数据与终端用户对相关核心平台服务提供的产品或服务的使用直接相关时，且终端用户同意选择共享时，守门人方应提供对个人数据的访问和使用。

【译者解读：第9、10款规定了守门人向不同用户提供数据的义务。一方面，守门人应向终端用户或授权第三方免费提供可移植的数据。另一方面，守门人应向企业用户或授权第三方免费提供有效、高质量的聚合或非聚合数据；特别地，在非聚合数据中，个人数据的提供应经由终端用户的同意。】

11. 应任何提供网络搜索引擎的第三方企业的要求，守门人以公平、合理和非歧视性的条款，向其提供终端用户在网络搜索引擎上免费和付费搜索所生成的相关数据，包括排名、查询、点击和浏览数据。构成个人数据的任何此类查询、点击和查看数据均应做匿名化处理。

【译者解读：守门人应响应第三方网络搜索引擎的要求，提供终端用户相关的搜索信息，但该信息应做匿名化处理，不得泄露终端用户的个人信息。】

12. 根据第3条第9款，守门人应为企业用户在使用认定决定中列出的软件应用商店、网络搜索引擎和线上社交网络服务时适用公平、合理和非歧视性的一般准入条件。

为此，守门人应公布一般准入条件，包括替代性争端解决机制。

欧盟委员会应评估守门人已公布的一般准入条件是否符合本款规定。

【译者解读：本款要求守门人对所有企业用户公布公平、公正的一般准入条件，该条件由欧盟委员会评估。】

13. 守门人不得对终止核心平台服务设定不符合比例原则的一般条件。守门人应确保终止条件的执行不会过度困难。

【译者解读：守门人不得对终止使用其核心平台服务的行为设置障碍，限制用户的自由选择。】

第7条 守门人在不以号码为基础的人际通信服务交互中的义务

1. 守门人在提供根据第3条第9款认定决定所列出的不以号码为基础的人际通信服务时，应免费提供有助于实现不以号码为基础的人际通信服务交互的技术接口或类似解决方案，从而确保其所提供之不以号码为基础的人际通信服务的基础功能与欧盟提供或尝试提供此类服务的其他提供商之间的可交互性。

2. 守门人为其终端用户提供第 1 款所指的以下基础功能时应确保其可交互性：

（a）根据第 3 条第 9 款认定决定中列出的以下功能：

（1）两位个人终端用户之间的端对端短信服务；

（2）在两位个人终端用户之间的端对端通信中共享图片、语音信息、视频及其他附件。

在发布认定决定后的两年内提供以下功能：

（1）个人终端用户群聊的端对端短信服务；

（2）在群聊与个人终端用户之间的端对端通信中共享图片、语音信息、视频及其他附件。

（b）在发布认定决定后的四年内提供以下功能：

（1）两位个人终端用户之间的端对端语音通话；

（2）两位个人终端用户之间的端对端视频通话；

（3）群聊与个人终端用户之间的端对端语音通话；

（4）群聊与个人终端用户之间的端对端视频通话。

【译者解读：本条第 1 款规定了提供不以号码为基础的人际通信服务的守门人，应当在技术上开放这项通信服务，以使得其他提供不以号码为基础的人际通信服务的企业、平台可以与之进行交互。第 2 款具体规定了公开这项通信服务的具体功能与时限要求。

例如：苹果公司应当开放 iMessage 这一本来只能由苹果用户使用的通信服务，使其成为像微信、WhatsApp、Skype 等即时通信软件一样仅通过注册就能使用的应用程序。且，苹果公司还应免费提供 iMessage 的技术接口等，以便与第三方提供商进行交互。】

3. 守门人应在交互服务中为终端用户提供同等水平的安全保障，包括在适用端对端加密的情况下。

4. 守门人应发布载有与其所提供不以号码为基础的人际通信服务交互的技术细节及一般条款条件的公告供用户参考，包括关于安全保障水平及端对端加密的必要细节。守门人应在第 3 条第 10 款规定的时间内发布该公告，并在必要时及时更新公告内容。

5. 守门人根据本条第 4 款规定发布该公告后，所有正在或计划在欧盟提供不以号码为基础的人际通信服务的运营商可申请与守门人提供的同类服务进行交互。该申请可以涵盖本条第 2 款列出的部分或所有基础功能。守门人应在收到运营商合理的基础功能交互申请后的三个月内满足该申请，使所请求的基本功能得以运行。

【译者解读：第 3—5 条是守门人开放不以号码为基础的人际通信服务这项义务的附加要求，包括要求守门人保障交互的安全、向用户及时公告技术细节与使用条款、配合实现第三方通信服务运营商的交互申请。】

6. 例外情况下，欧盟委员会可在收到守门人的合理要求后，延长第 2 款或第 5 款中规定的时间限制。前提是守门人证明为确保有效交互、维持端对端加密（如适用）的安全保障措施，确有必要延长前述时限。

【译者解读：在技术实现的限制下，欧盟委员会有权延长守门人实现通信服务开放要求的时间，但守门人须承担相应的举证责任。】

7. 守门人所提供之不以号码为基础的人际通信服务的终端用户与申请交互的人际通信服务供应商的终端用户可自由决定是否使用守门人依据第 1 款规定所提供的可交互基础功能。

【译者解读：将由用户自行决定是否使用守门人所提供的不以号码为基础的人际通信服务的交互服务。】

8. 守门人只可收集为提供有效交互所需的终端用户个人数据，并与申请交互的不以号码为基础的人际通信服务运营商交换此类信息。此类数据收集与交换行为应完全符合（EU）2016/679 号条例及 EC 2002/58 号指令中的相关规定。

9. 守门人有权在其认为绝对必要且符合比例原则时，采取措施以确保申请交互的第三方不以号码为基础的人际通信服务运营商不会破坏通信服务的完整、安全与隐私性；但守门人须说明适当的理由。

【译者解读：第8、9款限制了守门人对用户数据处理的行为，保留了守门人对第三方交互申请采取措施的权力（以保障通信服务为首要目的）。】

第8条　遵守守门人义务

1. 守门人应确保并证明履行了本条例第5条、第6条及第7条中规定的守门人义务。守门人为确保满足前述几条规定所采取的措施应有助于实现本条例及相关义务的目标。守门人采取前述措施时应遵守相关法律法规，如（EU）2016/679号条例、2002/58/EC号指令、网络安全、消费者保护及产品安全立法以及无障碍要求。

【译者解读：守门人应履行前述第5—7条规定的禁止性义务并进行证明，且守门人履行义务的行为应当与本条例和设定义务的目标一致，并在履行义务的过程中遵守相关法律、条例。】

2. 欧盟委员会可主动或在收到守门人根据本条第3款规定发出的请求后根据第20条规定启动相关诉讼程序。

委员会可在依据第20条启动相关诉讼程序后的6个月内按第50条第2款中的咨询程序通过一项实施法案，明确相关守门人为履行第6条和第7条所述之义务可采取的相关措施。

委员会根据第13条规定主动启动规避程序时，守门人采取的前述措施时可能涉及第5条、第6条和第7条中的义务。

3. 守门人可请求欧盟委员会判定守门人为确保满足第6条和第7条的规定而计划采取或已采取的措施是否能有效帮助守门人在特定情形下履行相应义务。委员会可根据公平待遇、相称性及良好管理的原则自行决定是否参与判定。

发出请求时，守门人应提交一份合理说明，描述其计划采取或已采取的措施。此外，守门人还应提供一份非保密版本的合理说明，以便委员会根据本条第 6 款规定将该说明披露给第三方。

4. 本条第 2 款及第 3 款的规定不与第 29 条、第 30 条和第 31 条中描述的委员会权力相矛盾。

5. 作出本条第 2 款所述决定时，委员会应在启动第 20 条所规定之诉讼程序后的 3 个月内告知守门人其初步发现。在初步发现中，为有效传达初步发现，委员会应说明其考虑采取或认为守门人应采取的措施。

6. 为有效地使利益相关第三方能够提供建议，委员会应在根据第 5 款的规定向守门人传达其初步发现时，或在此之后尽快发布一份该案的非保密性总结，以及其考虑采取或认为守门人应采取的措施。委员会应规定好第三方提供建议的合理时限。

7. 针对本条第 2 款所述措施做出说明时，委员会应确保所述措施可有效实现本条例目标、帮助相关方履行相应义务且对于守门人及相关服务的具体情况是合理的。

8. 针对第 6 条第 11 款和第 6 条第 12 款所述义务做出规定时，委员会还应评估计划采取或已采取的措施是否保障了企业用户取得的权利与义务之间的平衡，确保前述措施不会为守门人带来与其应为企业用户提供的服务所不相称的优势。

9. 委员会可在以下情况中应要求或自行决定重启第 2 款所述诉讼程序：

（c）做出该决议的现实依据发生重大变化；或

（d）该决议的依据为不完整的错误或误导性信息；或

（e）决议中描述的措施无法有效实现预期目的。

【译者解读：欧盟委员会有权自发或应守门人请求发起诉讼，在启动诉讼程序 3 个月后向守门人公布初步发现与措施建议，并在之后 6 个月内通过实施法案，对守门人采取的措施进行明确。在守门人发起请求的情况下，守门人需要提交一份说明，对其已经采取或拟采取措施进行说明。在诉讼过程中，将由利益相关的第三方提供建议。就诉讼内容而言，委员会应当对守门人履行义务的措施是否符合本条例目标。此外，在做出决议的依据发生重大变化、决议依据不完整或决议措施无法达成目标的情况下，委员会应重启诉讼程序。】

第9条　中止

1. 如果守门人提交合理要求，称为第3条第9款认定决定下所列之某项核心平台服务，而履行第5条、第6条及第7条所述义务可能因守门人无法控制的特殊情况而危及其在欧盟地区运营的经济可行性，委员会可通过一项实施法案，特别中止守门人要求中提及的全部或部分义务（"中止决议"）。在该实施法案中，委员会应指出触发中止的特殊情形，以证实其中止决议的合理性。前述实施法案的内容及时效期限仅限于消除前述威胁守门人运营能力的必要范围。委员会应确保在收到守门人的完整合理声明后的3个月内，毫不拖延地依据第50条第2款下的咨询程序及时通过前述动议。

【译者解读：在履行前述第5—7条义务可能导致守门人在欧盟地区运营的经济可行性时，可以由委员会在评估合理性的基础上通过实施法案，允许守门人中止履行义务。】

2. 按第1款规定做出中止决议后，除非中止决议中另规定了更短的时间间隔，否则委员会应每年审核其做出的中止决议。审核结束后，委员会应完全或部分撤销该决议，或决定继续适用第1款下的相关规定。

【译者解读：中止决议应每年或在更短期间内进行审核，以确定是否继续适用。】

3. 发生紧急情况时，委员会可在守门人的合理要求下，临时中止对作出中止决议之前已经存在的一个或多个个人核心平台服务适用第1款规定的特定义务。根据第1款规定，在委员会评估期间可以随时发出和批准前述要求。

【译者解读：在紧急情况下，应守门人要求，第1款规定的义务可以不适用于作出中止决议以前业已存在的核心平台服务。】

4. 评估本条第 1 款和第 3 款所述之守门人要求时，委员会应特别考虑履行特定义务对守门人在欧盟运营的经济可行性及第三方（尤指中小微企业及消费者）的影响。前述中止决议应遵从委员会所规定的条件与义务，以便在实现本条例目标的同时公平公正地维护各方利益。

【译者解读：委员会应平衡特定义务对守门人和第三方的影响，确保公平维护各方利益。】

第 10 条　以维护公共健康与公共安全为目标的豁免

1. 欧盟委员会可主动或在守门人的要求下通过一项实施法案，豁免守门人应按第 5 条、第 6 条、第 7 条规定为第 3 条第 9 款认定决定中列出的核心平台服务履行的全部或部分义务，但前提是该豁免决议以本条第 3 款所述情形为依据（"豁免决议"）。委员会应在收到守门人完整的合理要求后的 3 个月内通过豁免决议，并详细说明其豁免依据。此外，委员会应按照第 50 条第 2 款下的咨询程序通过前述实施法案。

2. 根据第 1 款规定做出豁免决议后，委员会应在豁免决议的依据消除后重新审核其豁免决议，或至少每年审核一次。审核结束后，委员会应全部或部分撤销前述豁免，或判定第 1 款下的相关情形仍然存在。

3. 第 1 款所述之豁免决议只能以维护公共健康与公共安全为目的。

4. 发生紧急情况时，委员会可在守门人的合理要求下或主动地临时中止在作出中止决议前按第 1 款规定守门人应为某一项或多项个人核心平台服务履行的义务。根据第 1 款规定，在委员会评估期间前述要求可随时被提出和批准。

5. 评估第 1 款和第 4 款所述之守门人要求时，委员会应以第 3 款为依据考虑履行特定义务对守门人在欧盟运营的经济可行性及第三方的影响。委员会可将前述中止决议适用于条件与义务，以实现第 3 款所述目标及本条例目标之间的公平平衡。

【译者解读：豁免存在两种情形。一是一般情况下，欧盟委员会可以主动或应守门人要求，出于维护公共健康和公共安全的目的豁免守门人履行第 5—7 条的义务。二是紧急情况下，欧盟委员会亦可豁免义务

的履行，而没有目的限制。在进行豁免决定时，委员会应当评估履行该特定义务对守门人和第三方的影响。】

第 11 条　报告

1. 守门人应在根据第 3 条规定接受指定后的三个月内，根据第 3 条第 10 款的规定向欧盟委员会提交报告，详细说明其为履行第 5 条、第 6 条和第 7 条中的义务所采取之措施。

2. 守门人应在第 1 款规定的期限内发布一份前述报告的非保密性摘要，并将其提交给委员会。

守门人应至少每年更新前述报告及非保密性摘要。

委员会应在其官网附上访问该非保密性摘要的链接。

【译者解读：本条规定了守门人的报告义务。在被指定为守门人后，该守门人应当在三个月内就履行第 5—7 条义务的情况进行报告。同时，委员会应当公开一份该报告的非保密性摘要版本。】

第 12 条　守门人义务更新

1. 欧盟委员会有权根据第 49 条规定通过授权立法对本条例第 5 条和第 6 条中规定的守门人义务进行补充。委员会通过前述授权立法的前提是，根据第 19 条规定进行市场调查，且经调查发现确有必要更新守门人义务，以避免影响核心平台服务竞争力或和第 5 条和第 6 条所规定之义务履行行为一样的不公平行为。

【译者解读：欧盟委员会可以在市场调查的基础上，在确有必要的情况下通过授权立法对本条例第 5 条、第 6 条的守门人义务进行细化。】

2. 根据第 1 款规定所通过之授权立法仅限于：

（a）对仅适用于某些核心平台服务的义务进行补充，使其适用于第 2 条第 2 点所列之其他核心平台服务。

（b）对仅有利于某些企业用户或终端用户的义务进行补充，使其同样有利于其他企业用户或终端用户。

（c）说明守门人履行第 5 条和第 6 条下的义务时应采取的方式，以确保其有效履行自身义务。

（d）对仅适用于与核心平台服务一起提供的或为支持核心平台服务而提供的某些服务的义务进行补充，使其适用于与核心平台服务一并提供的或为支持核心平台服务而提供的其他服务。

（e）对仅适用于某些数据类型的义务进行补充，使其适用于其他数据类型。

（f）某项义务对守门人行为提出某些要求时，对此类要求进行补充。

（g）某项义务对守门人所提供之某些核心平台服务之间的关系起到管理作用时，对该义务进行补充，使其适用于某项核心平台业务与守门人所提供之其他服务之间的关系。

【译者解读：授权立法的范围包括对守门人就核心平台服务和相关服务的补充、细化，对企业用户或终端用户的义务进行细化，明确履行义务的方式等。】

3. 委员会有权根据第 49 条规定通过授权立法，以修订本条例第 7 条第 2 款的基础功能清单，具体包括新增或删减不以号码为基础的人际通信服务功能。

委员会通过前述授权立法的前提是，根据第 19 条规定进行市场调查，且经调查发现确有必要更新守门人义务，以避免影响核心平台服务竞争力或和第 7 条所规定之义务履行行为一样的不公平行为。

【译者解读：在市场调查的基础上，在确有必要的情形下，欧盟委员会可以通过授权立法修改基础功能清单。】

4. 委员会有权根据第 49 条规定通过授权立法说明应采取何种方式确保高效履行义务，以对第 7 条所列义务进行补充。委员会通过前述授权立法的前提是，根据第 19 条规定进行市场调查，且经调查发现确有必要更新守门人义务，以避免影响核心平台服务竞争力或和第 7 条所规定之义务履行行为一样不公的行为。

【译者解读：在市场调查的基础上，在确有必要的情形下，委员会可以通过授权立法对第 7 条所列义务进行补充。】

5. 在以下情况中，第 1 款、第 3 款及第 4 款提及的行为应被视为不公行为或影响核心平台服务竞争力的行为：

（a）前述行为是守门人行为，且可能因以下原因阻碍创新、限制企业及终端用户选择：

（1）为某项核心平台服务或数字板块其他服务进入其他企业或某项核心平台服务或数字板块其他服务的运营商进一步发展创造阻碍，进而影响或可能影响某项核心平台服务或数字板块其他服务的竞争力；或

（2）防止其他运营商像守门人和获取关键生产要素。

（b）企业用户的权利与义务失衡，守门人获取的收益与其为企业用户提供的服务不成比例。

【译者解读：影响核心平台服务竞争力的行为包括两种，一是守门人阻碍创新、限制企业用户和终端用户自由选择的行为，二是企业用户的权利义务失衡。】

第 13 条　反规避

1. 提供核心平台服务的企业不得通过合约、商业、技术或其他方式将此类服务切分、分割、细分、拆分或分开，以规避第 3 条第 2 款中的定量门槛。前述企业对此类的行为不影响委员会根据第 3 条第 4 款规定将其认定为守门人。

2. 当怀疑提供核心平台服务的企业存在前款行为时，委员会可要求该企业提供其认为可证实其是否的确存在前述行为的相关信息。

3. 守门人应确保严格有效履行第 5 条、第 6 条、第 7 条中所列之义务。

4. 守门人不得从事任何不利于其履行第 5 条、第 6 条、第 7 条中所列之义务的行为，无论此类行为是否为合约、商业或技术等性质，或

是否使用了行为技术或接口设计。

5. 若执行本条例规定前需获得收集、处理、交叉使用及共享个人数据之授权，守门人应采取必要措施允许企业用户直接获取前述授权［如果（EU）2016/679 号条例或 2002/58/EC 号指令要求必须获此授权］，或以其他方式遵守欧盟数据保护与隐私规则及原则，包括在条件允许时为企业用户提供匿名数据。守门人不得为企业用户获取此类授权设置高于获取其服务的难度。

6. 守门人不得减损其依据第 5 条、第 6 条及第 7 条所规定之权利或选择的企业用户或终端用户提供的核心平台服务的条件或质量，亦不得对前述企业用户或在终端用户行使其权利或选择设置过多障碍，包括以非中立方式为终端用户提供选择、利用用户接口或某一零部件的结构、设计、功能或运行方式推翻终端用户或企业用户的自治权、决策权或自由选择权等。

7. 守门人以本条第 4 段、第 5 段和第 6 段的方式规避或尝试规避其在第 5 条、第 6 条和第 7 条下应履行的义务时，委员会可根据第 20 条的该规定启动诉讼程序并采取第 8 条第 2 款所述之实施法案，从而规定守门人应采取的措施。

8. 本条第 6 款不与第 29 条、第 30 条和第 31 条所述之委员会权力相矛盾。

【译者解读：守门人不能以拆分服务、不履行第 5—7 条规定义务、降低服务质量或提高企业用户和终端用户选择核心平台服务的条件等方式规避义务的履行。在怀疑守门人存在规避义务的情况下，欧盟委员会可以要求守门人提供履行义务的相应证明。】

第 14 条 集中通知义务

1. 如果并购的实体或集中目标在数字领域提供核心平台服务或任何其他服务的，或允许收集数据，则守门人应该将（EC）第 139/2004 号条例第 3 条涵盖的计划并购通知委员会，而无论根据（EC）第 139/2004 号条例是否需要向委员会申报，或是否需要根据国家并购规则通知相应的国家竞争主管机构。

签署合约、公布公开招标结果或收购控制权益后，守门人应在执行集中前通知委员会。

【译者解读：守门人应当将涉及核心平台服务或其他服务的并购计划通知委员会。】

2. 守门人根据第 1 款规定提供相关信息时，应至少描述集中涉及的企业、其在欧盟和全球的年营业额、经营范围（包括直接与集中相关的经营活动）、协议交易额或预估交易额、关于集中的综述（包括集中的性质、原因以及集中所涉及的成员国名单）。

守门人提供的信息还应描述相关核心平台服务（如有）的欧盟年营业额、年活跃企业用户数量以及月活跃终端用户数量等。

【译者解读：守门人通报的内容包括涉及的相关企业及其营业额、经营范围、交易额，并对集中的性质、原因和涉及的欧盟成员国进行报告。】

3. 若其他核心平台服务在本条第 1 款所述之集中后达到第 3 条第 2 款（b）目的门槛值，相关守门人应在集中后的 2 个月内告知委员会，并按第 3 条第 2 款规定为委员会提供相关信息。

【译者解读：在核心平台服务达到门槛值的情况下，守门人应当在进行集中后 2 个月内告知委员会，并提供第 3 条第 2 款规定的信息。】

4. 委员会应将其根据第 1 款规定收到的所有信息发送给成员国的管理机构，并每年发布守门人根据该款规定为其提供的合并清单。

委员会应维护相关企业的商业机密，保障其合法权益。

【译者解读：委员会在收到上述信息后，应当将其发送给欧盟成员国的管理机构，并发布合并清单。】

5. 成员国管理机关可利用其根据本条第 1 款规定收到的信息要求委员会根据（EC）第 139/2004 号条例第 22 条规定对前述集中进行审查。

【译者解读：成员国管理机关可以对收到的前述信息进行审查。】

第 15 条　审计义务

1. 守门人应在根据第 3 条接受认定后的 6 个月内向欧盟委员会提交一份独立审计报告，描述其为第 3 条第 9 款认定决定中列出的核心平台服务适用或在各核心平台服务间适用的消费者资料收集技术。委员会应将该审计报告提交至欧洲数据保护委员会。

2. 委员会可根据第 46 条第 1 款（g）目采用实施法案，制定审计方法与流程。

3. 守门人应公开发表一份第 1 款所述审计报告的综述，并至少每年对该审计报告及综述进行更新。守门人有权在此过程中考虑保护自身商业机密的需要。

【译者解读：在被指定为守门人后，守门人应当在 6 个月内向欧盟委员会提交审计报告，列举其在认定决定中涉及的核心平台服务所采用的消费者信息收集技术。同时，守门人应当制作审计报告的综述并进行公开。委员会应当将审计报告提交至欧洲数据保护委员会，并由后者制定实施法案，制定审计方法。】

第四章　市场调查

第 16 条　启动市场调查

1. 如果欧盟委员会计划开展市场调查，以确定是否根据第 17 条、第 18 条和第 19 条规定通过相关决议的，应首先通过一项通过启动市场调查的决议。

2. 尽管有第一段的规定，委员会仍可在根据该段规定启动市场调查前行使其在本条例下所享有之调查权。

3. 第 1 款所述决议应说明：

（a）启动市场调查的日期；

（b）市场调查所涉及之事项的详细信息；

（c）市场调查的目的。

4. 在以下情况中，委员会可重启已结束的市场调查：

（a）根据第 17 条、第 18 条或第 19 条规定所做之决议的依据发生了重大变更；或

（b）根据第 17 条、第 18 条或第 19 条规定所做之决议的依据为不完整的、错误的或具有误导性的信息。

5. 委员会可要求一个或多个国家权力机关协助其做市场调查。

【译者解读：在进行市场调查之前，欧盟委员会应当首先通过启动调查的决议。决议应当包括启动市场调查的日期，相关事项的详细信息，以及调查目的。但这一要求不影响委员会在启动市场调查之前就行使本条例规定的调查权。在做出前述决议的依据发生重大变化或依据不完整、有误时，委员会可以重启市场调查。】

第 17 条　针对认定守门人的市场调查

1. 欧盟委员会可通过市场调查确定是否可根据第 3 条第 8 款的规定指定某一提供核心平台服务的企业为守门人，或根据第 3 条第 9 款规定确定认定决定中可列出的核心平台服务。委员会应尽量在第 16 条第 3 款（a）目规定的日期后的 12 个月内结束市场调查。市场调查结束时，委员会应依据第 50 条第 2 款下的咨询程序通过一项实施法案，公布其决议。

2. 在根据本条第 1 款规定进行市场调查的过程中，委员会应尽量在第 16 条第 3 款第（a）目规定的日期后的 6 个月内向提供核心平台服务的企业公布其初步发现。在初步发现中，委员会应说明是否能根据第 3 条第 8 款规定将该企业指定为临时守门人，是否能将根据第 3 条第 9 款规定将相关核心服务列于认定决定中。

3. 提供核心平台服务的企业已达到第 3 条第 2 款中规定的门槛值，但已根据第 3 条第 5 款规定提交足够多有依据的论据以质疑第 3 条第 2 款中的假设时，委员会应尽量在第 16 条第 3 款第（a）目规定的日期后的 5 个月内结束市场调查。

在此情况下，委员会应尽量根据本条第 2 款规定在第 16 条第 3 款第（a）目规定的日期后的 3 个月内向相关企业告知其初步发现。

4. 对于某一提供核心平台服务、目前业务运营并不稳固但可能在不久的将来实现稳固运营的企业，委员会指定其为守门人时可按认定决定中的规定适当为其指派第 5 条第 3 款至第 6 款、第 6 条第 4 款、第 6 条第 7 款、第 6 条第 9 款、第 6 条第 10 款及第 6 条第 13 款下的一项或多项义务。委员会应仅为前述守门人指派可预防其通过不正当手段实现稳固运营的义务，且应根据第 4 条所述诉讼程序审核前述指定行为的合理性。

【译者解读：市场调查是根据本条例指定守门人和将核心平台服务纳入认定决定的前提条件。在启动市场调查后的 6 个月内，委员会应向企业公布其初步发现，并在市场调查中出现相反证据时尽量在规定日期后的 5 个月内结束市场调查。此外，对于目前经营状况不稳定但具有发展潜力的企业，委员会可以在指定其为守门人的同时附加更多义务，以避免该守门人通过不当手段履行其稳定经营状况的义务。】

第 18 条 对系统性的不合规行为进行市场调查

1. 欧盟委员会可通过市场调查确定守门人是否存在系统性的不合规行为，且应在第 16 条第 3 款第（a）目规定的日期后的 12 个月内结束市场调查。调查结果显示守门人已系统性违反第 5 条、第 6 条或第 7 条下的任一或多项义务，并借此维持、加强或扩展其守门人地位（见第 3 条第 1 款规定）的，委员会可依据第 50 条第 2 款规定的咨询程序通过实施法案向守门人提供适当和必要的行为或结构性补救措施，以确保守门人遵守本条例规定。

2. 本条第 1 款所述补救措施可包括在一定时间内禁止守门人根据（EC）139/2004 号条例第 3 条规定执行核心平台服务或其他数字服务相关集中或启动受系统性不合规行为影响的数据收集流程。前提是此类补救措施是维护并恢复业务正当性及竞争力的必要合理措施。

【译者解读：本款明确了补救措施可以禁止守门人在一定期限内提

供核心平台服务或进行特定数据收集活动，但补救措施仅限于必要合理的范围。】

3. 如果委员会根据第 29 条规定针对守门人所提供的核心平台服务发布过三项不合规判定，且在此前 8 年内启动过市场调查的，守门人将被视为系统性地违反第 5 条、第 6 条和第 7 条所述义务。

【译者解读：本条第 1 款、第 3 款规定欧盟委员会可以通过市场调查，调查守门人是否存在系统性的违规行为，并采取补救措施。其中系统性违规行为的目的是不当地强化守门人自身的守门人地位，而三次受到不合规判定，且在 8 年内接受过市场调查的守门人，将被判定为系统性违反第 5—7 条规定义务。】

4. 委员会应在第 16 条第 3 款（a）目所述日期后的 6 个月内向相关守门人告知其初步发现，说明为何其初步认为本条第 1 款规定已满足，以及其初步认为合理且必要的补救措施。

5. 为帮助利益相关第三方有效提供意见，委员会应在根据第 4 款规定向守门人公布其初步发现的同时，尽快发布关于具体情况及其考虑实施的补救措施的非保密性综述。此外，委员会还应说明利益相关第三方提供意见的合理时限。

【译者解读：与第 17 条规定相同，本条第 4 款、第 5 款规定，委员会应在进行市场调查后向守门人告知其初步发现，并就补救措施合理性进行解释。同时，委员会应就此发布非保密性综述，以便相关第三方提供意见。】

6. 如果委员会计划通过本条第 1 款所述决议，从而使守门人根据第 25 条规定做出的承诺具有约束力，则委员会应发布关于具体情况及主要承诺内容的非保密性综述。利益相关第三方可在委员会设定的合理时限内提交评论意见。

【译者解读：委员会在依据本条第 1 款进行市场调查后，应发布一份非保密性综述供相关第三方提交评论意见。】

7. 客观事实证明确有必要且合理的，委员会可在市场调查过程中延长其调查时间。委员会公布初步发现或通过最终决议的时限亦可延长。根据本款所延长的时间不得超过 6 个月。

【译者解读：根据本款，委员会可在必要情形下延长市场调查时间，最多可延长 6 个月。】

8. 为确保守门人充分履行其在第 5 条、第 6 条和第 7 条下所应承担之义务，委员会应定期审核其根据本条第 1 款和第 2 款规定采取的补救措施。若开展新一轮市场调查后发现前述补救措施并无效用，委员会有权对已采取的补救措施进行修正。

【译者解读：本款允许委员会修正已有的补救措施，以确保措施有用性。】

第 19 条　对新服务和新实践进行市场调查

1. 欧盟委员会可通过市场调查确定数字领域的一项或多项服务是否能列入第 2 条第（2）目规定的核心平台服务、发现影响核心平台服务竞争力的行为或本条例未提及的不当行为。针对前述三点进行评估时，委员会应将《欧盟运行条约》第 101 条和第 102 条下关于数字市场的相关诉讼结果及其他进展纳入考量。

【译者解读：欧盟委员会可以通过市场调查对影响核心平台服务或下列各款规定的不当行为进行市场调查，并在过程中参考《欧盟运行条约》中关于数字市场的诉讼结果。】

2. 委员会可在根据第 1 款规定开展市场调查时咨询其他第三方，包括被调查的数字领域服务的企业用户和终端用户，以及在调查中被采取相关措施的企业用户和终端用户。

【译者解读：委员会在进行市场调查时可以咨询相关利益第三方的意见。】

3. 委员会应在第 16 条第 3 款第（a）目规定之日期后的 18 个月内发布调查报告。

上述报告应提交给欧洲议会及理事会。在适当情况下，委员会发布报告的同时还应发布：

（a）一项关于修订本条例的立法提案，以为第 2 条下的核心服务平台清单新增其他数字服务，或在第三章为各方新增义务；或

（b）一项对本条例第 5 条和第 6 条中规定的义务进行补充的授权立法；或根据第 12 条规定发布一项对本条例第 7 条中规定的义务进行修订或补充的授权立法。

在适当情况下，第 2 项（a）目中关于修订本条例的立法提案可提议删除第 2 条第（2）目下的核心平台服务中的某些服务，或删除第 5 条、第 6 条、第 7 条规定的某些义务。

【译者解读：本款规定了发布调查报告的时间要求，即 18 个月。在向欧洲议会和欧洲理事会提交调查报告时，委员会可以在必要情况下通过立法提案和授权立法对本条例中规定的义务进行补充或删减。】

第五章　调查权、执行权与监督权
第 20 条　启动诉讼程序

1. 欧盟委员会计划启动诉讼程序以通过第 8 条、第 29 条和第 30 条中所述决议的，应首先通过一项诉讼程序启动决议。

2. 尽管如此，委员会仍可在根据第 1 款规定启动诉讼程序之前，行使其在本条例下享有的调查权。

【译者解读：欧盟委员会在正式启动诉讼程序之前，应当首先通过一项诉讼程序启动决议。启动诉讼程序不妨碍委员会行使本条例规定的

调查权。】

第 21 条 获取信息

1. 欧盟委员会履行其在本条例下的义务时，可通过简单请求或决定要求企业或企业协会提供所有必要信息。委员会还可通过简单要求或决定，申请访问企业的任何数据、算法、测试信息，并要求企业提供相关说明。

【译者解读：欧盟委员会依据本条例有权请求企业提供必要信息，或申请访问企业的数据、算法和测试信息，并要求企业提供相关说明。】

2. 向企业或企业协会发送简单信息申请时，委员会应说明其法律依据与目的、具体需要的信息、提供所需信息的时间限制以及针对提供不完整、错误或误导信息或说明的行为的具体罚款（见第 30 条规定）。

3. 委员会通过决议要求企业或企业协会提供信息时，应说明其法律依据与目的、具体需要的信息以及提供所需信息的时间限制。委员会要求企业提供数据准入时，应说明其目的及提供准入的具体时限。此外，委员会还应说明未在具体时限内提供准入的企业将按第 30 条规定被施以罚款（罚款可按第 31 条规定周期性支付），以及其将决议提交欧洲法院审核的权利。

【译者解读：第 2 款、第 3 款规定，欧盟委员会向企业请求获取信息时，或者通过决议要求企业提供信息时，应当说明其法律依据、目的、所需信息的内容及时间期限，以及对提供不完整、有误或误导性信息或说明的具体罚款。同时，应告知企业有权将决议提交欧洲法院审核。】

4. 企业、企业协会或其代表应代表相关企业或企业协会提供相关信息。经授权的代理律师可代表其客户提供相关信息，但后者应为提供的不完整、错误的或具有误导性的信息承担所有责任。

【译者解读：企业有义务提交相关信息。企业协会或协会代表，以及获得授权的律师可以代表企业提供相关信息，但应当为提供信息的完整性和正确性承担责任。】

5. 委员会有要求的，成员国主管机关应为委员会提供其拥有的所有必要信息，以履行其在本条例下应承担的职责。

【译者解读：应欧盟委员会要求，成员国主管机关应当提供自身持有的必要信息。】

第 22 条　执行约谈并发表声明的权力

1. 为履行其在本条例下的职责、收集开展调查所需的信息，欧盟委员会可在对方同意的条件下约谈任何自然人或法人。委员会应有权通过技术手段记录前述约谈过程。

2. 如果根据本条第 1 款在企业经营场所进行约谈，委员会应通知正在执行第 1 条第 6 款所述规则的成员国的国家主管当局，并告知面谈在其领土内发生。所述主管当局有要求的，主管当局官员可协助委员会授权官员或其他陪同人员进行约谈。

【译者解读：欧盟委员会在履行本条例规定职责、收集信息时，可以约谈自然人或法人，但前提是获得对方同意。委员会有权记录约谈过程。在企业经营场所约谈时，委员会需要告知相应成员国的主管当局，在主管当局要求的情况下，主管当局官员可以协助委员会授权官员进行约谈。】

第 23 条　检查权

1. 为履行其在本条例下应履行的职责，欧盟委员会可针对任何企业或企业协会开展必要检查。

2. 委员会授权进行检查的官员或其他陪同人员有权：

（a）到访企业或企业协会的所有办公场地、土地及交通工具；

（b）检查通过任何媒介存储的业务相关账簿或其他记录；

（c）取走或获取前述账簿或记录的任何形式的副本或摘录；

（d）要求企业或企业协会提供关于其组织架构、职能、IT 系统、算法、数据处理及业务操作的访问权限或相关说明；要求企业或企业协会记录或存档通过任何技术手段提供的前述说明；

（e）根据检查需要在一定时间内查封企业的经营地点及前述账簿或记录；

（f）要求企业或企业协会代表或员工就与检查事项及目的相关的事实或文件提供说明，并采取技术手段记录说明内容。

3. 为进行检查，委员会可以要求委员会根据第 26 条第 2 款指定的审计员或专家的协助，并要求在其境内执行第 1 条第 6 款所述规则的成员国国家主管部门提供协助。

4. 在检查期间，委员会、其指定的审计员或专家以及成员国的国家主管机关执行第 1 条第 6 款所述的规则，检查将在其领土内进行，可要求企业或企业协会提供对其组织、运作、IT 系统、算法、数据处理和业务行为的访问和解释。委员会及其任命的审计员或专家以及成员国的国家主管机关执行第 1 条第 6 款所述的规则，在其领土内进行检查，可以向任何代表或工作人员提出问题。

5. 委员会授权进行检查的官员和其他随行人员应在收到书面授权书后开始行使自身的检查权力。前述授权书应说明检查事项和目的。此外，该授权书还应说明当前述与企业业务相关的账簿或其他记录不完整，或相关人员针对本条第 2 款及第 4 款所述问题给予的答复有误或具有误导性时，相关方将根据第 30 条规定支付罚款。开展检查前，委员会应提前告知所属成员国的国家主管机关负责执行第 1 条第 6 款规定的检查开展地点。

6. 企业或企业协会应根据委员会决议开展检查。委员会决议应说明检查事项及目的，确定检查开始日期，并分别说明第 30 条和第 31 条规定的罚款和定期罚款，以及其将该决议提交欧洲法院审核的权利。

7. 应当局或者委员会的要求，执行第 1 条第 6 款所述规则的成员国国家主管机关的官员和授权或任命的人员，在其领土内进行检查时，应积极协助委员会授权的官员和其他随行人员。为此，他们应享有本条第 2 款和第 4 款规定的权力。

8. 委员会授权的官员或其他陪同人员发现某家企业或企业协会拒绝开展根据本条规定必须开展的调查的，相关成员国应为其提供必要协助，在适当情况下请求警方或同等执法机构协助，以助其开展检查。

9. 根据国家规定，如果本条第 8 款所述协助需获得司法机构授权的，委员会、负责执行第 1 条第 6 款规定的国家主管机关或前述机构授权的官员应负责申请司法机构授权。该授权亦可用作预防措施。

10. 申请本条第 9 款所指授权的，国家司法机关应核实委员会的决定是真实的，并且考虑到检查的目的，所设想的强制措施既不是任意的也不是过度的。在控制强制措施的相称性时，国家司法当局可以直接或通过成员国的国家主管机关要求委员会执行第 1 条第 6 款所述的规则，特别是说明委员会怀疑企业违反本条例的理由，以及违反的严重程度和有关企业参与的性质。但是，国家司法机关不得质疑开展检查的必要性，亦不得要求向其提供委员会档案中的信息。委员会决定的合法性应交由法院审查。

【译者解读：本条规定了欧盟委员会针对任何企业或企业协会开展必要检查的范围、协助人员和部门、检查程序和授权标准。】

第 24 条　临时措施

守门人企业用户或终端用户存在发生不可挽回的重大损失的风险时，委员会可通过一项实施法案，在初步发现守门人违反第 5 条、第 6 条或第 7 条规定后要求其采取临时措施。该实施法案应仅在根据第 29 条第 1 款为可能通过不遵守决定而启动的程序的背景下采用。它仅适用于指定的时间段，并且可以在必要和适当的情况下进行更新。该实施法案应根据第 50 条第 2 款所述的咨询程序通过。

【译者解读：守门人企业用户或终端用户存在发生不可挽回的重大损失的风险时，委员会可通过一项实施法案要求其采取临时措施。】

第 25 条　承诺

1. 若在第 18 条诉讼程序执行期间，相关守门人为确保履行其在第

5 条、第 6 条及第 7 条下的义务而针对相关核心平台服务做出相应承诺，委员会可通过一项实施法案赋予前述承诺法律约束力，并宣布无需采取进一步行动。该实施法案应根据第 50 条第 2 款中的咨询程序通过。

2. 在以下情况中，委员会可应要求或主动通过决议重启相关程序：

（a）此前达成决定的依据发生重大改变；

（b）相关守门人违背其承诺；

（c）此前达成的决议系基于相关方提供的不完整、错误且具有误导性的信息；

（d）前述承诺无效。

3. 委员会认为相关守门人所做之承诺无法保证有效履行其第 5 条、第 6 条及第 7 条下的义务的，委员会可结束相关程序、拒绝在决定中赋予前述承诺法律约束力并说明理由。

【译者解读：本条规定了守门人作出承诺后委员会可通过一项实施法案中止临时措施和重启临时措施的情形。】

第 26 条　监督义务与措施

1. 欧盟委员会应采取必要行动监督第 5 条、第 6 条及第 7 条下的义务以及根据第 8 条、第 18 条、第 24 条、第 25 条和第 29 条达成的决定是否得到有效履行，包括强制要求守门人提供评估前述义务和决议是否履行所需的所有文件。

2. 第 1 款所述行动可包括指派独立的外部专家、审计员以及成员国国家主管机关官员协助委员会监督义务与措施的执行情况，为委员会提供专业建议或指导。

【译者解读：本条规定了欧盟委员会的监督内容范围和指派的协助监督的人员类型。】

第 27 条　第三方提供信息

1. 任何第三方（包括企业用户、竞争者或第 3 条第 9 款认定决定所列核心平台服务的终端用户）及其代表，可将守门人在本条例范围内执行的相关操作或行为告知负责执行第 1 条第 6 款规定的成员国的国家主管机关，或直接告知委员会。

2. 执行第 1 条第 6 款所述规则的成员国国家主管机关和委员会应就适当措施拥有充分的自由裁量权，并且没有义务对收到的信息采取后续行动。

3. 如果执行第 1 条第 6 款所述规则的成员国国家主管机关，根据本条第 1 款收到的信息，确定可能存在不符合本法规的问题，它应将该信息转交给委员会。

【译者解读：本条规定了任何第三方可以向国家主管机关或欧盟委员会在本法规定范围内提供守门人的信息，国家主管机关和欧盟委员会对该信息的处理措施。】

第 28 条 合规部门

1. 守门人应设立独立于其运营部门的合规部门，由一名或多名合规人员组成，包括合规部门负责人。

2. 守门人应确保第 1 款所述合规部门拥有足够权力与资源，能够接近守门人管理层以监督守门人执行本条例规定。

3. 守门人管理层应确保根据第 1 款规定指派的合规人员具备履行第 5 款所述任务所需的专业资格、知识、经验及能力。

守门人管理层还应确保该合规部门负责人是独立的高级管理人员，并且对合规职能负有明确责任。

4. 合规部门负责人应直接向守门人管理层汇报。存在违规风险时，合规部门负责人可在不影响守门人管理层的监管职能的前提下向其提出预警。

未经守门人管理层批准，不得罢免合规部门负责人。

5. 守门人根据第 1 款规定指派的合规官员应履行以下职责：

（a）统筹、监督并监管守门人为确保合规而采取的相关措施与行动；

（b）通知和建议守门人的管理层和员工遵守本条例；

（c）在适用的情况下，监督对根据第 25 条作出的具有约束力的承诺的遵守情况，但不影响委员会能够根据第 26 条第 2 款任命独立的外部专家；

（d）为本条例的目的与委员会合作。

6. 守门人应告知委员会合规部门负责人的姓名及联系方式。

7. 守门人管理层应以确保合规部门的独立性为目的制订治理计划，监督该计划的执行情况并承担相应责任，包括在守门人内部分配职责、预防利益冲突。

8. 守门人管理层应定期（至少每年一次）审批以管理、监督本条例的履行情况为目的的策略及政策。

9. 守门人管理层应投入充足时间以管理并监督本条例的履行情况，积极参与和本条例管理与执行相关的决议过程，确保为本条例规定的履行配置足够资源。

【译者解读：本条规定了守门人应当设立的合规部门的组成、权力、人员资格要求、负责人职责、计划制订和守门人对合规部门的管理要求。】

第 29 条 违规

1. 如果委员会发现守门人不遵守以下一项或多项规定，委员会应通过一项实施法案，阐明其发现的不合规情况（"不合规决定"）：

（a）第 5 条、第 6 条或第 7 条规定的任何义务；

（b）委员会在根据第 8 条第 2 款规定做出的决定中说明的措施；

（c）第 18 条第 1 款规定的补救措施；

（d）第 24 条规定的临时措施；或

（e）根据第 25 条规定被赋予法律约束力的承诺。

委员会应依据第 50 条第 2 款所述的咨询程序通过前述实施法案。

2. 委员会应尽量在根据第 20 条规定启动诉讼程序后的 12 个月内通过违规决定。

3. 通过违规决定前，委员会应将其初步发现告知相关守门人，并在初步发现中说明其计划采取的措施或其认为守门人应采取的相应措施。

4. 如果委员会打算通过违规决定，委员会可以咨询第三方。

5. 委员会应通过违规决定要求守门人在合理时限内停止其违规行为、说明其将如何履行决定要求。

6. 守门人应向委员会说明其为履行违规决定要求所采取的相关措施。

7. 如果委员会决定不通过"不合规决定"，它应通过一项决定以结束程序。

【译者解读：本条规定了委员会应通过一项实施法案阐明其发现的守门人违规情况和通过违规决定的程序。】

第30条　罚款

1. 欧盟委员会发现守门人故意或因疏忽而未能履行以下义务或措施的，可向守门人施以罚款，且罚款不得超过其在上一个财年内的总全球营业额的10%：

（a）第5条、第6条或第7条规定的任何义务；

（b）委员会在根据第8条第2款通过的决定中规定的措施；

（c）第18条第1款规定的补救措施；

（d）第24条规定的临时措施；或

（e）根据第25条规定被赋予法律约束力的承诺。

2. 尽管有本条第1款的规定，在不合规决定中，如果委员会发现相关守门人违反了其在第5条、第6条及第7条规定的与在前8年通过的不合规决定中发现的相同核心平台服务有关的义务，委员会可以对其进行不超过其在上一个财年内的总全球营业额的20%的罚款。

3. 企业（包括守门人）及企业协会故意或因疏忽而未能履行以下义务的，委员会可对其施以不超过其上一个财年内总全球营业额1%的罚款：

（a）未能在规定时限内根据第3条规定提供评估其作为守门人的认定过程所需的相关信息；或提供错误、不完整或具有误导性的信息；

（b）未能根据第3条第3款规定履行义务告知委员会相关信息；

（c）未能根据第14条规定提供所需信息；或提供了错误、不完整或具有误导性的信息；

（d）未能根据第 15 条规定提交描述；或提供了错误、不完整或具有误导性的信息；

（e）未能根据第 21 条第 3 款规定提供数据、算法或测试信息准入；

（f）未能根据第 21 条第 3 款规定在规定时限内提供相关信息；按第 21 条规定提供信息或说明时，提供了错误的、不完整的或具有误导性的信息或说明；放弃了第 22 条的约谈；

（g）未能在委员会规定的时限内修正代表或员工提供的错误、不完整或具有误导性的信息；未能或拒绝根据第 23 条规定提供与检查事项和目的相关的完整信息；

（h）拒绝接受第 23 条规定的检查；

（i）未能根据第 26 条规定履行委员会规定的义务；

（j）未能根据第 28 条规定设立合规部门；或

（k）未能遵守根据第 34 条第 4 款规定的查阅委员会档案的条件。

4. 设定罚款金额时，委员会应将违规行为的严重程度、时长、反复出现与否纳入考量。根据第 3 款规定施以罚款时，还应将因执行相关程序导致的延误纳入考量。

5. 委员会时，由于企业协会无偿债能力，应根据企业协会成员的全球营业额要求各成员出资，共同缴纳罚款。

企业协会成员未能在规定时限内出资的，委员会可要求其代表是该协会有关决策机构成员的任何企业直接缴纳部分罚款。

根据第 2 项规定收到相应罚款后，委员会可在需要全款收取罚款时要求企业协会的其他成员缴纳剩余罚款。

企业协会成员若能在委员会根据第 20 条规定启动诉讼程序前证明自己未执行违反本条例规定的协会决定、不知晓此等违规行为存在，或已经主动疏远违反本法的协会的，委员会不得按第 2 项和第 3 项规定要求其缴纳罚款。

每位成员企业所承担的罚款数额不得超过其上一财年全球总营业额的 20%。

【译者解读：本条规定了欧盟委员会向守门人施以罚款的情形和考量因素，向企业协会施以罚款时各成员的义务。】

第 31 条　定期罚款支付

1. 为督促各方履行以下义务，欧盟委员会可通过决议对企业（情况允许时包括守门人）及企业协会施加不超过上一财政年度全球日平均营业额的 5% 的定期罚款，具体罚款金额从决议发布之日起计算：

（a）执行委员会在根据第 8 条第 2 款规定通过的决定中说明的措施；

（b）履行根据第 18 条第 1 款规定通过的决议；

（c）根据第 21 条所述决议的要求在规定时限内提供正确、完整的信息；

（d）根据第 21 条第 3 款所述要求提供数据、算法及测试信息准入；根据第 21 条所述决议的要求就前述信息提供说明；

（e）根据第 23 条所述决定的要求提交审查；

（f）遵守根据第 24 条采取临时措施的决定；

（g）遵守根据第 25 条第 1 款作出的决定具有法律约束力的承诺；

（h）履行第 29 条第 1 款所述决定。

2. 企业或企业协会在定期支付罚款决定执行前已履行相关义务的，委员会可通过一项执行法案，将定期支付罚款的具体金额设置为低于原始决定下可能产生的罚款金额。委员会应依据第 50 条第 2 款下的咨询程序通过前述实施法案。

【译者解读：本条规定了欧盟委员会通过决议对企业和企业协会施加定期罚款的情形。】

第 32 条　判处罚款的时效

1. 第 30 条及第 31 条赋予委员会的权力时效期限为 5 年。

2. 前述时效的起始日为违规行为发生之日。发生持续或反复违规的，时效的起始日应为违规行为停止之日。

3. 委员会针对违规行为开展市场调查或相关程序时采取的任何措施都将中断罚款或定期罚款支付的时效。前述时效将在委员会通知至少一家违规企业或企业协会之日中断。具体可中断前述时效的行为包括：

（a）委员会要求相关方提供相关信息；

（b）委员会书面授权其官员开展检查；

（c）委员会根据第 20 条规定启动相关程序。

4. 前述时效每次中断后都应重新计算时间。然而，时效最迟应在累计中断时间达到原始期限的二倍且委员会仍未能施以罚款或定期罚款支付时失效。时效根据第 5 款规定中止时可予以延长相应时间。

5. 委员会决议等待欧洲法院审理期间，实施罚款或定期罚款支付的时效应予以中止。

【译者解读：本条规定了委员会判处罚款的时效期限、起算时间、中断和中止情形。】

第 33 条 执行罚款的时效

1. 委员会执行根据第 30 条和第 31 条规定通过之决议的权限的时效为 5 年。

2. 前述时效的起始日为决议生效之日。

3. 执行罚款的时效可在以下情况中断：

（a）相关方收到关于变更罚款或定期罚款支付金额的决议的通知，或关于拒绝罚款变更申请的通知；或

（b）委员会或成员国应委员会要求，采取旨在强制支付罚款或定期罚款的任何行动。

4. 前述时效每次中断后都应重新计算时间。

5. 执行罚款的时效可在以下情况中止：

（a）支付期被允许；或

（b）欧洲法院或国家法院决议中止执行罚款。

【译者解读：本条规定了委员会执行罚款的时效期限、起算时间、中断和中止情形。】

第34条　陈述与查阅卷宗的权利

1. 根据第 8 条、第 9 条第 1 款、第 10 条第 1 款、第 17 条、第 18 条、第 24 条、第 25 条、第 29 条、第 30 条和第 31 条第 2 款，通过决定前，委员会应允许守门人或相关企业/企业协会针对以下内容进行陈述的机会：

（a）委员会的初步调查结果，包括委员会提出异议的任何事项；及

（b）委员会计划根据本款第（a）目所述初步调查结果中采取的措施。

2. 有关的守门人、企业和企业协会可以在委员会初步调查结果中规定的不少于 14 天的时限内，向委员会提交关于委员会初步调查结果的意见。

3. 委员会只能基于其初步调查结果做出决定，包括委员会已反对但相关守门人、企业或企业协会有权发表意见的事项。

4. 相关守门人、企业或企业协会在所有程序中都应享有辩护权。相关守门人、企业或企业协会有权根据披露条款查阅委员会的卷宗，以维护其商业机密与合法权益。相关方无法达成一致约定的，委员会可通过决定设定披露条款。查阅委员会卷宗的权利不适用于委员会或成员国主管机关的保密信息及内部文件，尤其不适用于委员会与成员国主管机关之间的书信往来。本款中的任何规定均不得阻止委员会披露和使用证明侵权所必需的信息。

【译者解读：本条规定了在委员会通过决定前，守门人、企业和企业协会陈述内容的范围、提交关于委员会初步调查结果的意见的时限、享有的所有程序中的辩护权和委员会作出决定的限制。】

第35条　年度报告

1. 欧盟委员会向欧洲议会及理事会提交关于本条例执行情况及其目标实现情况的年度报告。

2. 第 1 款中所述报告的内容应包括：

（a）一份关于委员会活动的综述，包括所有已采取的措施或已通

过的决定，以及与本条例相关的进行中的市场调查；

（b）针对守门人是否履行其在本条例下应尽之义务的监督结果；

（c）第 15 条所述审计说明的评估报告；

（d）一份关于委员会与本条例相关国家机关之间合作的概述；

（e）一份关于数字监管者高级别小组已执行活动及任务的概述，包括如何执行其关于履行本条例的建议。

3. 委员会应在其网站公布前述年度报告。

【译者解读：本条规定了欧盟委员会向欧洲议会及理事会提交的关于本条例执行情况和其目标实现情况的年度报告的内容和公布网站。】

第 36 条 职业性机密

1. 根据本条例规定收集的信息应用于实现本条例目的。

2. 根据第 14 条规定收集的信息应用于实现本条例、（EC）No 139/2004 号条例及国家并购规则的目的。

3. 根据第 15 条规定收集的信息应用于实现本条例及（EC）No 139/2004 号条例目的。

4. 在不影响实现第 38 条、第 39 条、第 41 条及第 43 条所述使用目的所需之信息的交换及使用的前提下，委员会、成员国主管机关及其官员，或在前述机关监管下工作的其他人员、自然人或法人（包括根据第 26 条第 2 款规定指派的审计员及专家）不得对外公布其根据本条例规定获取或交换的信息，以及涉及职业性机密的信息。

【译者解读：本条规定了根据本条例规定收集的信息的适用范围和对外公布的限制。】

第 37 条 与成员国国家机关合作

1. 委员会与成员国应紧密合作，相互配合，以确保以一致、有效且互补的方式执行根据本条例规定适用于守门人的法律文件。

2. 委员会可在情况允许时，就与本条例适用相关的事项咨询国家机关。

【译者解读：本条规定了委员会与成员国应紧密合作，在情况允许时可以就与本条例适用相关的事项咨询国家机关。】

第 38 条　与执行竞争规则的成员国国家主管部门协作

1. 欧盟委员会与负责执行第 1 条第 6 款所述规则的成员国国家主管机关应建立合作关系，通过欧洲竞争网络（ECN）告知对方自己为执行前述规则所采取的行动。委员会与负责执行第 1 条第 6 款所述规则的成员国国家主管机关有权为彼此提供与某一事项或法律相关的信息，包括保密信息。如果主管部门不是欧洲竞争网络（ECN）的成员，委员会应就有关执行本条例的案件和该当局第 1 条第 6 款所述案件的执行作出必要的合作和信息交流安排。委员会可以在第 46 条第 1 款第 1 款所述的实施法案中制定此类安排。

2. 如果执行第 1 条第 6 款所述规则的成员国的国家主管机关打算根据第 1 条第 6 款所述的国家法律对守门人展开调查，它应在正式调查之前或者调查之后立刻书面通知委员会其采取的正式调查措施。该信息也可以提供给第 1 条第 6 款规定的其他成员国的国家主管机关。

3. 负责执行第 1 条第 6 款所述规则的成员国国家主管机关计划根据第 1 条第 6 款规定为守门人施加应履行义务的，应至少提前 30 天将措施草案发送给委员会，并说明采取相应措施的理由。计划采取临时措施的，负责执行第 1 条第 6 款所述规则的成员国国家主管机关应尽快将其措施草案发送给委员会，并在通过前述措施后立即告知委员会。该信息也可以提供给第 1 条第 6 款规定的其他成员国的国家主管机关。

4. 第 2 款和第 3 款所述信息机制不适用于根据国家并购规则通过的决定。

5. 根据本条第 1 款至第 3 款交换的信息只能用于协调本条例和第 1 条第 6 款所述规则的执行。

6. 委员会可要求负责执行第 1 条第 6 款所述规则的成员国国家主管机关根据本条例规定协助其开展市场调查。

7. 负责执行第 1 条第 6 款所述规则的成员国国家主管机关如拥有相关能力及调查权，则可主动针对发生于其国土且违反本条例第 5 条、第 6 条及第 7 条规定的案例开展调查。实施第一次正式调查措施前，前述主管机关应以书面形式通知委员会。

委员会根据第 20 条规定启动程序后，负责执行第 1 条第 6 款所述规则的成员国国家主管机关无须开展此类调查或在调查开始后中止调查。前述主管机关应向委员会汇报其调查发现，以协助委员会确保本条例规定得以履行。

【译者解读：本条规定了委员会与执行竞争规则的成员国国家主管部门就执行第 1 条第 6 款所述规则的协作情形和相应限制。】

第 39 条　与国家法院合作

1. 在本条例执行过程中，国家法院可就本条例执行相关问题要求委员会提供其现有信息或意见。

2. 成员国收到国家法院就本条例的执行所做书面判决后，应立即将其副本发送给委员会。

3. 委员会可以主动向国家法院提交书面意见，以服务于本条普遍适用之需。经有关法院许可，也可以提出口头意见。

4. 仅出于准备其意见的目的，委员会可要求相关国家法院向委员会传送或确保向委员会传送评估案件所需的任何文件。

5. 国家法院不得作出与委员会根据本条例通过的决定相抵触的决定。他们还应避免做出与委员会在根据本条例启动的程序中预期的决定相冲突的决定。为此，国家法院可以评估是否有必要中止诉讼程序。这不影响国家法院根据《欧盟运行条约》第 267 条要求作出初步裁决的可能性。

【译者解读：本条规定了在本条例执行过程中委员会与国家法院的合作内容，国家法院不得作出与委员会根据本条例通过的决定相抵触的决定。】

第 40 条　高级别小组

1. 欧盟委员会应设立《数字市场法》高级别小组（以下简称"高级别小组"）。

2. 高级别小组应由以下欧洲机构及网络构成：

（a）欧洲电子通信监管机构；

（b）欧洲资讯保护监督官与欧洲数据保护委员会；

（c）欧洲竞争网络；

（d）消费者保护合作网络；以及

（e）欧洲视听媒体监管机构。

3. 第2款中提到的欧洲机构和网络在高级别小组中的代表人数应相同。高级别小组成员人数最高不得超过30人。

4. 委员会应为高级别小组提供秘书服务，以助其推进工作。高级别小组工作应由委员会主持，且委员会应出席高级别小组会议。高级别小组应在委员会的要求下至少每个日历年举行一次会议。高级别小组大多数成员要求就某一问题进行会议的，委员会应负责召开高级别小组会议。

5. 高级别小组可就其成员专业领域内的内容为委员会提供建议，具体包括：

（a）就与本条例执行相关的问题在其专业范围内提供意见与建议；或

（b）就针对不同监管工具使用一致的监管方法提供意见与建议。

6. 高级别小组尤其可以确定和评估本条例与第2段中提到的组成欧洲机构和网络的国家当局适用的特定行业规则之间当前和潜在的相互作用，并向委员会提交年度报告，年度报告中说明评估结果、发现潜在跨监管问题。高级别小组还可在报告中就协同一致性协同跨学科方法及同步本条例及其他领域规范的执行情况提供建议。委员会应将该报告提交给欧洲议会及理事会。

7. 针对新服务和新操作进行市场调查时，高级别小组可就是否需要修订或删减本条例规定为委员会提供专业建议，以维护欧洲数字市场的竞争力及公正性。

【译者解读：本条规定了欧盟委员会应设立的《数字市场法》高级别小组的构成和职能。】

第 41 条　市场调查申请

1. 三个及三个以上成员国认为有合理理由怀疑某企业是否可被认定为守门人的，可要求委员会根据第 17 条规定开展市场调查。

2. 一个及一个以上成员国认为有合理理由怀疑某守门人是否已系统性地违反其在第 5 条、第 6 条及第 7 条下的义务以维持、强化或延伸其根据第 3 条第 1 款规定所享有之地位的，可要求委员会根据第 18 条规定开展市场调查。

3. 三个及三个以上成员国认为有合理理由怀疑以下事项的，可要求委员会根据第 19 条规定开展市场调查：

（a）一项或多项数字服务应加入第 2 条第（2）目所列核心平台服务；或

（b）本条例未有效规范且有可能削弱核心平台服务有效竞争及公正性的一项或多项操作。

4. 成员国应根据第 1、2 和 3 款提交支持其请求的证据。对于第 3 款中所述请求，此类证据可能包括有关新推出的产品、服务、引起可竞争性或公平性问题的软件或功能，无论这些是在现有核心平台服务的背景下实施的还是以其他方式实施的。

5. 在收到根据本条提出的请求后的 4 个月内，委员会应审查是否有合理的理由根据第 1、2 或 3 款开展市场调查。委员会应公布其评估结果。

【译者解读：本条规定了守门人市场调查申请所需的成员国数量、事项、证据和审查时间。】

第 42 条　集体诉讼

守门人违反本条例规定，损害或可能损害消费者集体权益的，消费者可提起集体诉讼。在此情况下，（EU）2020/1828 号指令将适用。

【译者解读：本条规定了消费者集体诉讼的适用情形。】

第 43 条　违规行为举报与举报人保护

（EU）2019/1937 号指令应适用于违规行为举报与举报人保护。

第六章　最终条款

第 44 条　决定公布

1. 委员会应公布其根据第 3 条和第 4 条、第 8 条第 2 款、第 9 条、第 10 条、第 16 至 20 条和第 24 条、第 25 条第 1 款、第 29 条、第 30 条和第 31 条作出的决定。该决定应说明当事人的姓名和决定的主要内容，包括所施加的任何处罚。

2. 委员会公布决定时应维护守门人及第三方的法定权益，保护其机密信息。

【译者解读：本条规定了委员会公布的决定的内容和对守门人及第三方的法定权益的保护。】

第 45 条　欧洲法院审理

根据《欧盟运行条约》第 261 条规定，欧洲法院有权不受任何限制地审理委员会通过的罚款或定期罚款支付决议，包括撤销罚款/定期罚款支付决议、提高或降低罚款数额。

第 46 条　执行条款

1. 委员会可通过一项实施法案，针对以下内容的适用做出详细计划：

（a）第 3 条所述通知及文件的形式、内容及其他详细信息；

（b）守门人为执行第 5 条、第 6 条或第 7 条规定而采取的技术措施的形式、内容及其他详细信息；

（c）根据第 7 条实施与号码无关的人际通信服务的互操作性的操作和技术安排；

（d）第 8 条第 3 款所述合理要求的形式、内容及其他详细信息；

（e）第 9 条及第 10 条所述合理要求的形式、内容及其他详细信息；

（f）根据第 11 条规定提交的监管报告的形式、内容及其他详细信息；

（g）用于描述根据第 15 条第 1 款规定收集消费者信息时使用的技术的方法及程序；为此制定实施法案草案时，委员会可咨询欧洲数据保护监督官、欧洲数据保护委员会、民间团体及其他相关专家；

（h）第 14 条及第 15 条所述通知及文件的形式、内容及其他详细信息；

（i）针对第 17 条、第 18 条及第 19 条所述市场调查启动程序与第 24 条、第 25 条及第 29 条所述程序的具体实施方案；

（j）行使第 34 条所述陈述权的具体方案；

（k）执行第 34 条所述披露条款的具体方案；

（l）委员会与第 37 条及第 38 条所述国家机关开展协作的具体方案；

（m）截止日期计算及延长方案。

2. 本条第 1 款第（a）目至第（k）目以及第（m）目所述执行方案应依据第 50 条第 2 款所述咨询程序予以通过。

本条第 1 款第（l）目所述实施法案应依据第 50 条第 3 款所述检查程序予以通过。

3. 根据第 1 款规定通过实施法案前，委员会应公布实施法案草案，并邀请所有利益相关方在规定时限内（不少于一个月）提交建议。

【译者解读：本条规定了执行条款的适用情形和通过程序。】

第 47 条　指导原则

委员会可针对本条例内容制定指导原则，推动本条例规定的有效执行。

第 48 条　标准化

情况允许且必要时，委员会可要求欧洲标准化机构制定适当标准，推动本条例规定的有效执行。

第 49 条　行使授权

1. 根据本条规定，委员会被授予通过授权立法的权力。

2. 本条授予委员会第 3 条第 6 款、第 3 条第 7 款、第 12 条第 1 款、第 12 条第 3 款及第 12 条第 4 款所述之通过授权立法的权力，有效期为五年（自本条例生效之日起开始计算）。委员会应在五年有效期终止前的 9 个月内就其权力行使情况草拟一份报告。授权行为有效期到期后可延长同等时间，除非欧洲议会或理事会提前 3 个月反对延期。

3. 欧洲议会或理事会可随时撤销第 3 条第 6 款、第 3 条第 7 款、第 12 条第 1 款、第 12 条第 3 款及第 12 条第 4 款所述授权行为，即通过授权撤销决议中止相关授权。授权撤销决议应在《欧盟官方公报》公布前述决定之日或前述公报指定之日生效，但不得影响已执行的授权立法的有效性。

4. 通过某项授权立法前，委员会应根据 2016 年 4 月 13 日的《机构间协议》中关于更好立法的规定咨询成员国指派的专家。

5. 委员会应在通过授权立法后立即通知欧洲议会及理事会。

6. 欧洲议会及理事会在收到前述通知后的 2 个月内未表达自身异议，或在该时间段内明确告知委员会其无异议的，根据第 3 条第 6 款、第 3 条第 7 款、第 12 条第 1 款、第 12 条第 3 款及第 12 条第 4 款规定通过的授权立法将生效。欧洲议会或理事会可将前述异议表达期限延长 2 个月。

【译者解读：本条规定了委员会通过授权立法的权力期限和立法生效程序，欧洲议会或理事会撤销立法和提出异议的权力。】

第 50 条　委员程序

1. 委员会工作应由数字市场咨询委员会协助进行。关于数字市场咨询委员会的定义详见（EU）No 182/2011 号条例。

2. 引用本款规定时应遵循（EU）No 182/2011 号条例第 4 条的规定。

以书面程序征求委员会意见的，在意见送达期限内，经委员会主席决定或委员会委员过半数提出请求，该程序应无结果终止。

3. 引用本款规定时应遵循（EU）No 182/2011 号条例第 5 条的规定。

4. 委员会应将委员会的意见连同该决定一起传达给个人决定的收件人。考虑到保护职业秘密的合法利益，应当将意见与个人决定一并公开。

【译者解读：本条规定了委员会工作协助主体和委员会意见送达程序。】

第 51 条 （EU）2019/1937 号指令修订内容

（EU）2019/1937 号指令附件第 I 部分第 J 目新增了以下内容：

（4）欧洲议会和理事会于 2022 年 9 月 14 日颁布的（EU）2022/1925 号条例，关于数字领域的可竞争和公平市场以及修订指令（EU）2019/1937 号和（EU）2020/1828 号（数字市场法）（OJ L 265，21.9.2022，第 1 页）。

第 52 条 （EU）2020/1828 号指令修订内容

（EU）2020/1828 号指令附录 I 新增了以下内容：

（67）欧洲议会和理事会于 2022 年 9 月 14 日颁布的（EU）2022/1925 号条例，关于数字领域的可竞争和公平市场以及修订指令（EU）2019/1937 号和（EU）2020/1828 号（数字市场法）（OJ L 265，21.9.2022，第 1 页）。

第 53 条 审查

1. 到 2026 年 5 月 3 日，随后每 3 年，委员会应对本条例进行评估，并向欧洲议会、理事会和欧洲经济和社会委员会报告。

2. 委员会应评估本条例维护市场竞争及公正性的目标是否得以实现，以及本条例对企业用户（尤指中小企业用户）和终端用户带来了哪些影响。此外，委员会还应评估第 7 条的适用范围是否可扩展至线上社交网络服务。

3. 委员会应通过前述评估确定是否需要修改第 2 条第（2）目所列核心平台服务相关规则和第 5 条、第 6 条及第 7 条所规定之义务，从而维护欧盟数字市场的有效竞争与公正性。评估结束后，委员会应采取适当应对措施，包括提出立法建议。

4. 成员国主管机关应为委员会提供其根据第 1 款规定制定评估报告所需的相关信息。

【译者解读：本条规定了委员会应对本条例进行评估的期限和报告

主体、评估内容和相应的应对措施、成员国主管机关提供信息的义务。】

<h3 style="text-align:center">第 54 条 生效与适用</h3>

本条例将在于《欧盟官方公报》发布后的第 20 天生效。

本条例自 2023 年 5 月 2 日起适用。

但是，第 3 条第 6 款和第 7 款以及第 40 条、第 46 条、第 47 条、第 48 条、第 49 条和第 50 条自 2022 年 11 月 1 日起适用，第 42 条和第 43 条自 2023 年 6 月 25 日起适用。

但是，如果 2023 年 6 月 25 日的日期早于本条第 2 款所述的申请日期，则第 42 条和第 43 条的适用应推迟至本条第二款所述的申请日期。

本条例的全部条款将直接适用于所有成员国，并在所有成员国具备法律约束力。

2022 年 9 月 14 日，于斯特拉斯堡（Strasbourg）。

【译者解读：本条例的生效时间和适用范围。】

欧洲议会　　　　　　　　欧洲理事会

主席　　　　　　　　　　主席

R. METSOLA　　　　　　M. BEK

<hr/>

<h2 style="text-align:center">附 录</h2>

A. "总述"

1. 本附录旨在说明第 2 条第（2）目所列各项核心平台服务的"活跃终端用户"和"活跃企业用户"的具体识别和计算方法，为企业评估其核心平台服务是否满足第 3 条第 2 款第（b）目所述定量阈值、进而满足第 3 条第 1 款第（b）目的规定提供参考。因此，前述参考同样适用于与第 3 条第 8 款下范围更广的评估。企业有义务尽可能满足本附录所设之通用原则及具体方法要求。本附录下的任何内容均不妨碍欧盟委员会在本条例相关条款所规定之时限内，要求提供核心平台服务的企业提供任何有助于识别并计算"活跃终端用户"与

"活跃企业用户"的必要信息。本附录下的任何内容均不应当构成追踪用户信息的法律依据。本附录所述方法亦不与本条例所规定之义务相矛盾，尤其是第 3 条第 3 款、第 3 条第 8 款以及第 13 条第 3 款下的义务。特别是，遵循第 13 条第 3 款规定意味着要以企业提供核心平台服务的相关时间点所拥有的识别与计算能力为基础，通过精密测量或最优近似值来识别并计算"活跃终端用户"与"活跃企业用户"。前述测量或最优近似值应与根据第 15 条规定报告的内容一致，并包含于第 15 条规定报告的内容。

2. 第 2 条第（20）目与第（21）目定义了何为"终端用户"与"企业用户"，且该定义适用于所有核心平台服务。

3. 为识别并计算"活跃终端用户"与"活跃企业用户"的人数，本附录引入了"唯一用户"这一概念。"唯一用户"包括使用核心平台服务的"活跃终端用户"与"活跃企业用户"，但在某一特定时间内（"活跃终端用户"按月算；"活跃企业用户"按年算）对相关核心平台服务仅计算一次，无论此类用户在前述时间段内使用了多少次相关核心平台服务。尽管有本段规定，同一自然人或法人仍可同时构成不同核心平台服务的"活跃终端用户"与"活跃企业用户"。

B. "活跃终端用户"

1. 统计"活跃终端用户"时，"唯一用户"的数量应根据提供核心平台服务的企业所报告的最准确的指标计算。具体要求如下：

a. 据悉，从注册或登录环境中收集的关于核心平台服务使用情况的数据，可以初步认为具有最低的数据重复风险，如涉及跨设备或跨平台用户行为相关数据。因此，如果存在此类数据，相关企业应提交其从注册或登录环境收集的关于各核心平台服务唯一终端用户数量汇总的匿名数据。

b. 对于核心平台服务被注册或登录环境以外的终端用户访问的情况，企业应额外提交其基于注册或登录环境外终端用户的替代指标获取的关于各核心平台服务唯一终端用户数量的汇总匿名数据，如 IP 地址、cookie 标识，或例如射频识别标签的其他标识（前提是前述 IP 地址或标识对于提供核心平台服务是客观必要的）。

2. "月活跃终端用户"的数量是基于整个财年大部分时期内的月活跃终端用户的平均数量。"整个财年大部分时期内"的表述旨在允许提供核心平台服务的企业扣减某一年内产生的异常数据。异常数据本质上指明显处于正常及预测数值范围之外的数据。若某一财年的某月内用户参与度出现了出乎意料的高峰或降低，就可能导致异常数据的出现。而每年重复发生的事件（如年度促销活动）相关的数据不应被视为异常数据。

C. "活跃企业用户"

统计"活跃企业用户"时，"唯一用户"的数量应在账户维度确定（如适用），每个与企业提供的核心平台服务相关的不同业务账户共同构成核心平台服务的一个唯一企业用户。如果"企业账户"的概念不适用于某核心平台服务，提供该核心平台服务的企业应参考相关企业的做法确定唯一企业用户的数量。

D. "提交信息"

1. 根据第3条第3款规定向欧盟委员会提交各核心平台服务"活跃终端用户"及"活跃企业用户"数量的企业应负责确保前述信息的完整性与准确性。为此：

a. 企业应负责提交各核心平台服务的数据，避免少算或多算活跃终端用户和活跃企业用户数量（如当用户通过不同平台或设备访问前述核心平台服务）。

b. 企业应负责就获取的信息所采取的方法提供简明扼要的说明，并应对各核心平台服务的活跃终端用户及活跃企业用户数量少算或多算的风险，以及为解决该风险而采取的解决方案负责。

c. 当委员会担忧提供核心平台服务的企业所提供之数据的准确性时，前述企业应提交基于替代指标的相关数据。

2. 为计算"活跃终端用户"及"活跃企业用户"数量：

a. 提供核心平台服务的企业不得以使用不同域名提供核心平台服务为主要依据，将依据第2条第（2）目属于同一类核心平台服务的核心平台服务区分为不同的服务，如依据国家代码顶级域（ccTLDs）、通用顶级域（gTLDs）或任何地理属性。

b. 即使终端用户或企业用户是相同的，提供核心平台服务的企业也应将虽同属第2条第（2）目所述同一类别，却被终端用户或企业用户用于不同目的的核心平台服务视为不同的核心平台服务。

c. 提供核心平台服务的企业应将相关企业通过集成方式提供的核心平台服务视为不同的核心平台服务，但前提是前述服务：

（1）不同属第2条第（2）目所述同一类别；或

（2）虽同属第2条第（2）目所述同一类别，但被其终端用户或企业用户用于不同目的，即使终端用户或企业用户是相同的。

E. "具体定义"

下表列出了各核心平台服务"活跃终端用户"及"活跃企业用户"的具体定义。

核心平台服务	活跃终端用户	活跃企业用户
在线中间服务	当月至少使用一次在线中间服务的唯一终端用户数量，例如当月至少一次通过在线中间服务主动登录、查询、点击、滚动或完成交易	年内至少有一个项目在网上中间服务中列出或通过网上中间服务完成交易的唯一企业用户的数量
在线搜索引擎	当月至少有一次与在线搜索引擎互动的唯一终端用户的数量，例如进行查询	年内拥有商业网站（以商业或专业身份使用的网站）并被在线搜索引擎索引或部分索引的唯一企业用户的数量
线上社交网络服务	当月至少参与一次线上社交网络服务的唯一终端用户数量，例如主动登录、打开页面、滚动、点击、点赞、查询、发布或评论	在线上社交网络服务中拥有企业列表或企业账户，并在年内以任何方式参与该服务至少一次的唯一企业用户的数量，例如主动登录、打开页面、滚动、点击、点赞、查询、发帖、评论或使用其企业工具
视频共享平台服务	当月至少参与一次视频共享平台服务的唯一终端用户数量，例如通过播放一段视听内容、进行查询或上传一段视听内容，特别是用户制作的视频	年内在视频分享平台服务上提供至少一个上传或播放的视听内容的唯一企业用户的数量

核心平台服务	活跃终端用户	活跃企业用户
不以号码为基础的人际交流服务	当月至少一次通过不以号码为基础的人际沟通服务发起或以任何方式参与沟通的唯一终端用户数量	年内至少一次使用企业账户或以其他方式通过不以号码为基础的人际通信服务发起或参与沟通，直接与终端用户沟通的唯一企业用户数量
操作系统	利用带有操作系统的设备的唯一终端用户的数量，该设备在当月至少被激活、更新或使用过一次	年内发布、更新或提供至少一个使用该操作系统的编程语言或任何软件开发工具，或以任何方式在该操作系统上运行的软件应用程序或软件程序的唯一开发者的数量
虚拟助手	当月以任何方式使用虚拟助手至少一次的唯一终端用户数量，例如通过激活它、提出问题、通过命令访问服务或控制智能家居设备	年内提供至少一个虚拟助手软件应用或使现有软件应用可以通过虚拟助手访问的功能的唯一开发者数量
网络浏览器	当月至少使用过一次网络浏览器的唯一终端用户的数量，例如通过在网络浏览器的 URL 行中插入查询或网站地址	年内企业网站（以商业或专业身份使用的网站）至少通过网络浏览器被访问过一次，或在这一年中提供在网络浏览器上使用的插件、扩展或附加组件的唯一企业用户数量
云计算服务	在该月内至少一次参与相关云计算服务供应商提供的任何云计算服务，以换取任何类型报酬的唯一终端用户数目，不论该报酬是否发生在同一月份	年内提供任何由相关云计算服务供应商的云基础设施托管的云计算服务的唯一企业用户数量
在线广告服务	用于广告空间的专有销售： 当月至少接触过一次广告展示的唯一终端用户的数量 对于广告中间服务（包括广告网络、广告交易所和任何其他广告中介服务）： 每月至少一次接触到触发广告中间服务的广告印象的唯一终端用户数量	对于广告空间的专有销售： 一年内至少有过一次广告展示的唯一广告商的数量。 对于广告中间服务（包括广告网络、广告交易所和任何其他广告中介服务）： 一年内通过广告中间服务互动或接受其服务的唯一企业用户（包括广告商、出版商或其他中介机构）的数量